여론 전쟁,
출구는 있다

여론 전쟁, 출구는 있다

기업의 위기를 기회로 반전시키는 커뮤니케이션 전략

EXIT
STRATEGY

이영훈 지음

한국경제신문

위기 커뮤니케이션이란 무엇인가

기업에 비난이 쏟아질 때

기업에서는 다양한 사건사고가 일어난다. 제품 불량이나 리콜, 노사분규, 임직원의 배임, 횡령이나 오너 일가의 '갑질' 같은 일탈 행위, 공장의 화재나 근로자의 산업재해, 환경오염, 정부의 규제나 처벌, 경쟁사와의 소송, 시민단체와의 갈등 등 크고 작은 사건이 벌어진다. 이러한 사건사고들을 보통 '위기사건'이라고 부른다.

개별 사건의 내용과 모습은 제각각이어도 이러한 위기사건들에는 중요한 공통점이 있다. 바로 무언가를 잘못했다고 비난받고 있는 상황이라는 점이다. "네가 했던 일은 잘못된 것이야", "그러한 생각이나 태도는 적절하지 않아" 등 부정적인 평가나 반대가 쏟아지고 있는 것이다.

생산공정의 근로자가 다치면 안전관리에 소홀했다고, 불량제품을 판매하면 품질관리를 못했거나 소비자를 속였다고, 공장을 건설하는

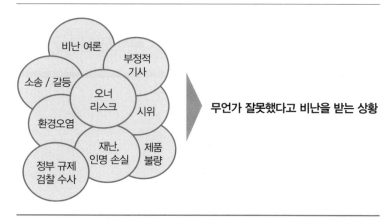

<figure>
〈그림 0-1〉 위기의 공통 현상

비난 여론
부정적 기사
소송 / 갈등
오너 리스크
시위
환경오염
재난, 인명 손실
제품 불량
정부 규제 검찰 수사

무언가 잘못했다고 비난을 받는 상황
</figure>

중에 환경오염이 발생하면 적절한 예방조치를 안했다고, CEO가 부적절한 발언으로 물의를 일으키면 윤리의식이 부족하다고 비난한다. 이러한 비난은 소비자의 항의나 SNS의 비판적인 글, 언론의 부정적인 기사, 심지어 내부 비리를 고발하는 임직원의 양심선언 등 다양한 형태로 나타난다. 말로만 비난을 받는 게 아니다. 정부기관의 규제나 처벌, 소비자의 불매운동이나 항의시위, 협력사의 거래중단 등 구체적인 행동으로 비난이 표현되는 경우도 많다.

그럼 기업이 잘못을 하지 않았다면 위기가 아닌 것일까? 예를 들어 갑작스러운 지진이나 태풍처럼 예측하기 힘든 자연재해 때문에 사고가 발생했다거나, 최근 소셜미디어에서 유행하는 각종 챌린지처럼 제품 자체엔 문제가 없는데 사용자의 부적절한 놀이에 활용되어 사회적 물의가 일어났다거나, 지역감정이나 페미니즘 논란처럼 정치적 또는 사회적 편견 때문에 엉뚱하게 논란에 휘말릴 때는 기업을 비난하기 어려워 보인다. 사고의 원인을 제공했을 여지가 별로 없기 때문이다. 오히려 기업이 피해를 입었다고 호소해도 될 것 같다.

그러나 이러한 경우에도 기업에 대한 비난은 얼마든지 일어날 수 있다. 자연재해는 기업의 잘못으로 일어난 일이 아니지만 사전에 충분한 예방대책을 세우고 있었는지, 인명구호 등 후속조치를 제대로 했는지에 대해 질문을 받게 된다.

소비자의 부주의로 사고가 생긴 경우도 마찬가지다. 사용법에 대한 충분한 고지가 있었는지, 더 완벽한 제품을 만들 수는 없었는지, 제품에 이상이 없더라도 사고가 잦다면 리콜 등의 조치를 통해 소비자 안전을 고려했는지 등의 질문이 쏟아질 것이다.

위험요인 자체는 비난의 대상이 아닐지라도 그 위험을 어떻게 관리하느냐 하는 기업의 태도는 언제든지 '위기상황'이 될 수 있는 것이다. 비난의 크기와 방향이 문제일 뿐 대부분의 위기사건에는 반드시 비난이 뒤따른다고 보아도 틀림없다.

비난에서 벗어나려면

비난은 기업에 많은 부담을 준다. 회사의 평판과 이미지가 실추되고, 직원들의 사기가 떨어지는 것은 물론 비즈니스에도 차질이 발생한다. 일상적인 업무 대신 비난을 모면하는 일에 회사의 자원을 쓰게 되니 눈에 보이지 않는 손해도 많이 생긴다.

비난이 커질수록 부담도 커진다. 비난을 단순한 악감정이나 불평

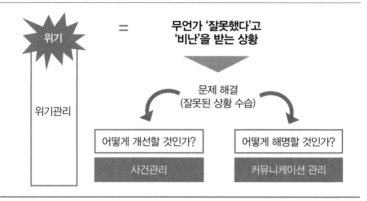

〈그림 0-2〉 사건관리와 커뮤니케이션 관리

정도로 무시해 버릴 수 있는 수준을 넘어 조직적이고 전략적인 대응이 필요한 순간이 오는 것이다.

위기관리는 이처럼 '비난이 쏟아지는 상황'을 벗어나기 위한 대응활동이다. 기업에 대한 비난은 잘못된 문제의 개선과 해명이라는 두가지 요청을 담고 있기에 위기관리도 자연스럽게 사건관리와 커뮤니케이션 관리로 이뤄진다.

우선 사건관리는 문제의 원인을 제거하고 피해를 복구하여 정상으로 되돌리는 수습활동이다. 공장에 화재가 나면 불을 끄고, 사람을 구조한 뒤 잿더미가 돼버린 생산라인을 복구해야 한다. 불량식품을 팔아 소비자가 배탈이 났다면, 빨리 제품을 수거하고 병원치료를 해주어야 한다. 사법당국의 조사에도 응해야 한다.

사건관리는 이처럼 물리적 · 유형적으로 잘못된 부분을 고치고 원상태로 회복하는 행동이다. 사고로 인해 피해를 입은 사람이나 관련자가 있다면 보상하고, 잘못을 저지른 임직원이 있다면 징계를 하는 등 실제 잘못을 고치는 일이다.

한편 커뮤니케이션 관리는 위기에 대한 기업의 입장을 알리는 활동이다. 기업에 위기사건이 발생하면 사람들은 어떤 일이 생겼는지, 기업이 그 문제를 어떻게 풀어갈 것인지 궁금해한다. 기업이 이러한 '정보 수요'를 적절히 해소해 주지 않는다면 사람들은 오해를 하거나 잘못된 루머를 퍼뜨려서 더욱 곤혹스러운 상황이 생길 수도 있다. 커뮤니케이션 관리는 사건에 대한 정보와 기업의 입장, 수습 방향 등을 알려줌으로써 내외부의 궁금증을 해소하고, 잘못된 비난에 대처하는 활동이다.

위기의 해결은 '잘못에 대한 이해나 용서를 받아 더 이상 비난을 받지 않는 상황'으로 정의할 수 있다. 이를 위해 기업은 사건 관련자들에게 위기사건의 해결 방향과 개선의지에 대한 믿음을 먼저 얻어야 하는데, 믿음은 말과 행동이 일치할 때 생겨난다. 현장수습을 잘 못하고 있다면 커뮤니케이터의 말문이 막힐 것이고, 커뮤니케이션이 충분하지 않으면 수습팀이 이해관계자들의 협조를 구하기 어려워질 것이다. 문제를 해결하겠다는 '말'(커뮤니케이션 관리)과 실제로 문제를 해결하려는 '행동'(사건관리)이 같은 방향으로 가는 조화를 이뤄야 신뢰가 가능해진다.

이 점에서 사건관리와 커뮤니케이션 관리는 대응하는 영역은 서로 달라도 실제로는 동전의 양면처럼 긴밀하게 연결돼 있으며, 위기사건 때문에 비틀어진 기업과 이해관계자들의 관계를 복원하고 다시 신뢰를 만들어간다는 공통의 목적을 갖고 있다.

메시지, 출구전략의 시작

위기관리에서 커뮤니케이션의 중요성은 점점 커지고 있다. 위기의 원인은 물론 수습과정에 대한 소통이 잘 이루어져야 기업의 평판이 회복되고, 사고 이후에도 사업을 원활하게 지속할 수 있기 때문이다.

커뮤니케이션은 듣고 말하기다. 누가, 누구에게, 무슨 말(메시지)을, 어떠한 방식(또는 채널)으로 하는지가 핵심이다. 위기 커뮤니케이션 역시 기업이 왜 비난을 받고 있는지 이유를 정확히 파악한 뒤, 적절한 화자를 통해 기업의 입장을 효과적으로 전달하는 것이 필요하다. 그중에서도 핵심은 설득력 있는 메시지의 개발이다. 메시지는 단순한 말을 넘어 위기사건에 대한 기업의 인식과 해결 방향을 담고 있기에 관련된 사람들이 기업의 입장을 수용할지 여부에 가장 큰 역할을 하기 때문이다.

특히 위기 커뮤니케이션이 화난 사람들을 설득하여 비난을 멈추게 하는 게 목적이라면 용서나 신뢰까지는 아니더라도 최소한 납득은 얻어야 할 것이다. 기업의 잘못에 화가 날지라도 한편으로 "기업에게도 나름대로 사정이 있었구나"(납득), "이번에는 참아준다"(용서), "앞으로는 잘하겠지"(신뢰) 등의 마음이 든다면 위기 커뮤니케이션은 어느 정도 성공했다고 볼 수 있다.

기업이든 사람이든 비난을 받는 상황은 무언가 잘못을 저질렀다는

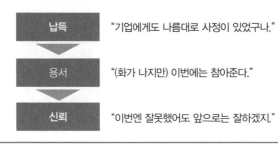

것을 전제로 책임을 추궁받을 때 일어난다. 그래서 위기 메시지 개발은 기업이 '무엇을 잘못했다고 비난받는지' 그 이유를 정확하게 파악하는 데서 출발하며, 필연적으로 '사건에 대한 책임을 어느 만큼 인정하는지'와 깊은 관련이 있다.

따라서 이러한 반응을 이끌어내려면 메시지에 기업의 책임감을 잘 표현하는 것이 필수적이다. 잘못을 했다면 그냥 "죄송하다"고 인정하고, 잘못한 것이 없다면 "그건 사실이 아니다"라며 증거와 함께 설명하면 된다. 여기서 중요한 것은 잘못과 책임의 정도를 기업의 주관적인 기준이 아니라 제3자, 즉 타인의 관점에서 판단해야 한다는 점이다. '잘못'이라는 개념 자체는 절대적인 수치라기보다는 평가하는 사람의 관점에 따라 달라지는 상대적인 개념이다. 문제(비난)의 속성이 사회적이기에, 문제의 해결(위기 커뮤니케이션)도 사회적 맥락과 상대의 관점에서 이뤄지는 것이 맞다.

커뮤니케이션은 혼자만의 독백이 아니라 상대방과 교감하며 소통할 때 효과가 극대화되는 기능이다. 상대방의 관점에서 잘못이 성찰

되고, 상대방의 입장에서 해결책이 제안될 때 가장 수용성이 높을 수밖에 없다.

반대로 기업이 자기중심적으로만 판단하고 의사결정을 한 경우 위기가 해결되기는커녕 상황이 더욱 악화되는 경우를 종종 볼 수 있다. 이런 일은 기업의 의사결정이 특정인의 전횡에 휘둘리거나, 구성원들이 우리 회사는 옳은데 밖에서 욕하는 사람들이 나쁜 것이라는 식의 집단사고(group thinking)에 빠질 때 자주 일어난다. 잘못된 상황인식은 문제의 원인을 외부로 돌리거나, 엉뚱한 곳에서 분풀이 대상을 찾는 잘못된 해결책으로 자주 이어진다.

물론 잘잘못을 명확히 가르기 힘든 경우가 많은 것도 사실이다. 잘못과 책임의 규명이 애매하다든지, 잘못에 비해 과도한 비난을 받아 억울함이 클 때는 합리적인 메시지의 개발이 어렵다. 잘못을 인정한다면 억울함이 묻혀버리는 것 같고, 억울함을 강조하자니 자칫 거짓말을 하거나 부도덕하다는 오해를 받기 쉽기 때문이다.

최근 기업의 ESG(environmental, social and governance) 관련 활동이 전통적인 환경(E) 영역에서 점차 사회(S) 영역으로 확대되면서, 또는 사회적 이슈에 대해 기업이 적극적으로 목소리를 내는 브랜드 액티비즘(brand activism)이 늘어나면서 이러한 유형의 위기상황은 더욱 늘어날 것으로 예상된다. 인권, 노동, 차별, 다양성 등 정치적·사회적 이슈에 대한 기업의 태도를 문제 삼는 ESG 리스크가 늘어나고 있는 것이다. 장애인 고용, 산업안전체계 마련 등 법적·제도적 필수 기준을 맞추지 못했다면 비난을 받아 마땅하다. 반면 찬반이 엇갈리는 사회적 가치에 대한 기업의 태도를 갖고 편 가르기를 하는 것은 바람직하지 않지만 이 같은 논란에 휩쓸리는 일이 잦아지고 있다.

그럼에도 불구하고 기업은 최대한 상황을 객관화하는 것이 좋다. 결국 위기 커뮤니케이션은 자신을 객관적으로 바라보고, 상대방을 존중하는 자기성찰의 예술이다. 내 잘못이 무엇인지 정확히 알아야 남을 어떻게 설득해야 할지 길이 보이고 궁극적인 화해도 가능해진다.

무엇을 잘못해서 야단을 맞는 것인지 명확히 인식했다면, 다음은 어떻게 대응할지를 결정해야 한다. 먼저, 비난에 대해 어떻게 답할 것인지 기업의 입장을 결정해야 한다. 잘못했다고 용서를 빌 것인지, 내 잘못은 아니라고 반박을 할 것인지, 그럴 의도는 아니었는데 어쩌다 보니 그렇게 됐다고 변명을 할지, 아니면 다른 대안이 있는지 방향을 정해야 대화를 시작할 수가 있다. 입장이 정해졌다면 상대방이 알아듣기 쉬운 메시지로 표현하여 실제로 전달해야 한다. "말 한 마디로 천냥 빚을 갚는다"는 속담처럼 적절한 메시지는 비난을 극복하는 과정에서 결정적인 역할을 한다.

다음은 누구에게 어떠한 방식으로 전달할지의 과제가 남는다. 메시지를 전달할 커뮤니케이션 대상은 사건과 직접 관련된 소비자나 협력사, 경쟁업체, 규제 당국일 수도 있고 언론이나 소셜미디어, 커뮤니티 등 소식을 전달하는 평가자 그룹일 수도 있다. 더 나아가 추상적인 '국민'이 대상일 수도 있다. 그리고 대상이 누구냐에 따라 커뮤니케이션 방식이 결정된다. 보도자료 배포나 기자회견을 열어 언론을 통해 메시지를 전달하는 것이 적절할 수도 있고, 홈페이지나 소셜미디어 채널에 입장문을 게재하는 경우도 있다. 최근엔 동영상도 자주 활용된다. 때로는 불특정 다수가 아니라 이메일이나 문자메시지 등을 통한 개별 연락 정도가 적절할 수도 있다.

메시지의 경쟁력을 높이려면

위기 커뮤니케이션의 핵심은 위기사건에 대한 기업의 입장과 해결 방향을 담은 메시지이다. 메시지에 담긴 기업의 책임감과 진정성이 공감을 얻을 때 이해와 용서도 가능해지며 사건 이후의 미래도 도모할 수 있다. 그런데 현실에서는 메시지의 진정성을 제대로 전달하기가 쉽지 않다. 오히려 기업의 의도가 왜곡되거나 상대방을 자극하여 더 큰 논란으로 커지는 때가 많다. 그 이유는 우선 위기사건 때문에 화가 난 이해관계자들의 마음이 닫혀 있기 때문이다. 기업이 책임을 회피할 것이라는 선입견을 갖고 있기에, 아무리 좋은 말을 들어도 배경을 의심하고 사사건건 꼬투리를 잡아 비난 공세를 높이려고 한다.

위기사건에 대한 메시지를 기업만 내는 것이 아니라는 점도 중요하다. 사건의 피해자 등 직간접적으로 관련된 사람들은 물론 언론, 소셜미디어, 오피니언 리더 등 사건의 평가자들도 각자의 생각이나 입장을 쏟아내기 마련이다. 기업의 메시지는 수없이 쏟아지는 다른 적대적 메시지들의 공세를 이겨내고 '공감의 우위'를 차지하기 위해 치열한 경쟁을 해야 하는 셈이다.

그래서 위기 커뮤니케이션이 효과를 거두려면 자사의 메시지가 이러한 노이즈와의 경쟁을 뚫고 상대방의 마음을 얻을 수 있도록 추가적인 보조장치들을 만들어주어야 한다. 메시지가 잘 소통되도록 맥락을 만들어야 하며, 경쟁에서 유리한 위치를 차지하도록 싸움의 구조도 바꿔주어야 한다.

잘못을 저질러 사랑하는 사람의 마음에 상처를 주었다고 가정하자. 곧장 사과한다고 상대방의 화가 풀릴까? 아무리 연인 사이라도 대개는 "말 걸지 말고 저리로 가 있어" 같은 부정적인 대답이 돌아올 가능성이 높다. 사과를 받지 않겠다는 뜻이 아니다. 사과의 말이 귀에 들리려면 먼저 화가 가라앉을 시간이 필요한 것이다.

위기 커뮤니케이션 역시 비슷하다. 메시지의 효과가 발휘되려면 상대방이 귀담아들을 수 있도록 소통의 맥락을 만드는 작업이 병행돼야 한다. 메시지를 발표하는 타이밍이나 완급 조절, 메시지의 톤앤매너(tone & manner), 발표 장소나 형식 등 전달하는 방식이 기업의 진의를 충분히 표현할 수 있도록 만드는 것이 중요하다.

문제의 심각성을 잘 인식하고 있으며 해결의지가 명확하다는 진정성을 인정받도록 과감한 개선조치를 함께 보여주거나, 메시지를 뒷받침하는 증거처럼 '믿음을 강화하는 장치(reason to believe)'들을 곁들이는 것도 필요하다. 기업이 직접 나서는 대신 대중의 신뢰를 받는 유력인사나 위기사건에서 중요한 역할을 담당한 사람들로 하여금 메시지를 발표하게 함으로써 메시지의 신뢰도를 높이는 '제3자 인증 효과(third-party endorsement)'를 검토할 수도 있다.

기업의 메시지는 위기 커뮤니케이션 과정에서 언론, 이해관계자,

소셜미디어 등 다양한 플레이어들의 메시지와 경쟁하게 된다. 그러나 기업의 위기 커뮤니케이션은 보통 잘못을 했다는 전제를 두고 시작되기에 처음부터 불리한 위치에서 출발하는 데다, 홀로 다수의 비난 메시지와 다투는 외로운 경쟁구조인 경우가 많다. 결국 메시지 자체의 경쟁력 못지않게 메시지가 경쟁하는 구조의 변화도 필요하다.

메시지의 경쟁구조에 변화를 주는 방법은 크게 두 가지다. 먼저, 메시지가 가능한 한 유리한 쟁점을 중심으로 경쟁하도록 해야 한다. 원자력 발전을 예로 든다면 찬성하는 사람은 주로 원자력이 주는 경제성에, 반대하는 사람은 안전성에 관심을 갖는다. 원자력의 경제성이 주목받을수록 찬성 입장이, 안전성이 주목받을수록 반대 입장이 힘을 받게 될 것이다. 기업의 잘못에 대한 비난 역시 어떠한 쟁점을 중심으로 이뤄지느냐에 따라 비난의 강도와 전개 방향에 큰 영향을 줄 것이다. 사람들이 어떤 쟁점에 보다 관심을 갖도록 만들 것인가가 위기 커뮤니케이션 전략의 한 축일 수밖에 없는 이유다.

다음은 누가 이러한 이슈들을 논의하느냐 하는 전선의 형성 문제다. 전선은 사람들의 입장에 따라 그려진 가상의 세력 분포도다. 기업의 입장에 유리한 쟁점이나 메시지에 동조하는 사람들의 목소리가 많고 커질수록 기업에 힘이 된다. 전선이 유리하다고 바로 잘못을 용서받는 것은 아니지만, 적어도 다양한 선택지가 가능하도록 공간이 넓어질 수 있다.

소통의 맥락을 만드는 것이나 쟁점과 전선의 조정을 통해 메시지의 유통구조를 변경하는 것은 위기 커뮤니케이션의 중요한 전략요소다. 그러나 상황을 호도한다는 오해를 받을 수도 있어 진정성이 훼손되지 않도록 신중히 설계돼야 한다. 위기 커뮤니케이션의 단기적 성과는 비난에서 벗어나 빠르게 일상으로 복귀하는 것이지만, 장기적으로는 여러 이해관계자들과의 신뢰를 복원하는 것을 목표로 해야 하기 때문이다.

　위기 커뮤니케이션은 비난으로 가득 찬 미로를 빠져나가는 출구를 찾는 일과 비슷하다. 출구를 찾아나가는 과정에서 여러 가지 오해와 왜곡, 뜻밖의 변수를 만나기도 한다. 때로는 명확한 결론 없이 위기사건이 봉합되거나, 비난 국면이 한없이 계속되기도 한다. 위기 커뮤니케이션 전략은 '위기'라는 동굴에 도사린 이러한 함정들을 이겨내고 최대한 통제력을 유지하면서 '신뢰의 회복'이라는 바깥 세계로 나아가는 출구전략(exit strategy)이기도 하다.

EXIT
STRATEGY
여론 전쟁, 출구는 있다
차례

1부 ——
위기 스토리는 어떻게 만들어지는가
: 위기 스토리들의 경쟁

2부 ——
→ 위기 커뮤니케이션의 효과는 어떻게 높이는가
: 쟁점과 전선

3부 ——
위기 플레이어의 속성과 대응

4부 ——

위기에 강한 기업을 향하여

| 1부 |

위기 스토리는
어떻게 만들어지는가

위기 스토리들의 경쟁

1장

EXIT STRATEGY

위기 스토리의 탄생

갑질인가, 정당한 경영행위인가

김철수 상무는 중견 제조업체인 서울실업(가칭)의 오너 2세다. 미국에서 MBA 학위 취득 후 부친이 창업한 회사에 입사한 그는 여러 부서를 돌며 실무를 익히다 30대 중반의 나이에 임원이 됐다. 후계자로서 본격적인 경영수업을 시작한 것이다. 김 상무는 취임인사를 하며 자신의 경영철학으로 '현장경영'을 내세웠다. 비즈니스가 이뤄지는 최일선 현장을 중시하겠다면서 협력업체들을 직접 방문하여 애로사항도 듣고, 개선할 점이 있다면 빨리 고치겠다고 발표했다. 그래서 기획된 것이 '대리점 순회방문'이었다.

순조롭게 진행되던 일정은 평소 본사와 마찰이 잦았던 한 대리점을 방문하면서 꼬이기 시작했다. 서로 감정의 골이 남아 있던 탓인지 당일 현장점검은 긴장감 속에서 유달리 깐깐하게 이뤄졌다. 그러던 중 본사의 밀어내기 정책과 마진율을 놓고 김 상무와 대리점 사장 사이에 언쟁이 벌어졌다. 평소 고분고분하던 대리점주만 상대하던 김 상무는 당황했다. 자제력을 잃은 그의 말투는 점점 험악해졌고 급기

야는 환갑을 넘긴 대리점 사장에게 삿대질까지 하게 됐다.

김 상무를 수행하던 영업부장이 보다 못해 중재에 나섰으나 상황
은 악화될 뿐이었다. 분을 못 이긴 김 상무는 마침내 "당신이 그렇게
물러터졌으니 대리점 관리가 엉망이 된 것 아니냐"는 폭언과 함께 영
업부장의 정강이를 걷어찼다.

이 소동은 현장에 있던 대리점 직원의 스마트폰 카메라로 고스란
히 촬영됐다. 직원은 동영상에 '재벌 2세의 갑질'이라는 제목을 붙인
뒤 유튜브에 올렸다. 동영상에 대한 반응은 뜨거웠다. 엄청나게 많은
조회수를 기록했고, 김 상무의 만행을 비난하는 댓글이 잇달았다. 페
이스북이나 트위터(현재는 X) 등 다른 소셜미디어를 통해서도 동영상
이 빠르게 퍼져나갔다.

김철수 상무의 이름이 네이버의 실시간 검색어에 오르자 언론도
가만히 있지 않았다. 홍보팀에는 "동영상에 나왔던 사람이 김철수 상
무가 맞는가?", "서울실업의 입장은 무엇인가?" 등의 질문이 빗발쳤
다. 회사 정문 앞에는 김 상무의 모습을 담으려는 사진기자들이 몰려
들었다. 서울실업으로서는 곤혹스러운 일이었다. 급히 주요 부서장
들이 모여 해결방안을 논의했지만 이유야 어쨌든 김 상무의 폭행이
사실인 데다, 부정적 여론의 확산 속도가 워낙 빨라 갈피를 잡기 어
려웠다.

사실 서울실업은 그동안 후계자에 대해 언급하는 것을 극도로 꺼
려왔다. 김 상무의 이른 등장에 부의 세습이라는 비판이 많았기 때문
이다. 게다가 다혈질인 김 상무가 이미 몇 번의 물의를 일으켰던 터

라, 후계자와 관련해서는 기사가 안 나오는 것이 최선이라는 걸 경험적으로 알고 있었다.

물론 회사가 원하지 않는다고 말썽이 안 생긴 것은 아니다. 부정적인 기사가 나올 때마다 서울실업 홍보팀장은 언론사로 뛰어가서 기자와 데스크(부장)에게 기사 좀 빼달라고 아쉬운 소리를 해야 했다. 가끔은 광고협찬도 약속해야 했다. 그러나 이번 사태는 예전처럼 노이즈를 최대한 줄이는 방식이 통하지 않을 것 같았다. 사태가 이미 전국적인 이슈로 커진 만큼 공식적인 대응이 불가피했다. 그러려면 가장 먼저 이번 사태에 대한 회사의 입장을 정리하는 것이 필요했는데 이것부터가 난제였다.

세 가지 전략 – 잡아떼기, 정면돌파, 꼬리 자르기

서울실업의 첫 번째 검토안은 앞뒤 따질 것 없이 이번 사태가 업무 과정에서 일어난 해프닝일 뿐이라고 주장하는 잡아떼기 전략이었다. 문제의 대리점주는 평소에도 회사의 정책에 사사건건 시비를 걸었고, 회사가 금지하는 거래로 수익을 따로 챙긴 정황이 있어 의심의 눈길을 받던 터였다. 그날도 과도하게 자신의 이익만 주장하여 사실상 대리점주가 싸움의 빌미를 제공했다고도 볼 수 있었다.

김 상무가 창업자의 아들이기는 하지만 현재 그의 직책은 상무이고 이번 사건은 그가 회사의 임원으로서 대리점을 현장점검하는 도중에 벌어진 일이다. 그러니 욕하고 때린 것은 좀 과했지만, 갑질은 아니고 임원이 회사를 경영하는 과정에서 벌어진 해프닝이라고 말할 수 있을 것 같았다.

문제는 성난 여론이 이를 납득할 것인지, 회사 내에서도 설득력이 떨어진다는 지적이 많았다는 점이다. 이러한 전략을 실행하려면 대리점주나 사건 이후 출근을 안 하고 있는 영업부장의 도움이 필요한데 협조가 가능할지도 자신이 없었다.

회사가 검토한 두 번째 안은 솔직하게 사과하고 재발 방지를 약속하자는 정면돌파 전략이었다. 나이 많은 대리점주에게 폭언을 하고, 부하직원의 정강이를 걷어찼으니 분명히 잘못은 김 상무에게 있었다. 그가 창업자의 아들이 아니었다면 그렇게까지 안하무인격으로 행동할 수 있었을까. 설령 상대방이 잘못했다고 해도 폭언이나 폭행은 용서받기 힘든 행위이고 갑질이라고 욕을 먹을 만했다. 그러니 잘못을 인정하고, 회사 시스템을 개선하고, 대리점주들도 인간적으로 대우하겠다고 말하면 언론도 더 이상 빌미를 잡을 것이 없으니 수그러들지 않겠느냐는 기대였다.

문제는 누가 고양이 목에 방울을 달 것인가였다. 김 상무 입장에서는 여론에 굴복하는 느낌을 주는 방안이어서 그가 받아들일지도 의문이었다. 김 상무의 화가 아직 풀리지 않은 상태여서 자칫하면 보고한 사람에게 엉뚱한 불똥이 튈 수 있었다. 부서장들이 서로 눈치만 보고 있는 사이, 잘못을 시인하면 이를 빌미로 여론이 더 나빠질 수도 있다는 주장이 나오며 정면돌파안은 자연스럽게 폐기됐다.

어쩌면 서울실업의 입장에서 좀 더 간결한 해결책은 이번 사건을 회사의 구조적인 문제가 아닌 김 상무의 개인적인 잘못으로 정리하는 것이다. 사안의 본질을 개인의 일탈행위로 치부하고 회사는 사건과 일정한 거리를 두는 전략이다. 더 확실하게 하려면 아예 꼬리 자르기를 할 수도 있다. 물의를 일으킨 직원에게 직무정지나 해고 등의 징계를 내림으로써 회사와 사건은 관련이 없음을 더욱 강조하는 것이다. 오히려 회사가 개인의 불법행위로 인해서 평판이 훼손되는 피해를 봤다고 주장할 수도 있다. 이런 경우에도 구성원에 대한 관리책임이나 도의적인 문제는 여전히 남아 있겠지만 회사가 느끼는 부담감은 훨씬 줄어들 것이다.

그러나 이러한 전략 역시 한계가 뚜렷했다. 일반 임직원이 사고를 친 경우라면 종종 볼 수 있는 방안이지만, 현실적으로 오너가 절대지존인 기업풍토 속에서는 '고양이 목에 방울 달기'라는 어려움은 똑같았다. 결국 서울실업이 최종적으로 선택한 안은 잡아떼기 전략이었다. 사건을 개인의 폭행이 아닌 임원의 경영행위 과정에서 일어난 해프닝으로 정의한 것이다. 폭행을 당한 영업부장이 형사고소를 했을 때도 김 상무의 변호사 수임료를 회사비용으로 처리하기도 했다. 결국 오너 가족 보호라는 굴레에서 벗어나지 못한 셈이다.

결과는 어땠을까? 대책팀이 예감한 대로 사람들은 서울실업의 해명을 납득하지 못했다. 오히려 회사의 눈치 보기식 대응에 대한 비난 여론만 더해졌다. 사태가 심상치 않다고 느낀 김 상무는 마지못해 뒤늦은 사과문을 발표했다. 이번엔 "무엇을 사과했는지 모르겠다", "반성하는 척하지만 진정성이 없다"라는 비판이 이어졌다. 김 상무의 과거 행적을 고발하는 폭로가 이어졌고, 지배구조의 개선과 잘못된 경영관행에 대한 개선책을 내놓으라는 압박도 계속됐다.

　서울실업 사태를 위기 커뮤니케이션의 관점에서 보면 이렇게 정리할 수 있다. 회사 임원의 부하직원 폭행이라는 위기사건이 일어났고, 이를 두고 '재벌 2세의 갑질'이라는 주장과 '경영과정의 해프닝일 뿐'이라는 주장이 충돌했다. 사건을 설명하는 두 개의 상반된 스토리 중 사람들은 '갑질'이라는 주장에 더 공감했고, 서울실업은 한동안 여론의 질타를 받으며 곤욕을 치러야 했다.

→ 전략적 투자인가, 먹튀를 노린 꼼수인가

부산화학(가칭)은 상장사이면서도 그리 주목받는 회사는 아니었다. 특별히 히트한 제품이나 사업이 없지만, 그렇다고 큰 실수도 없는 무난한 기업이었다. 창업주가 부동산에 관심이 많았던 덕분에 회사 규모에 비해 이곳저곳에 보유한 땅과 건물이 제법 많다는 것이 그나마 자랑이었다.

부산화학이 주식 투자자들의 관심을 끈 것은 회사의 경영권이 다국적 사모펀드에 넘어가면서부터다. 새롭게 대주주가 된 사모펀드는 적극적으로 회사의 정비에 나섰다. 수익성 낮은 사업에서 철수하고, 조직과 인력을 정비하고, 연구개발과 투자계획을 조정했다. 그 과정에서 비수익성 부동산을 대거 매각하여 현금화했다.

시장의 반응은 엇갈렸다. 첨단 경영기법에 밝은 새 경영진이 회사의 가치를 높여줄 것이라는 기대도 있었지만 사모펀드가 회사의 알짜배기 자산들을 팔아버린 뒤 발을 빼고 나갈 것이라는 '먹튀' 의혹도 슬그머니 머리를 들었다. 이러한 의심은 회사가 대규모 투자계획을 발표하며 정점으로 치달았다. 회사의 1년 매출 규모와 맞먹는 금액을 투자해서 해외 기업이 개발 중인 신물질에 투자한다는 것인데, 국내 판매권 정도가 아니라 신물질의 소유권 자체를 확보함으로써 향후 세계시장까지 개척할 수 있는 미래 성장기반으로 만들겠다는 내용이었다.

미래를 위한 투자는 필요하겠지만 문제는 투자금액이 엄청나게 큰 데다 신물질이 아직도 개발 중이라는 점이었다. 여기에 신물질을 개발하고 있는 회사 역시 사모펀드가 투자해 놓은 관계사인 데다, 펀드의 과거 행태까지 다시 도마에 오르며 사모펀드가 부산화학의 자산을 몽땅 털어먹으려는 꼼수를 부리고 있다는 루머까지 더해졌다.

부산화학의 투자계획에는 특히 소액주주들이 강하게 반발했다. 투자금 조달을 위해 보유 자산을 매각한다든지, 해외법인을 세워 자금을 주고받겠다는 복잡한 구상을 비판하며 투자계획의 이면에 나쁜 의도가 있다고 의심했다. 아무리 양보해도 개발이 완료되지 않은 제품에 회사의 명운을 좌우할 정도로 큰 금액을 투자하는 것 자체가 비상식적이라는 것이다.

부산화학의 주가는 연일 하한가를 기록했다. 온라인 증권 커뮤니티 게시판에는 현 경영진을 배임행위로 고발하자는 주장까지 등장했다. 경영진이 뒤늦게 설득하려 나섰지만 오래 버티기는 힘들었다. 부산화학은 결국 부정적인 여론을 견디지 못하고 투자계획을 철회하고 말았다.

같은 계획, 서로 다른 시각

부산화학의 투자계획이 맞는지 틀렸는지는 현 단계에서는 판단하기 어렵다. 투자에는 리스크(위험)가 따르기 마련이고, 리스크가 클수록 더 큰 리턴(수익)을 기대할 수 있는 것이니 단순히 투자금액이 크다고 문제가 될 수는 없다. 핵심은 투자계획이 정말로 회사의 성장기반을 마련하는 큰 그림이었는지, 아니면 회사의 자산을 털어먹으려는 의도였는지인데, 진실은 대주주가 솔직하게 털어놓기 전에는 아무도 알 수가 없다.

중요한 점은 하나의 투자계획을 놓고 경영진은 장밋빛 꿈을 이야기했지만, 소액주주들은 악몽을 보았다는 점이다. 동일한 사안을 두고, 그에 대한 해석과 평가는 바라보는 사람의 관점에 따라 정반대로 치달았던 것이다.

부산화학의 투자계획에 진정성이 있었다면 실패 원인은 커뮤니케이션의 부재에 있을 것이다. 이해관계자들, 특히 소액주주들이 부정적인 시각을 가질 가능성이 높은 계획임에도 불구하고 사전에 충분히 설명하고 이해를 구하는 소통활동이 없었던 것이다.

부산화학이 한 일이라고는 상장기업으로서 법적 의무가 있는 증권거래소 공시가 전부였다. 대규모 투자계획에 담긴 비전이나 성공을 담보할 추진계획 등 스토리텔링이 필요한 사안인데도 어려운 용어와 숫자 몇 개만으로 이해해 주길 바랐던 셈이다.

결과는 치명적이었다. 증권 담당 기자들이 당일 공시를 보고 기사를 썼지만 계약의 의미를 담기에는 한계가 있었다. 대부분의 기사들이 전략적 투자 측면보다는 외형적 리스크가 너무 크다는 점에 주목했다. 온라인 투자 카페에서도 성토대회가 벌어졌다. 소액주주들은 공시 내용을 자기 입맛대로 해석하며 온갖 부정적인 시나리오들을 쏟아냈다.

만약 부산화학이 기자들에게 보다 적극적으로 계약의 의미와 회사의 비전을 설명했다면 어떠했을까. 애널리스트나 펀드매니저들, 나아가 주주들에게 직접 회사의 진정성을 설득했다면 어떻게 됐을까. 단언하기는 힘들지만 상황은 좀 더 좋았을 가능성이 높다.

비난 여론이 높아지자 부산화학은 뒤늦게 회사의 계획을 설명하는 자리를 마련했다. 이번엔 산업에 이해가 높은 화학 담당 기자들을 초청했다. CEO가 나서서 적극적으로 노력하자 "믿고 좀 더 기다려보자"는 의견도 조금씩 나오기 시작했다. 그러나 첫 단추를 잘못 꿴 실수를 만회하지는 못했고 부산화학은 공시 2주일 만에 계약 포기를 발표할 수밖에 없었다.

위기 스토리들은 서로 경쟁한다

위기사건이 터지면 무슨 일이 생겼는지 궁금해하는 사람들이 많아진다. 어떠한 일인지, 왜 일어났는지 등 구체적인 정보를 알고 싶어 하는 수요가 생기는 것이다. 사건의 규모가 크다든지, 엽기적인 내용이 들어 있다든지, 유명인이 관련됐다든지 등 호기심을 자극하는 요소가 많을수록 정보에 대한 수요는 더 커질 것이다.

수요가 있으니 자연스럽게 사건에 대한 소식을 알려주는 다양한 공급자들도 생긴다. 예전에는 언론매체가 절대적인 공급자였지만 요즘은 페이스북이나 유튜브, 카카오 같은 소셜미디어가 소식을 전달하는 주요 역할을 맡기도 한다. 때로는 블라인드 같은 특정인들만의 커뮤니티나 정보지('찌라시')에 등장하기도 한다. 이러한 소식들은 전달되는 형태나 수단은 다르더라도 어느 회사에서 누가, 언제, 어떠어떠한 일을 했다더라는 식의 이야기 구조를 갖고 있다. 위기사건의 내용을 설명하는 '위기 스토리'가 만들어지는 것이다.

사람들은 이러한 위기 스토리를 통해 위기사건을 알게 된다. 동시에 위기 스토리를 통해 해당 사건이 어떤 의미를 갖고 있고, 그래서 그 사건에 대해 어떤 입장을 취해야 하는지에 대해서도 영향을 받는다. 위기 스토리에는 어떤 사건이 생겼는가라는 단순한 설명을 넘어, 이야기를 만들어내거나 전달하는 사람의 사건에 대한 평가가 함께 들어 있기 때문이다.

위기 스토리는 여러 가지 버전이 만들어지는 것이 보통이다. 사건에 관여하는 집단이 여러 개이고 서로의 이해관계가 다르니, 공급자마다 각자의 관점에 따라 사건을 설명하는 여러 버전을 내놓는 것이다. 스토리가 유통되는 과정에서 다양한 이야기가 첨삭되어 원본과는 다른 맥락으로 변형되기도 한다.

예를 들어 극심한 노사분규로 존폐위기에 처한 회사가 있다고 치자. 경영진은 "과격한 노조원 때문에 회사가 폐업위기에 몰렸기에 지금이라도 노조가 대화의 장으로 나와야 한다"고 호소할 것이다. 반대로 노조는 "노동자를 귀하게 여기지 않는 경영진의 오만이 회사의 폐업위기를 불러왔기에 지금이라도 사장이 직접 대화의 장으로 나와야 한다"고 주장하기 마련이다.

극심한 노사분규라는 사건이 같고, 노사 모두 대화로 문제를 풀어가자는 동일한 해법을 제시하는 것 같지만, 실제로는 출발점이 전혀 다르기에 구체적인 해결 방법도 달라질 수밖에 없는 두 개의 스토리가 만들어진 것이다. 제목을 단다면 '노조의 불법파업으로 폐업위기에 몰린 회사의 이야기'(경영진)와 '경영진의 무능으로 폐업위기에 몰린 회사를 살리려는 노조의 투쟁 이야기'(노조)로 방향이 엇갈릴 것이다.

앞에서 소개했던 서울실업 사례도 사건의 내용은 기업의 임원이 대리점 순방을 하다가 나이 많은 대리점주에게 폭언을 하고, 부하직원의 정강이를 걷어찬 것이다. 하지만 그 임원이 왜 폭행을 했는지, 그러한 행동을 어떻게 평가해야 하는지는 각자의 입장이나 시각에 따라 스토리가 전혀 달라진다. "잘했다고 볼 수는 없지만 젊은 혈기에 실수할 수도 있지"라는 관대한 평가부터 "평소 돈 자랑을 심하게 하더니 갑질 마인드를 못 버리고 또 나쁜 짓을 했구나"까지 다양한 버전이 나올 것이다.

이처럼 다양한 버전의 위기 스토리들은 더욱 많은 사람들에게 인정받을 수 있도록 치열하게 경쟁한다. 여론전이라는 이름으로 벌어지는 이 경쟁은 대개는 잘못을 해명하는 기업과 잘못을 비난하는 언론의 양자 대결로 이뤄졌다. 최근에는 소셜미디어와 이해관계자 등 다양한 집단이 참여하며 좀 더 복잡한 양상을 보인다. 언론매체의 증가로 뉴스 보도마저 각 매체의 입장이나 기자의 성향에 따라 상반되는 스토리가 나오기도 한다.

스토리 생산자들은 자신이 만든 위기 스토리의 매력과 설득력을 키우기 위해 새로운 증거들을 더하고 논점을 다듬는가 하면 더욱 많은 사람들이 볼 수 있도록 노출 기회를 늘려나간다. 여기서 한발 더 나아가 유력한 오피니언 리더나 인플루언서의 지원을 끌어내는가 하면 심한 경우에는 사실을 왜곡하거나 가짜 뉴스 수준의 거짓말을 더하기도 한다.

경쟁에는 스토리의 소비자들이 직접 뛰어들기도 한다. 소비자들

역시 자신이 공감하는 스토리는 다른 사람들에게 전파하고, 공감하지 않는 스토리는 무시하는 취사선택을 통해 스토리의 유통에 영향을 미친다. 또한 유통과정에서 새로운 내용을 첨삭하며 아류 버전의 스토리를 만들어내기도 한다.

자신이 원하는 정보만을 취사선택하면서 기존의 믿음을 강화하는 확증편향이 만연된 요즘 사회에서는 스토리 소비자의 영향력이 점점 더 커지고 있다. 어쩌면 스토리 소비자 중 상당수에게는 정보가 진실에 부합하는지 여부가 그리 중요하지 않을 수도 있다. 오히려 스토리를 소비하며 자신의 의견과 감정을 배출하는 자기만족(카타르시스)에 더 관심이 있을 수도 있다.

위기 스토리는 사실을 객관적으로 설명하는 보고서가 아니다. 다양한 사람들이 서로 자신이 진실이라고 믿는 방향으로 사건을 해석하고 자신의 주장을 더한 이야기, 즉 담론일 뿐이다.

그래서 위기 스토리들의 경쟁에서는 진실한 스토리만이 최종 승자가 되지는 않는다. 사실(fact) 여부는 경쟁에서 우위를 차지하는 강력한 힘이 되지만 경쟁에는 다양한 변수들이 작동하기 때문이다. 결과적으로는 진실 여부보다는 더 많은 사람들에게 지지를 받은 위기 스토리가 대세이자 '정설'인 여론이 되어 주도권을 갖게 될 것이다.

결국 위기 스토리의 탄생과 유통은 사회적으로 관심을 끄는 위기 사건을 둘러싸고 수많은 사람들이 소식을 나누고 서로 다른 관점을 팽팽하게 부딪혀가며 싸우는 과정에서 만들어지는 역동적인 담론경쟁의 과정으로 정의할 수 있다.

2장

EXIT
STRATEGY

위기 스토리의 구조

위기 스토리의 구성요소

위기 스토리는 다양한 형태로 만들어질 수 있으나 반드시 들어가는 세 가지 구성요소가 있다. 이를 범죄소설과 비교해 보면 잘 드러나는데, 위기 스토리가 무언가 잘못했다고 비난을 받는 기업의 이야기인 것처럼 범죄소설 역시 잘못을 저질러 비난을 받는 범죄자를 다루기 때문일 것이다.

범죄소설에 반드시 등장하는 세 가지 구성요소는 범죄를 저지른 악당(가해자)과 그에게 희생된 피해자, 그리고 악당이 저지른 범죄행위다. 사기꾼(가해자)이 서민들(피해자)을 속여 돈을 훔쳤다든지(범죄행위), 폭력배(가해자)가 지나가던 시민(피해자)을 폭행했다든지(범죄행위) 등은 모두 주어, 목적어, 동사가 명확한 범죄 스토리다. 심지어 어린이들이 좋아하는 동화 〈백설공주〉의 줄거리도 무서운 범죄 이야기라고 할 수 있다. 나쁜 계모(가해자)가 착한 백설공주(피해자)를 왕궁에서 내쫓고 독이 든 사과로 죽이려 한다(범죄행위)는 것이 주요 줄거리이기 때문이다.

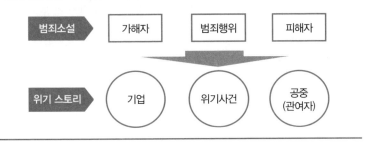

〈그림 1-1〉 범죄소설과 위기 스토리의 구성요소 비교

위기 스토리도 범죄소설처럼 항상 세 가지 구성요소가 나오는데 바로 위기사건(범죄행위), 그로 인해 피해를 입은 공중(피해자), 그리고 위기사건의 원인 제공자인 기업(가해자)이다.

"○○공장에서 유해물질을 몰래 버려 인근 주민들이 악취에 시달린다더라", "○○은행이 불법적으로 개인정보를 팔아넘겨 보이스피싱 피해자가 생겼다더라", "상사의 성희롱에 시달리던 여직원이 자살을 기도해 회사가 발칵 뒤집혔다더라" 등은 기업에서 자주 일어나는 위기사건들이다.

이들을 세 가지 이야기 요소들로 분해하면 '○○공장(가해자)이 유해물질을 몰래 버려(범죄행위) 악취에 시달리는 인근 주민들(피해자)', '○○은행(가해자)에서 개인정보를 팔아버려(범죄행위) 보이스피싱 피해를 당한 고객들(피해자)', '상사(가해자)의 성희롱(범죄행위)에 시달리다 자살을 기도한 여직원(피해자)' 등으로 재구성할 수 있다. 위기사건의 내용이 아무리 복잡해도, 업종이나 기업 규모와도 상관없이, 작은 가십기사에서 전국을 뒤흔드는 대형 뉴스까지 항상 이 세 가지 요소가 기본이다. 이 중에 어느 하나만 빠져도 이야기는 완성되지 못한다. 모든 요소가 서로 결합돼야 생생하고 완결성 있는 위기 스토리가 만들어진다. "OO기업이 탈세를 했다더라"는 식으로 특정 요소가 빠진 것같이 보일지라도 이는 표현상의 문제일 뿐이다. 세무서나 국민처럼 피해자가 겉으로 특정되지 않았을 뿐이지 문맥에 녹아들어 있다.

기업의 위기 스토리가 범죄소설과 다른 점은 ① 주로 기업이 악역인 가해자를 맡으며 ② 범죄행위의 내용이 배임, 횡령, 환경오염, 인명사고 등 실정법적 책임이 있는 것은 물론 임직원의 부적절한 언행, 비윤리적인 경영전략 등 도덕적 책임까지 확대되고 ③ 피해자 역시 사건과 직접적인 관련이 있는 당사자 외에 다양한 이해관계자와 일반 국민까지 포괄될 수 있다는 점일 뿐이다.

위기 커뮤니케이션 과정에서 중요한 일은 이 세 가지 구성요소가 무엇인지 정확하게 특정하는 것이다. 잘못을 한 가해자는 누구인지, 가해자가 어떤 행위를 했는지, 누가 어떤 피해를 보았는지를 명확히 규명해야 한다. 그래야 사건의 실체가 정확히 파악되고, 설득력 있는 스토리가 나올 수 있다.

사과문 발표가 비난받는 이유

그런데 이 간단해 보이는 작업이 현실에서는 의외로 복잡하고 어려운 경우가 많다. 서울실업 김철수 상무의 폭행사건을 다시 돌아보자. 이 사건에서 가해자는 누구일까? 일단 김 상무는 폭행을 한 당사자이므로 그가 가해자라는 데는 이견이 없어 보인다. 그렇다면 김 상무가 소속된 서울실업은 가해자일까, 피해자일까? 오너나 CEO가 문제를 일으킬 때마다 회사 명의로 사과문을 발표하는 경우가 많은데 그때는 회사가 가해자인가? 가해자가 아니라면 왜 사과를 하는 것일까?

대리점주의 입장에서 서울실업은 직접적인 행위는 없었다고 하더라도 김철수 상무의 폭행을 방조하거나 관리하지 못한 가해자의 일원으로 보일 수도 있다. 반면 서울실업 입장에서는 임직원의 잘못된 행위로 회사 이미지가 구겨지고, 불매운동 등의 타격을 받았으므로 오히려 가해자가 아니라 피해자라고 주장할 수도 있을 것 같다. 서울실업의 역할을 어느 쪽으로 보느냐에 따라 위기 스토리의 방향은 완전히 달라질 것이다.

김철수 상무의 행위를 어떻게 규정하느냐도 만만치 않은 문제다. 일단 김 상무의 폭행은 형사상 책임을 다툴 수 있는 범죄행위로 보인다. 그러나 구체적인 정황을 따져보면 서울실업의 주장처럼 "좀 과도하기는 했지만, 현장점검 과정에서 우발적으로 발생할 수도 있는 부하직원에 대한 지도행위"일 수도 있다는 점을 무조건 배제하기도 힘들다.

이 사건의 피해자는 직접적으로 폭언과 폭행을 당한 대리점주나 영업부장이라는 데는 큰 이의가 없을 것이다. 그런데 현장에서 불쾌한 경험을 했던 회사 관계자들이나, 동영상을 보고 분노한 일반 국민들도 피해자라고 할 수 있을까? 많은 기업이 사과문을 발표할 때 소비자나 국민 여러분을 대상으로 하는데 이는 맞는 것인가?

부산화학의 스토리도 간단치 않다. 회사의 자산을 불법으로 빼돌리려는 범죄행위의 주체, 즉 가해자는 대주주일 것이고 좀 더 확대하자면 이에 적극 협력한 경영진도 포함될 수 있을 것이다. 만약 대주주의 의도대로 자산이 빼돌려져 주가가 폭락하고 회사의 경영이 어려워지면 피해자는 일반 투자자나 사내 임직원, 거래가 끊긴 협력회사 등이 될 수 있다. 그런데 부산화학 대주주의 음모는 실행되지는 못했고 모든 것은 원점으로 돌아왔다. 이때도 투자자 등이 피해자라고 말할 수 있을까?

범죄소설과 달리 현실의 위기사건에서는 이처럼 가해자와 피해자, 범죄행위 등 구성요소를 특정하는 일이 애매한 경우가 많다. 그렇다고 적당히 넘어가면 안 된다. 구성요소를 어떻게 특정하는지는 위기사건에 대한 기업의 인식을 보여준다는 점에서 위기 커뮤니케이션의 향방을 좌우하는 중요한 작업이기 때문이다.

구성요소의 특정을 어설프게 함으로써 역풍을 맞는 대표적인 경우가 사과문 발표다. 사고가 터지고 나면 기업들은 흔히 사과문을 발표하지만 진정성이 없다는 비판을 받으며 오히려 더 큰 비난을 초래하는 일이 종종 일어난다. "도대체 무엇을 사과하는지 모르겠다", "어물쩍 사과하는 시늉만 하지 내용이 없다" "진짜 사과해야 할 사람은 사과하지 않고, 애꿎은 임직원만 고개를 숙인다" 등 비판이 가리키는 지점은 하나다. 누가 무엇을 잘못했는지 치열하게 따지고 반성하지 않는다는 것이다. 결국 구성요소를 정확하게 특정하지 않고 두루뭉술하게 넘어가기 때문에 진정성이 결여돼 보이는 것이다.

→ 위기 삼각형이 던지는 질문

구성요소를 정확히 특정했다면 이야기의 얼개를 짜는 데 절반은 마친 것이다. 그러나 구성요소의 특정만으로는 온전한 스토리가 만들어지지 않는다. 나머지 절반은 구성요소 간의 관계를 따짐으로써 이뤄진다. 구슬이라는 소재를 어떻게 꿰느냐에 따라 목걸이가 달라지듯이 세 가지 구성요소가 어떻게 결합하는지에 따라 스토리가 달라지기 때문이다.

따라서 위기사건이 기업활동과 어떤 관계를 맺고 있으며, 어떠한 사회적 의미를 갖고 있는지를 파악하기 위해서는 세 가지 구성요소를 연결하여 '삼각형'을 만들어보는 작업이 필요하다. 위기 스토리의 구성요소들이 제공하던 단순한 사건 정보는 위기 삼각형으로 결합되며, 비로소 구체적인 흐름과 사회적 의미를 가진 완성된 위기 스토리가 된다.

〈그림 1-2〉는 위기 스토리의 구성요소인 위기사건, 기업, 공중을 꼭짓점으로 삼은 뒤 이들을 연결하여 만든 '위기 삼각형'이다. 여기서

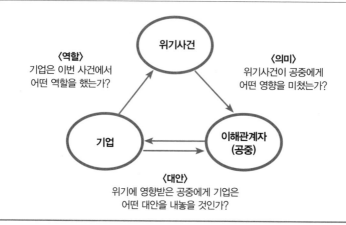

특히 눈여겨 살펴볼 것은 삼각형이 가진 세 개의 빗변이다. 각각의 구성요소를 서로 연결한 빗변은 구성요소 간의 관계를 보여주는데 이 관계에서 위기사건에 대한 세 가지 기본 질문이 만들어진다.

즉 각각의 빗변은 ① 위기사건이 공중에게 어떠한 영향(피해)을 주었으며 그 결과 사회적으로 어떤 의미를 지니게 되었는지(위기-공중 차원) ② 사건의 책임은 누구에게 있으며 결과적으로 기업이 사건 발생에서 어떠한 역할을 했는지(위기-기업 차원) ③ 사건을 일으킨 원인 제공자로서 기업은 피해를 입은 공중에게 어떠한 대안을 내놓았는지(기업-공중 차원)에 대해 질문을 던지고 있는 것이다.

이 세 가지 질문에 어떠한 대답을 하느냐는 기업이 위기사건을 어떻게 인식하고 있으며, 위기사건을 어떻게 풀어가고 싶은지에 대한 입장을 드러내게 된다. 피해자나 언론 등 각종 이해관계자들도 저마다의 입장에 따라 답변을 하는데 바로 이 지점에서 저마다 다른 위기 스토리가 만들어지는 것이다.

바로 이 점 때문에 위기 삼각형은 각 이해관계자들의 위기 스토리를 파악하는 동시에 위기사건이 대중에게 어떻게 전달되고 있는지 이해하고, 위기사건에 대한 적절한 입장을 수립하고 대응전략을 만드는 데 유용한 틀을 제공해 줄 수 있다.

위기 삼각형의 각 빗변이 만들어내는 질문에 구체적인 답변을 하기 위해서는 각 빗변이 만들어내는 의미를 좀 더 자세히 살펴볼 필요가 있다.

위기-공중 차원: 위기사건의 의미

위기-공중 차원은 위기사건이 누구에게 어떤 영향을 끼쳤는지 파악하는 차원이다. 위기사건이 직접적인 피해자나 이해관계자 집단, 나아가 일반 국민에게 어떤 의미를 던져주었는지의 문제다. 위기사건의 파장은 영향과 범위라는 두 가지 관점에서 살펴볼 수 있다.

위기사건의 영향은 직접적일 수도, 간접적일 수도 있다. 출근시간 버스의 신호위반으로 일어난 교통사고를 예로 든다면 차량이 파손되거나 상처를 입는 등 직접적인 피해를 본 사람이 생길 수 있다. 사고로 빚어진 극심한 교통체증 때문에 약속시간에 늦어 중요한 계약을 날려버린 사람도 있을 것이다. 직접적 피해를 본 것은 아니지만 버스회사의 상습적 법규 위반에 분노하는 사람들도 생긴다. 때로는 피해의 실체가 불명확하거나, 단순히 정서적인 반감을 일으키는 수준일 수도 있다.

위기사건에 영향을 받은 사람들의 범위는 사건별로 다를 수 있다. 작은 식당에서 음식을 먹은 몇 명의 사람들이 식중독에 걸린 사건일 수도 있고, 환경오염처럼 특정 지역의 많은 주민들이 고통받을 수도 있다. 개인정보가 유출된 금융사고라면 거의 모든 사람이 피싱(금융사기) 같은 2차 피해를 걱정해야 할 것이다.

위기 – 기업 차원: 사건 발생에서 기업의 역할

위기-조직 차원의 질문은 기업이 위기사건의 발생에서 어떤 역할을 했는지의 문제다. 기업이 책임져야 할 행동, 즉 귀책성이 얼마나 되느냐의 문제로 현실적으로는 얼마나 잘못했는가, 또는 위기사건이 일어나는 데 얼마나 원인을 제공했느냐는 질문이다.

기업이 처음부터 위기사건이 일어나는 데 아무런 관련이 없었다면 애초에 '위기' 자체가 성립하지 않을 것이다. 아무리 큰 사건이 일어났더라도 그건 나와는 상관없는 남의 문제일 뿐이다. 그러나 위기 발생의 원인을 제공했다면 기업이 어떤 형태로 어느 정도의 역할을 했는지가 중요해진다. '잘못의 크기'만큼 기업의 책임에 대한 비난도 커질 것이기 때문이다.

기업 전체가 조직적으로 개입했는지, 아니면 내부 임직원이 개인적으로 저지른 잘못인지도 중요하다. 기업이 의도적으로 잘못을 저질렀는지, 아니면 어쩌다 벌어진 실수인지, 그도 아니면 기업도 미처 알지 못하는 사이에 외부의 사건에 휘말린 것인지에 따라서도 비난의 크기는 달라질 것이다.

기업-공중 차원: 기업의 해결 대안

기업-공중 차원의 질문은 위기사건의 원인을 제공한 기업이 결과적으로 그 위기사건에 영향을 받은 사람들에게 어떠한 해결책이나 대안을 제시할 것인가의 문제다.

피해를 일으켰다면 기업이 그에 상응하는 보상이나 대책을 내놓아야 하는 것은 당연하다. 실질적으로 어려운 문제는 보상의 수준을 결정하는 일이다. 위기사건으로 사람들의 일상이 망가지고 피해가 생겼으니 결자해지의 심정으로 문제 해결에 적극 나서겠다는 기업도 있을 것이고, 아니면 책임을 우물쭈물 회피하는 사례도 있을 것이다. 책임소재가 여러 군데 분산돼 있다면 일부분만 보상하겠다고 할 수도 있다.

→ 성공한 스토리 vs 실패한 스토리

위기 삼각형의 세 빗변이 던지는 질문에 어떠한 대답을 선택할지는 기업의 자유다. 기업이 생각하는 위기사건의 성격이나 회사의 입장에 가장 부합하는 답변을 선택하면 된다. 다만, 선택의 결과로 만들어진 위기 스토리는 기업의 위기 커뮤니케이션이 성공할지 실패할지를 결정짓는 중요한 역할을 한다.

스토리에 담긴 기업의 인식과 태도에 피해자를 비롯한 이해관계자들이 공감하면 위기상황이 빠르게 종료될 수 있다. 반대로 공감하지 못한다면 기업에 대한 비난은 좀처럼 끝나지 않고 오히려 새로운 비난과 반발을 불러일으킬 수도 있다.

위기사건에 대한 기업의 인식에 따라 스토리들이 어떻게 달라지고, 그 결과 성공과 실패가 어떻게 갈렸는지 대표적인 사례들을 살펴보자.

존슨앤존슨의 독극물 대응

1982년 미국 시카고에서 6명이 연쇄적으로 사망하는 사고가 발생했다. 사인에 대해서는 여러 가지 추측이 있었으나 사망자 모두 죽기 전에 타이레놀 캡슐을 복용한 것으로 드러났다.

타이레놀의 제조사인 존슨앤존슨은 기민하게 움직였다. 즉각 캡슐 제품의 전량 수거에 들어갔고 공개적으로 문제의 심각성을 알렸다. 의사들에게 공문을 발송하고, 언론에도 대답할 수 있는 것은 최선을 다해 응답했다. 누군가가 일부러 제품에 독극물을 투입한 것으로 보고 범인을 잡기 위해 10만 달러의 현상금도 걸었다.

존슨앤존슨은 이 과정에서 수백만 달러의 경제적 손실을 감내해야 했다. 그러나 회사의 이익보다는 사람들의 안전을 더 고려한 존슨앤존슨의 용기 있는 행동에 많은 사람들이 찬사를 보냈다. 사건 직후 타이레놀의 판매량이 절반으로 떨어졌으나 존슨앤존슨은 3년 만에 과거의 시장점유율을 완전히 회복한 것은 물론 엄청난 신뢰와 존경을 받을 수 있었다.

외부인의 독극물 투입이라는 엽기적인 사건을 존슨앤존슨이 성공적으로 마무리할 수 있었던 비결은 단순히 위기를 공개한 데만 있지 않았다. ① 기업의 손실을 따지기에 앞서 사람의 생명을 먼저 생각하는 윤리성 ② 전면적 공개를 통해 정면돌파를 시도한 과감한 결단 ③ 한 번 결정했으면 필요한 모든 조치를 끝까지 시행해 내는 일관성 등이 어우러진 결과였다.

존슨앤존슨의 타이레놀 사건은 회사의 존폐 문제까지 치달을 수 있는 독극물 테러를 소비자 중심의 의사결정을 통해 성공적으로 극복한 사례다. 이 과정을 위기 삼각형의 각 빗변이 나타내는 사건의 의미, 기업의 역할과 대안이라는 관점에서 보면 다음과 같이 재구성할 수 있다.

먼저 사건의 의미를 살펴보자. 존슨앤존슨은 이 사건을 적극적으로 대응해야 하는 중대한 사건으로 인식했다. 자사가 연루됐는지 불분명했던 초기에도 일단 사람의 목숨이 소중하고 적극 보호해야 한다는 데 공감했다.

다음으로 기업의 역할에 대해 살펴보자. 타이레놀에 독극물이 들어간 것은 당연히 존슨앤존슨의 의도는 아니다. 이 회사는 해열제를 소비자에게 공급했을 뿐 사망사고에 직접적인 책임이 있다고 말할 수 없다. 하지만 자사 제품이 범죄의 도구로 이용된 데 대한 도의적인 '책임의식'을 가져야 함을 외면하지는 않았다.

마지막으로, 존슨앤존슨이 선택한 대안은 적극적인 커뮤니케이션을 통해 소비자 보호에 나서는 것이었다. 자사 제품이 독극물에 오염될 수 있다는 점을 공표하면 심각한 타격을 받을 수 있음에도 불구하고 말이다. 존슨앤존슨은 범인이 잡힌 후에도 일반인이 쉽게 제품 뚜껑을 열지 못하도록 패키지를 변경하는 등 실질적인 행동에도 나섰다.

존슨앤존슨에게 소비자는 단순히 돈을 버는 대상이 아니었다. 수익이 곤두박질칠 것이 뻔한 상황에서 용기를 내는 것은 돈보다 사람을 더 중요하게 여기는 가치관이 있어야 가능하다. 이 회사에게 소비자는 함께 지속적으로 가야 할 소중한 관계였던 것이다.

토요타자동차의 리콜 대응

반면 위기관리에 실패하는 기업들의 위기 스토리는 성공과는 정반대의 이야기들로 채워진다. 2010년 토요타자동차의 리콜 대응은 실패 사례로 자주 거론된다.

2010년 토요타자동차의 사상 최대 규모 리콜 사태는 미국에서 렉서스의 가속페달 결함으로 일가족 4명이 사망한 사건으로 표면화됐다. 이후 캠리, 아발론, 프리우스 등의 주요 차종에서도 잇달아 결함이 발견되며 2009년 토요타자동차의 전체 판매량을 넘는 1,000만여 대의 차량이 리콜 대상이 됐다.

토요타자동차는 이 사건으로 무리한 원가절감에 따른 설계결함, 관리역량을 넘어선 해외생산 확대로 인한 공급망 관리나 품질관리 실패 등 여러 가지 비난을 받았다. 하지만 소비자의 신뢰를 결정적으로 저하시킨 것은 위기관리의 실패였다. 위기 삼각형으로 본 토요타자동차의 위기 스토리는 다음과 같다.

우선 사건의 의미를 보자. 대규모 리콜의 시발은 일가족 4명이 사망한 교통사고였다. 토요타자동차는 사망사고가 발생하고 있음에도 결함을 은폐했다는 의혹을 받았다. 사실 부품결함은 이전부터 사람들이 계속 우려하는 문제였으나 대응은 없었다고 한다. 위기 발생 가능성을 알려주는 조기경보(early warning signal)를 무시한 것이다. 결국 토요타자동차에게 소비자 피해에 대한 공감은 없었다.

기업의 역할 측면에서 보면, 토요타자동차는 처음에 회사의 책임을 부인했다. 자사의 잘못이 아니라 운전자의 부주의에 의한 사고라고 주장했다가 거센 반발을 샀다. 가속페달을 설계한 미국의 부품업체 CTS와 서로 책임 공방을 벌이기도 했다.

대안을 보면, 리콜을 결정하고 나서도 구체적인 실행은 더디었다. 리콜 방침을 발표했으나 10여 일이 지나기까지 구체적인 계획이 수립되지 않아 소비자들은 더욱 혼란스러웠다. 결함 은폐나 책임 전가, 초기 대응의 실패, 리콜의 혼란까지 토요타자동차의 위기 대응 속에 소비자와의 관계는 중시되지 못했다.

위기 대응 과정에서 나왔던 은폐, 회피, 무시 등 부정적인 키워드들은 토요타자동차만의 특징은 아니다. 전 세계적으로 비난이 높았던 위기관리 실패 사례들에서 공통적으로 발견되는 키워드들이기도 하다.

기업의 위기는 관계의 위기

그렇다면 위기 커뮤니케이션에 성공하기 위해서 기업은 어떤 입장을 취해야 할까. 위기관리에 성공했던 사례들을 보면 그들의 위기 스토리에 공통적으로 나타나는 키워드가 있다. 바로 공감, 책임, 관계다.

위기관리에 성공한 기업들은 먼저 위기사건이 특정 피해자들에게 아픔과 피해를 주었다는 사실에 공감하고 위기사건이 그들에게 의미 있는 문제임을 부정하지 않았다. 위기사건의 발생과 관련해서도 기업의 역할이 있음을 외면하지 않고, 문제의 해결에 대한 책임이 있음을 분명히 자각했다. 마지막으로 위기사건의 원인 제공자로서 적극적인 상황 개선과 피해자들에 대한 보상 의지를 갖고 있었다.

반면, 위기관리에 실패한 기업들의 스토리에는 문제의 은폐나 외면, 무시 등의 부정적 키워드가 주종을 이룬다. 알래스카 연안을 기름바다로 만들었던 액슨발데즈호 원유 유출 사고, 잦은 인명사고로 물의를 빚은 포드-파이어스톤 타이어 결함 사고 등 고전적인 사례는 물론 토요타자동차의 리콜 스토리, 2016년 한국 사회를 충격에 빠뜨

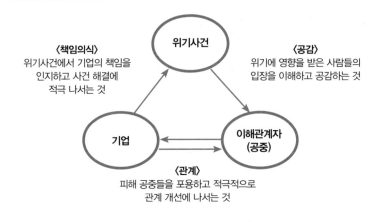

렸던 가습기 살균제 사건 등 최근의 실패 사례에서도 유사한 패턴이 발견된다.

성공 사례가 주는 시사점은 명확하다. 위기사건에 대한 기업의 전향적인 인식과 태도가 좋은 위기 스토리를 만든다는 것이다. 전향적 입장이 담긴 좋은 스토리는 공감력을 높여 서로 간의 이견을 줄여준다. 이견이 좁혀지면 더 이상 다투거나 갈등할 여지가 줄어들고 그만큼 비난을 받는 상황, 즉 위기 국면이 종료된다.

결론적으로, 성공하는 위기 커뮤니케이션은 ① 피해자의 아픔에 공감하고 ② 문제의 원인을 제공한 책임을 자각하며 ③ 적극적으로 사태 해결에 나서겠다고 말하고 실천함으로써 가능해진다.

공감, 책임, 관계라는 세 가지 성공 키워드의 의미를 위기 삼각형의 차원에서 좀 더 자세히 살펴보자.

성공의 키워드 – 공감, 책임, 관계

위기-공중 차원의 본질은 '위기사건이 피해자 등 관련자들에게 준 영향과 의미'다. 이 차원에서 핵심은 '공감'이라는 키워드다. 공감은 이해관계자나 공중에게 무언가 나쁜 영향을 주는 일이 있어났음을 인정하는 것이다. 나아가 그들이 받은 고통을 이해하고 위무하려는 적극적인 태도다.

기업이 위기사건이 일어난 것을 인정하지 않거나, 그로 인해 사람들이 상처받았다는 것을 외면한다면 위기관리의 첫 단추는 꿰지지 않는다.

위기-기업 차원에서 보았던 '역할' 영역에서 핵심은 기업의 책임의식이다. 위기사건의 발생에 내가 아무런 역할도 없었다면 나는 책임질 일이 없다. 그러한 위기는 나의 위기가 아니라 다른 사람/기업의 위기일 뿐이다.

책임의식은 기업이 해당 위기사건에서 책임을 회피하는 것이 아니라 인정한다는 의미다. 책임의 수준은 또 다른 주제다. 책임의식은 단순한 인정을 넘어 적극적으로 문제를 해결하겠다는 의지를 표명하는 일이다.

'관계'는 위기사건으로 직간접적인 피해를 입은 이해관계자와 공중에게 피해의 원인을 제공한 기업이 어떻게 보상하는가 하는 '보상'의 영역에서 작용한다. 기업이 위기사건에 책임이 있다면 그로 인해 피해를 입은 사람들에게 배상 등 대안을 내놓는 것이 마땅하다. 다만,

보상 방식과 범위는 사안에 따라 다양한 선택지가 있을 것이다. 피해의 원상복구는 물론 위로금을 더 주는 금전적인 방법도 있을 것이며 때로는 사과문을 발표하거나 사건 관련자를 문책하는 정도로 끝낼 수도 있다.

중요한 것은 어떠한 보상 방식을 선택하든 그 배경엔 해당 이해관계자들을 적극적으로 끌어안으려는 관계 개선의 의지가 있어야 한다는 점이다. 그래야 단 한 푼의 돈을 쓰더라도 상대방에게 진정성이 전달될 수 있고, 용서와 화해가 가능하며, 궁극적으로 서로 협조하는 사이로 승화될 수도 있다.

적극적 관계 개선 의지는 피해 공중이나 안팎의 이해관계자를 기업을 괴롭히는 존재로 적대시하는 것이 아니라 함께 살아가고 호흡하는 동반자 관계로 인식하는 것에서 출발한다. 건강한 기업시민(corporate citizenship) 의식 없이는 갖기 어려운 태도다.

위기사건은 기업과 공중의 관계를 '불안정한 갈등관계'로 바꿔놓는다. 평상시라면 좋았던 기업과 공중과의 관계는 위기사건이라는 계기를 통해 급격히 악화되며, 때로는 악덕기업이라는 낙인이 찍히기도 한다. 이렇게 나빠진 관계가 회복되기 전에는 위기관리가 끝난 것이라고 말하기 힘들다.

이런 점에서 현대 기업의 위기는 관계의 위기이기도 하며, 위기관리는 이처럼 위기사건으로 손상된 사람들과의 관계를 정상화하는 과정이기도 하다. 위기 커뮤니케이션의 본질 역시 공감과 책임의식을 통해 손상된 관계를 회복해 가는 과정이라고 정의할 수 있다.

3장

EXIT STRATEGY

위기의 속성 1: 위기인식

조종사의 잘못일까, 비행기가 문제일까

위기 커뮤니케이션은 자사의 위기 스토리가 다른 스토리들과의 경쟁에서 우위를 차지할 수 있도록 공중을 설득하는 일이다. 이 과정에서는 경쟁구도에 영향을 미치는 위기의 두 가지 속성을 감안해야 한다.

첫째, 위기사건의 사실적 정보와는 별개로 공중은 전혀 다른 인식을 가질 수 있으며, 이는 위기사건의 해결은 물론 기업이 위기사건으로 입게 되는 피해의 크기에 큰 영향을 미친다.

둘째, 위기사건은 처음 발생한 상태에 머물러 있는 것이 아니라 생물처럼 자꾸 변할 수 있다. 이러한 변화는 기업의 위기 해결 방향과 이에 대한 주요 이해관계자들의 반응이 상호작용을 일으킨 결과로 만들어진다.

위기인식과 상호작용이라는 두 가지 속성은 위기 커뮤니케이션을 입체적인 설득과정으로 만들어가는 동력이다. 위기 커뮤니케이션 전략을 설계할 때 반드시 고려해야 하는 변수이기도 하다.

2010년대 초반 국내 기업들은 연이은 고객정보 유출로 골머리를

〈그림 1-4〉 어느 회사가 더 잘못했나

출처: 〈조선일보〉, 2011. 4. 16

썩고 있었다. 금융회사나 인터넷 상거래 회사들의 과도한 개인정보 수집과 허술한 고객 데이터 관리에 대한 사회적 경각심도 높아지고 있었다. 그러던 와중에 금융업체 두 곳에서 일주일 간격으로 고객정보가 유출되는 보안사고가 발생했다. 그러자 한 신문에서 두 회사의 CEO를 인터뷰한 뒤, 두 개를 나란히 붙여 기사를 내보냈다. 함께 읽어보자. A와 B 중 어느 은행이 더 잘못했나.

대부분의 사람들은 특별히 고민하지 않고도 B은행이 더 잘못했다고 답할 것이다. 그런데 함정이 있다. 정답은, 냉정하게 사실관계를 따져보지 않고서는 모른다는 것이다.

잘못의 정도에 대한 판단은 사고원인이나 피해규모와 관련이 깊다. 법적·사회적으로 더 지탄받을 행위를 했거나 더 큰 피해를 일으켰을수록 비난도 커지는 것이다.

개인정보 유출이 A은행은 시스템 개선 중 실수로 유출된 것이고 B은행은 내부 직원이 돈을 벌기 위해 데이터를 모아 판 것이라고 가정해 보자. 대부분은 B은행의 문제가 더 심각하다고 생각할 것이다.

이번에는 두 은행 모두 외부 해커에 의해 정보를 강탈당했다고 가정해 보자. 해킹이라는 원인은 같아도 평소 B은행은 시스템 보안에 대한 투자를 열심히 했고, A은행은 소홀했다면 이번에는 A은행에 대한 비난이 커질 것이다.

피해 범위가 A은행은 100만 명, B은행은 10만 명이라고 한다면 이번엔 A은행이 더 눈총을 받을 것이다. 개인정보 유출로 인해 발생할 수 있는 보이스피싱 등 2차 피해를 막기 위해 얼마나 노력했는지 등도 비난에 큰 영향을 미치는 요소다.

이처럼 잘못의 정도는 구체적인 사실정보에 기인하는 것이다. 그러나 기사를 아무리 열심히 읽어봐도 개인정보 유출이 어떻게 일어났는지, 내부 범죄가 있었는지 아니면 평소 서버 보안에 소홀했는지 등 잘못한 행위에 대한 정보를 찾기는 어렵다.

그럼에도 불구하고 기사를 본 대부분의 사람들은 B은행이 더 잘못했다고 생각한다. 사건에 대응하는 CEO의 태도가 극명하게 달랐기 때문이다. A은행장의 경우 "자세한 것은 모르지만 CEO인 내가 직접 챙겼어야 했다"며 문제 해결에 대한 의지를 보이지만 B은행장은 "전산망 관리 IT 담당자들이 다 해. 나는 비상임⋯ 책임질 일 없어요"라고 한발 빼는 인상을 준다.

냉정히 말하면 B은행장의 답변에도 틀린 말은 없다. 현실적으로 최고경영자가 현장 실무까지 이해하고 관리하기는 힘들다. 비상임이라면 더욱 그럴 것이다. 신문을 편집하는 과정에서 독자의 눈길을 끌기 위해 자극적인 답변만 강조하는 '악마의 편집'을 했을 수도 있다.

그러나 B은행장의 인터뷰는 결과적으로 많은 사람들에게 실망을 주었고, 실제 B은행의 개인정보 유출상황이 어떠했는지와는 별개로 은행 이미지를 매우 실추시켰다.

여기서 주목할 것은 사건을 평가할 구체적인 정보가 없는데도 두 은행에 대한 평가, 즉 비난의 정도가 달라졌다는 점이다. 독자들은 부정확한 작은 정보만으로 위기사건에 대한 평가를 결정했다. 위기의 실체와는 별개로 주관적인 판단에 의한 '인식된 위기(perceived crisis)'가 형성된 것이다.

사고에 대한 여론이 엇갈린 이유

수년 전 우리나라 국적 항공사의 비행기가 미국 샌프란시스코 공항에서 비상착륙하며 여러 명이 사상하는 사고가 일어났다. 대형사고인 만큼 한국과 미국 언론의 보도경쟁이 치열했는데, 사고의 원인을 놓고 양국 언론의 주장이 갈렸다. 한국 언론에서는 주로 기체결함의 가능성을 제기했지만, 미국 언론에서는 조종사의 실책이었을 가능성에 더 무게를 두었다. 독자들의 응원 댓글도 이어졌다. 몇몇 한국인 독자들은 사고 원인을 아예 기체결함으로 단정짓고 제조사가 결함을 알고 있었는데도 침묵했다는 음모론적인 시각까지 제기했다.

중요한 것은 논쟁이 한창일 당시에는 아직 블랙박스가 발견되지 않았다는 점이다. 비행기 사고의 원인은 통상 블랙박스에 기록된 데이터들을 분석해야 결론이 나는데, 원인이 밝혀지기도 전에 갑론을

박이 일어난 셈이다. 왜 이런 현상이 벌어졌을까. 사고 원인에 대한 실체적 규명과는 별도로 자국 회사를 보호하겠다는 심리가 두 나라 언론의 부정확한 보도와 여론을 부추겼을 가능성이 높다.

사고가 어느 정도 수습되면 다음은 다친 승객을 위한 보상이나 비행기 수리비용 등이 이슈로 등장한다. 그런데 이 비용을 누가 낼 것인지는 사고가 누구의 책임인지와 밀접한 관련이 있다. 사고 원인이 조종사 실책이라면 우리나라 항공사가, 기체결함이라면 사고 비행기를 제작한 보잉사의 부담이 커진다.

기업 간의 갈등이 국가 간의 경쟁구도로 해석될 때마다 비슷한 소동이 반복된다. 수년 전 한국의 IT회사와 미국 IT회사가 특허를 침해했다고 서로 고소를 하며 소송전을 벌인 일이 있었다.

실제로 특허권 침해가 성립하는지, 침해를 했다면 누구의 문제인지 등은 법정에서 판단될 문제다. 그런데도 양국 언론의 보도양상은 비행기 사고 때와 비슷했다. 한국 언론은 이번에도 한국 기업에 유리한 쟁점들을 집중적으로 부각시켰다. 기자의 애국심이 한몫했음은 물론 독자들도 읽고 싶어 하는 앵글이니 언론 비즈니스에도 나쁠 것이 없다는 사실이 우호적 보도를 가속시켰을 것이다.

→ 사실과 인식의 괴리

위기사건에 대한 평가는 기업이 무엇을 잘못했는가를 객관적·사실적으로 따져서 결정할 문제다. 그러나 현실에서는 바라보는 시각에 따라 위기사건의 의미와 문제점을 다르게 평가하는 인식된 위기가 존재한다.

인식된 위기는 말 그대로 저마다의 생각에 따라 만들어진 머릿속의 위기이므로 때로는 사건의 실체나 진실과 다를 수 있다. 그러나 사람들의 평가와 행동에 커다란 영향을 미치고 있으므로 어쩌면 실질적인 위기보다 더 강력하고 중요한 존재이기도 하다. 위기사건에 대한 사람들의 인식이 어떻게 형성되느냐에 따라 해당 기업이 받는 비난의 정도나 위기의 향후 전개 양상이 크게 달라질 수 있기 때문이다. 사건이나 기업에 대한 사람들의 부정적 인식은 곧바로 강한 비난으로 이어질 것이다.

위기 커뮤니케이션은 위기사건에 대한 사람들의 인식과 평가를 다루는 일이라는 점에서 인식된 위기를 형성하는 '위기인식'에 대해 주의를 기울이지 않을 수 없다. 실제와는 별개로 생각 속의 위기가 있어 강력한 영향력을 발휘한다는 점이 위기 커뮤니케이터들이 주목해야 할 위기의 첫 번째 속성이다.

사람들은 자신이 알고 있거나 맞는다고 생각되는 정보는 적극 받아들이지만 기존의 생각과 다르면 거부하는 경향이 있다. 이를 확증 편향이라고 하는데 자신의 입맛에 맞는 정보만을 편식하여 기존의 생각을 더욱 강화해 가는 현상을 말한다.

한 번 형성된 위기인식은 이후 사람들이 어떤 정보를 받아들이고, 이를 어떻게 해석할 것인가에 대한 거름망(frame) 역할을 하기에 위기 스토리 간의 경쟁에서 승부를 결정짓는 데 큰 변수가 된다.

다양한 위기 스토리가 만들어진다는 자체가 여러 버전의 위기인식이 존재한다는 의미이기도 하다. 같은 사건이라도 부정적으로 인식한 사람들은 비난하는 스토리를, 긍정적으로 인식한 사람들은 옹호하는 스토리를 만들 것이다. 그래서 스토리의 버전의 차이는 위기 커뮤니케이션의 타깃 공중이 분화된 모습을 보여주는 지형이기도 하다. 자사의 스토리와 각 버전의 스토리 간에 어떤 차이가 나는지를 분석하여 양자 간의 차이를 좁혀가는 것이 위기 커뮤니케이션의 과제인 셈이다.

위기인식은 위기사건이 언제 끝나는지 종료시점과도 관련이 있다. 사건이 물리적으로만 끝나는 것이 아니라 사람들의 위기인식 속에서도 끝맺음이 이뤄져야 진정한 종료가 됐다고 말할 수 있기 때문이다. 사건의 외양 자체는 끝난 것처럼 보여도 사람들의 관심이나 비난이 계속된다면 커뮤니케이션 측면에서는 여전히 진행 중인 위기사건이다.

피해의 크기를 좌우하는 위기인식

위기사건으로 인해 기업이 부담하는 피해는 보상금이나 복구비용 등 유형적 피해(tangible damage)와 이미지 저하 등으로 발생한 무형적 피해(intangible damage)로 구성된다.

유형적 피해는 인명이나 재산의 손실, 시설 훼손 등의 피해를 물리적으로 복구하기 위해 발생한 손해를 말하며 주로 금액처럼 정량적인 숫자로 표현된다. 개인정보가 유출된 사건이라면 피해 당사자에게 지급하는 손해배상액(위자료 포함), 시스템 복구비용, 각종 안내문 제작 및 발송 비용, 소송 관련 비용, 인건비 등 각종 직간접적 비용을 예상할 수 있다.

유형적 피해는 피해범위가 얼마나 넓은지, 위기사건에서 회사의 귀책성이 얼마나 큰지 등 사건의 실체와 밀접한 관련이 있다. 법원에서 손해배상액을 산정할 때도 중요한 판단 요소들이다.

무형적 피해는 기업 이미지나 회사의 평판에 대한 훼손같이 눈에 보이지는 않지만 부지불식간에 회사의 경쟁력 약화로 돌아오는 피해를 말한다. 무형적 피해는 불매운동, 기업에 대한 불신 등 위기사건으로 인해 깨진 공중과의 관계를 평가함으로써 산출돼야 하겠지만 부정적 언론보도나 소셜 콘텐츠의 양, 콜센터 등에의 항의 횟수 등으로도 표현될 수 있다.

결과적으로 위기사건이 기업에게 주는 피해의 총량은 〈그림 1-5〉처럼 유형적 피해와 무형적 피해의 양을 합쳐서 산출된다고 할 수 있다. 다만, 위기사건의 성격에 따라 유형적 피해와 무형적 피해의 구성비는 달라질 수 있다. 〈그림 1-6〉에서 빨간색 부분의 면적 크기는 전체 피해규모를 나타내며, 면적이 커질수록 피해규모가 커진다고 볼 수 있다. 언론보도 등 비난 여론이 사건의 핵심이라면 횡축이,

〈그림 1-5〉 피해의 크기

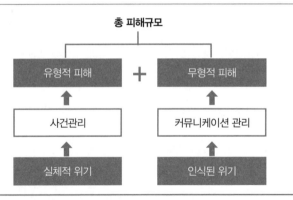

〈그림 1-6〉 피해의 형태

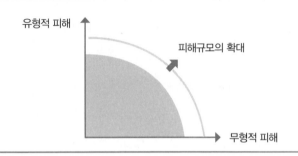

인명이나 재산상의 손실과 복구가 중심이 되는 사건이라면 종축이 길게 늘어나는 형태가 될 것이다.

실체적 위기에서 발생하는 유형적 피해는 주로 사건관리에 의해, 인식된 위기에서 기인하는 무형적 피해는 주로 커뮤니케이션에 의해 관리된다고 할 수 있다. 중요한 점은 현대 경영에서는 무형적 피해의 비중이 점점 더 커지고 있다는 것이다.

최근까지 기업의 위기관리에서는 유형적 피해가 주요 관리 대상이었다. 무형적 피해는 측정하기가 어렵고, 기업에 미치는 충격도 장기에 걸쳐 나타나는 탓에 상대적으로 소홀하게 취급됐다. 그러나 현대 마케팅에서 제품의 실제 품질(quality) 못지않게 소비자가 인식하는 지각된 품질(perceived quality)의 중요성이 커지고 있듯이 위기 커뮤니케이션에서도 인식된 위기의 역할이 커지고 있다. 여기에는 루머나 반기업 정서, 혐오, 갈등 등 무형적 영역에 뿌리를 둔 기업의 평판 위

〈그림 1-7〉 지각된 품질과 인식된 위기

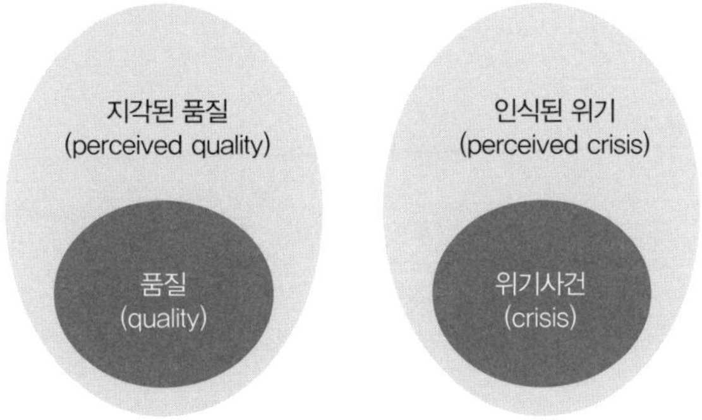

지각된 품질
(perceived quality)

인식된 위기
(perceived crisis)

품질
(quality)

위기사건
(crisis)

기 유형들이 점점 늘어나는 것도 한몫한다.

게다가 관리 측면에서도 무형적 피해는 전체 피해규모를 결정하는 실질적인 관건으로 작용한다. 상대적으로 변화폭이 크지 않은 유형적 피해와는 달리 무형적 피해는 기업이 대응을 어떻게 하느냐에 따라 결과가 큰 폭으로 달라질 수 있기 때문이다. 대규모 불매운동으로 확산될 수 있는 사건이라도 성공적인 위기 커뮤니케이션을 통해 납득과 용서를 받는다면 전체 피해규모가 대폭 줄어들 것이다.

이처럼 무형적 피해의 중요성이 커지고, 기업의 적극적 개입으로 인한 관리 가능성은 현대 기업의 위기관리에서 커뮤니케이션 부서의 리더십이 커지는 배경이 되고 있다.

콩고 내전 vs 인도네시아 쓰나미 사태

그렇다면 위기인식은 어떻게 형성되는 것일까. 사건의 실체에 대한 정보를 중심으로 다양한 심리적·사회적 요인이 작용하는 것으로 생각된다. 학자들이 규명할 영역이지만, 실무적으로는 위기 삼각형에서도 몇 가지 단서를 찾을 수 있다.

'사건의 의미' 영역에서는 공중이 느끼는 사건의 심각성이나 위험 이미지, 위험의 과대 추정을, '기업의 역할' 영역에서는 비난 가능성의 정도를 중심으로 살펴보자. 마지막으로 개인이 특정 위기사건에 대해 얼마나 관심을 갖는지도 중요하다.

위기의 심각성은 주로 위기사건의 규모나 피해의 범위와 관련된 문제다. 같은 화재사고라도 중소기업보다는 대기업이(사회적 영향력의 차이), 화재로 인한 사상자나 설비 유실 등 피해규모가 클수록(피해규모의 차이) 사회적 파장이나 관심도 커지고, 부정적 평판도 높아질 것이다.

불이 내부에서 잘 진화되어 공장 인근에 아무런 피해가 없었다면 그 위기는 기업 내부의 이슈일 뿐이다. 그러나 화재로 인해 또는 진화과정에서 유독물질이 인근의 마을로 흘러들어 사람들이 다치는 등 피해범위가 확대되면 화재사고는 더욱 심각한 양상이 될 것이다.

위험 이미지도 위기인식에 영향을 미친다. 사건의 규모와는 별개로 사건 내용에 불쾌감이나 오감을 자극하는 요소가 포함되어 있다면 더욱 심각하고 중요한 위기사건으로 평가될 가능성이 높다. 식품에 이물질이 들어가는 제품변형(product tampering) 이슈가 전형적인 사례다. 같은 이물질이라도 독극물 같은 치명적인 약품이거나 쥐, 뱀, 벌레같이 혐오감을 주는 생물이 들어간다면 공포감은 더 높아질 것이다. 사람들의 상상력을 자극하며 기겁하게 만드는 것이다.

존슨앤존슨의 타이레놀 이슈, 콜라에 주삿바늘을 집어넣었던 펩시의 주사기 이슈, 맥주캔에서 생쥐가 발견됐던 쿠어스맥주 이슈, 우리나라의 쥐 식빵 사건 등은 혐오감 또는 공포 이미지를 불러 일으킴으로써 사람들의 뇌리에 강하게 남았다. 이처럼 위기사건에 강한 위험 이미지가 내포돼 있다면 논리적·이성적인 설명만으로 기업의 입장을 설득하기가 쉽지 않다. 사람들이 이미지로 느끼는 감성적 측면까지 함께 고려해야 할 것이다.

비행기 사고와 자동차 사고 중 무엇이 더 위험하다고 느끼는지 비교하는 실험에서 많은 사람들이 비행기 사고라고 답한다. 그러나 사망확률만 따지면 자동차가 비행기보다 훨씬 더 위험한 운송수단이다. 그런데도 비행기 사고에 더 큰 두려움을 느끼는 것은 심리적인 요인 때문이다. 비행기 사고는 한 번 일어나면 대부분의 승객이 죽더라는 선입견이 있기 때문이다. 자동차의 경우는 사고가 나더라도 자신이 대처할 수 있다고 생각하지만, 비행기는 속수무책으로 결과를 받아들여야 한다는 생각도 공포감을 더 부추긴다고 한다.

심리학에서는 이처럼 실제의 위험보다 심리적 요인에 의해 위험을 더 크게 느끼는 현상을 '위험의 과대 추정'이라고 부른다. 원자력이나 GMO(유전자변형생물체) 같은 거대 과학기술이 사회적으로 수용되는 속도가 늦춰지는 것도 사람들이 실체 이상으로 두려움을 느끼기 때문으로 풀이된다.

한편, 기업이 위기사건과 관련해서 비난을 받는 이유는 부정적 사건이 일어난 원인을 제공했기 때문이다. 그렇기에 아무런 해결책을 내놓지 않거나, 내놓더라도 일반인의 상식을 벗어나는 터무니없는 대안을 내놓는다면 무책임하다는 비난을 면치 못할 것이다.

기업의 잘못이 많다고 인식될수록 사람들의 부정적 평가가 높아질 것이며 이에 주목한 언론도 관련 보도량을 늘릴 가능성이 많다. 또 이후의 위기 해결과정에서 기업에 대한 법적·도덕적 책임 추궁의 강도가 높아지는 것은 물론 기업 이미지에도 많은 타격을 줄 수 있다.

중요한 것은 이러한 잘못의 기준이 시대에 따라 변한다는 점이다. 성희롱을 예로 든다면 옛날에는 어지간한 신체 접촉이나 농지거리도 큰 문제가 되지 않았더라도 지금은 엄격히 금지되는 행위다. 위기 커뮤니케이터들이 잘못의 기준이 어떻게 달라지는지 항상 촉각을 곤두세워야 하는 이유다.

평소 이미지가 좋은 기업이라면 사람들은 가능한 한 비난을 자제할 수도 있다. 그러나 평판이 안 좋거나 개인적으로 불유쾌한 경험과 기억이 있다면 "그럴 줄 알았다!"며 힐난하는 목소리가 더욱 높아질 것이다.

관심의 차이는 어디서 올까

나와 관련된 사람이 피해를 보았다면 위기사건에 대한 관심이 높아질 것은 당연하다. 피해자, 기업 등 위기 스토리의 구성요소들과 얼마나 밀접한 관계를 맺는지에 따라 위기인식이 달라질 수 있는 것이다.

사건과 나의 거리를 좁혀주는 요소는 다양하다. 피해자와 내가 아는 사이라든지, 해당 회사의 제품을 사용하고 있다든지, 사건을 일으킨 회사가 유명한 대기업이라든지, 예전에 나도 유사한 사건을 겪었다든지 등 심리적으로 친밀감을 주는 요인은 많다. 한국 기업과 미국 기업이 분쟁을 일으킬 때 애국심은 나와 사건을 연결시켜 주는 고리이기도 하다.

이러한 요소가 위기사건에 대한 행동에 어떠한 영향을 미치는지 보여주는 사례가 있다. 콩고 내전과 인도네시아 쓰나미 사태에 대한 영국인들의 기부금 차이를 분석한 연구다.

콩고 내전은 1998년부터 2003년까지 아프리카 콩고에서 진행된 부족 간의 전쟁으로, 이 기간에 300만 명이 사망하여 제2차 세계대전 이후 가장 많은 희생자를 냈다. 그리고 2004년에 일어난 인도네시아의 쓰나미 사태는 전 세계인에게 지진해일의 공포감을 안겨줬던 사건이다. 지진의 여파로 발생한 파도가 해안가를 휩쓸며 30만 명이 희생됐다.

콩고 내전의 사망자가 쓰나미 사태의 사망자보다 10배 이상 많지만 희생자 1명당 기부된 평균 금액을 보면 쓰나미 사태(550달러)가 콩고 내전(9.4달러)보다 10배나 많다. 사망자 숫자만으로 비교하는 것은 옳지 않지만 연구자는 다음과 같은 요소가 기부금 차이를 만들었다고 봤다.

첫째, 쓰나미는 단기간에 진행된 급진적 위기(acute crisis)여서 관심이 집중된 데 비해 콩고 내전은 수년간 지속된 만성적 위기(chronic crisis)로서 관심이 분산됐다는 것이다.

둘째, 사건의 복잡성 차이이다. 쓰나미는 "집채만 한 파도가 몰려와 모든 것을 쓸어가 버렸다"고 쉽게 설명할 수 있지만 콩코 내전은 "후치부족과 투치부족이 어떠한 갈등을 빚고 있고, 그래서 이러저러한 일이 일어났다"는 식으로 설명이 복잡하여 언론의 보도량도 상대적으로 적었다는 것이다.

쓰나미가 영국인들이 복싱데이(boxing day)라고 부르는 12월 26일에 일어난 것도 컸다. 이날은 크리스마스 휴가를 편하게 보낸 영국인들이 미안한 마음이 생겨 주변의 어려운 사람들에게 기부금을 가장 많이 내는 날이기도 하다.

마지막으로 연구자가 주목한 것은 유명인의 개입이다. 영화 〈콰이강의 다리〉의 인기 감독 리처드 아텐보로(Richard Attenborough)의 친척들이 쓰나미에 희생된 것이 많은 관심을 받았다는 것이다. 반면 콩고 내전은 유명인과의 특별한 관련성이 없었다.

4장

EXIT STRATEGY

위기의 속성 2 : 상호작용

→ 발생 이후가 진짜 위기다

주말에 가족과 함께 서울 여의도의 한 식당으로 외식을 나갔다고 가정하자. 즐겁게 음식을 먹고 있는데 갑자기 그릇 속에서 벌레로 보이는 것을 발견한다. 짜증이 난 당신은 주인을 불러 항의한다. "이 거무튀튀한 것이 뭐죠?" 식당 주인은 짐짓 아무 일도 아닌 척 "조리과정에서 재료가 좀 탄 것 같네요"라고 둘러댄다.

이미 벌레라고 확신하고 있는 당신은 울컥 화가 치밀어 따져 묻는다. "다리도 달렸는데 이게 벌레가 아니고 뭔가요?" 그제야 주인은 "벌레일 리가 없는데…"라고 말끝을 흐리며, 마지못해 음식을 다시 해주겠다고 제안한다.

이쯤 되면 이미 식욕이 뚝 떨어진 상태다. 음식값을 안 내려고 트집을 잡는 불한당처럼 취급하니 주인과는 더 이상 대화가 될 것 같지 않다. 화가 머리끝까지 치민 당신은 "다시는 이따위 식당에 오나 봐라"라며 문을 박차고 나간다.

그런데 당신이 화가 난 이유는 무엇인가? 처음에는 분명 음식에서 벌레가 나왔기 때문이었다. 하지만 식당 문을 박차고 나갈 때는 더 이상 벌레 문제만은 아니었을 것이다. 이때쯤 당신을 진짜 화나게 만든 것은 식당 주인의 태도다. 당신의 불평을 거짓말로 치부하고, 당신이 벌레 때문에 화가 났다는 것을 들으려 하지 않는 주인의 불성실한 태도가 화를 돋운 것이다.

집으로 돌아온 뒤 상당수 사람들은 지인들에게 식당에서의 불유쾌한 경험을 말하며 절대 그 식당에 가지 말라고 만류할 것이다. 어떤 사람들은 휴대전화로 찍어 온 벌레 사진을 블로그나 SNS에 올리며 별점 테러에 나설 수도 있다. 아니면 아는 사람 중에 언론사나 구청 위생관리과에서 일하는 사람이 있는지 전화번호 앱을 검색할지도 모른다.

식당(기업)을 운영하는 주인(경영자)의 입장에서 이 사건을 되돌아보자. 손님의 음식 그릇에 벌레가 들어가는 위기사건이 생겼다. 처음의 위기요소는 분명히 벌레가 만들었다. 음식의 제조과정에서 들어가면 안 되는 이물질이 들어가는 실수를 저지른 것이다. 그러나 다음의 위기요소는 화난 손님을 응대하는 주인의 태도가 초래했다. 손님의 이야기를 경청하며 마음을 위무하기보다는 빨리 상황을 마무리하려는 조급한 마음에 손님과의 화해는커녕 갈등만 증폭시켰다.

손님의 마음을 어루만지고 처음부터 제대로 사과했다면 쉽게 끝났을 수도 있는 일이었다. 그리 가능성이 높지는 않겠지만 손님이 주인의 진심에 감동한다면 오히려 식당의 팬이 될 수도 있다. 하지만 주인의 잘못된 대응 때문에 이 사건은 단순한 해프닝이 아니라 TV 방송의 카메라 보도팀까지 출동하는 대형 사건으로 끝났다. 화가 난 당신이 방송사에 제보를 했고, 뉴스 아이템으로 픽업된 것이다. 이제 사건은 여의도의 한 식당에서 일어난 식품위생사고를 넘어 전 국민이 아는 핫 뉴스로 확대됐다.

식당의 피해도 '뜨내기손님' 한 명을 잃는 것으로 끝나지 않았다. 뉴스 보도와 온라인상의 부정적 콘텐츠로 식당의 신뢰와 명성은 밑바닥까지 추락했다. 게다가 구청이나 관계 당국의 제제를 받을 경우 영업을 정지하거나 막대한 벌금을 낼 위험에 처했다. '벌레 하나 때문에 사건이 이렇게까지 확대될까?'라는 의문도 들겠지만 대형 레스토랑 체인점에서 실제로 일어났던 사건이다.

위기는 움직이는 거야

사실 식당이 아니더라도 식품, 화장품, 자동차, 전기제품 등 수없이 많은 업종에서 일어나는 소비자 불만 사건은 비슷한 전개 양상을 보인다. 처음엔 조그만 불만 제기로 시작됐다가 소비자와 기업 간의 갈등이 증폭되고 언론, 소비자단체 등 제3자가 끼어들면서 사건이 커지는 경우가 많다.

여기서 위기관리자가 주목해야 할 위기의 두 번째 속성이 드러난다. 위기는 최초의 발생 상태에 정태적으로 머물러 있는 것이 아니라 기업의 대응과 이에 대한 이해관계자들의 상호작용을 통해서 속성과 범위가 변해가는 역동적·동태적 현상이라는 점이다.

이 사례에서도 위기사건의 쟁점은 음식에서 벌레가 나왔다는 '불

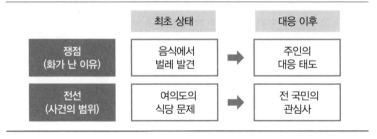

〈그림 1-8〉 대응에 따른 위기의 속성 변화

	최초 상태		대응 이후
쟁점 (화가 난 이유)	음식에서 벌레 발견	➡	주인의 대응 태도
전선 (사건의 범위)	여의도의 식당 문제	➡	전 국민의 관심사

량품' 이슈에서 몰염치한 주인의 '경영철학' 이슈로 바뀌었다. 또 주인과 손님 사이에서 끝났을 수도 있던 사건에 방송과 온라인 블로거들이 개입하면서 위기의 범위가 크게 넓어졌다.

이처럼 위기사건이 최초의 발생 상태에 고정된 것이 아니라 기업의 대응 방식이나 태도에 따라 쟁점과 범위가 달라진다는 것은 위기관리에 중요한 시사점을 준다. 위기는 애초에 발생하지 않는 것이 가장 좋겠지만 완전한 예방은 현실적으로 불가능한 일이므로 어떻게 대응을 잘할 수 있을지에 좀 더 관심을 주어야 한다는 점이다.

어차피 일어난 사건이야 어쩔 수 없다고 하더라도 대응을 잘한다면 위기사건으로 인한 피해를 줄일 수 있다. 물론 대응을 잘못하면 위기의 파괴력이 급증하는 반대의 경우도 가능하다.

결국 기업의 위기관리는 이해관계자들의 반응을 고려해 가면서 위기가 가진 위험한 속성을 부드럽게 변화시키고, 파급범위를 계속 축소함으로써 마침내 기업이 목표한 상황 또는 최소한 위기 발생 전의 상태로 되돌아가는 과정이라고 말할 수 있다.

→ 같은 위기, 다른 결과

위기의 내용과 속성만이 위기의 결과를 결정한다면 비슷한 위기는 모두 비슷한 결과가 나와야 한다. 그러나 현실은 제각각이다. 발생 원인과 환경이 비슷했더라도 대응을 어떻게 하느냐에 따라 위기사건의 결과가 달라지는 모습은 여러 사례에서 볼 수 있다.

1980년대 초반 미국의 육군사관학교인 웨스트포인트(West Point) 교내에서 성희롱 사건이 발생했다. 여생도들의 아침 구보 대열이 우연히 운동장에서 축구연습을 하던 남생도 무리와 뒤엉키면서 혼란이 일어났고, 그 틈을 타고 몇몇 남생도들이 여생도들의 신체를 슬쩍 더듬은 것이다. 화가 난 여생도들은 교장실로 몰려가 남생도들을 규탄했다.

학교는 잔뜩 긴장했다. 당시 미국 사회는 군에 대한 불만이 팽배해 있었다. 바로 직전에 해군 내에서 테일훅 사건(Tailhook incident)이라는 이름의 집단 성폭력 사건이 일어나는 등 크고 작은 말썽이 잦았기 때문이다. 이런 상황에서 육사에서까지 성희롱 사건이 일어났다고 하면 엄청난 비난에 처할 수 있었다. 그러나 교장은 용기 있게 정면돌파 전략을 선택했다. 관련 생도들을 징벌하는 한편 사건을 공개적으로 처리하기로 방침을 세웠다. 다만, 공개하는 방식과 이후 과정은 치밀한 커뮤니케이션 전략 아래 이뤄졌다.

먼저, 보도자료 배포 등 전면적인 공개 대신 유력 매체 한 곳에만 단독보도 기회를 주는 방식을 택했다. 해당 언론사에게는 특종보도 기회를 주는 대신 학교의 엄정한 대응 입장을 보도에 충분히 반영해달라는 조건을 달았다. '교내에서 성희롱 발생'이나 '성희롱당한 여생도' 등에만 초점을 맞추는 선정적 보도를 방지하고 "웨스트포인트는 이러한 성희롱을 절대 용납하지 않을 것이며, 이번 사건을 학교 혁신의 계기로 삼겠다"는 키 메시지를 잘 전달하기 위한 계획이었다.

때마침 학교장의 인터뷰가 예정돼 있던 〈워싱턴포스트〉가 타깃 매체로 선정됐고, 기대한 대로 기사는 비판 못지않게 학교의 개선의지와 노력을 균형 있게 담았다. 이후 여러 언론매체의 취재경쟁이 시작되자 이번에는 현역 생도와 교수진, 심지어 동문들까지 나서서 적극적으로 인터뷰에 응하며 미 육사의 전통과 명예를 이야기했다.

미 육사의 적극적인 위기 대응은 결과적으로 웨스트포인트에 대한 미국인들의 믿음을 더욱 튼튼히 만드는 계기가 되었다. 어쩌다 불미스러운 사건이 생기기는 했지만 그것이 웨스트포인트 전체의 문제는 아니며, 설혹 그런 문제가 발생할지라도 정상으로 돌아올 수 있는 치유 능력이 있는 조직이라는 신뢰를 만든 것이다.

한국의 사관학교에서도 수년 전 비슷한 교내 성폭력 사고가 있었다. 남생도가 축제 중 술을 마시고 후배 여생도를 가해한 것이다. 그러나 학교가 문제를 풀어가는 대응 방식은 웨스트포인트와 전혀 반대였다. 학교는 성폭력 사건을 외부에 알리고 싶어 하지 않았지만 소문이 조금씩 퍼져나가며 결국 언론에 의해 대대적으로 공개되고 말았다. 성난 여론이 걷잡을 수 없이 확산되자 학교는 사과와 함께 대대적인 개선방안을 발표했다. 하지만 학교가 어떻게 개선되고 있는지는 공개되지 않았고 학교장은 결국 전역하고 만다.

두 학교의 명예를 엇갈리게 만든 것은 무엇인가. 성희롱 사건이라는 원인은 같지만 한 학교의 명예는 높아지고, 다른 학교의 명예는 실추된 것은 위기사건 이후의 대응이 달랐기 때문이다.

팀버랜드와 네슬레의 차이

2009년 6월 팀버랜드는 환경단체인 그린피스 지지자들로부터 이메일 폭탄 공격을 받았다. 팀버랜드는 회사가 만드는 신발에 쓰는 가죽 원자재를 브라질에서 구입하고 있는데, 브라질의 공급사들이 더 많은 가죽을 납품하기 위해 아마존 삼림을 마구 파괴하고 비위생적으로 소를 도축하고 있으니 구매를 중단하라는 것이었다.

회사의 대책회의에서는 전체 가죽 구매량 중 브라질산은 7%밖에 되지 않으니 빨리 손절해 버리자는 의견이 많았지만 CEO의 생각은 달랐다. 이 사태를 회사가 지향하는 경영가치에 대한 중대한 시험대로 생각하고 정면돌파를 결정한다.

팀버랜드는 정확한 실태를 파악하기 위해 현지조사를 실시했고, 그린피스의 지적이 맞았다는 것을 알게 된다. 사태를 개선하기 위해 팀버랜드는 ① 가죽의 원산지를 추적하는 시스템을 구축하고 ② 아마존 삼림을 파괴하는 공급업체로부터는 가죽을 구매하지 않겠다는 정책을 발표한다. 그리고 그해 10월 팀버랜드는 항의 이메일을 보냈던 그린피스 지지자들에게 CEO 명의로 감사 답신을 보낸다. 여러분 덕분에 회사의 중요한 문제를 알게 됐고, 여러분의 협력 덕분에 개선책을 만들 수 있었다는 내용이었다.

킷캣 초콜릿으로 유명한 네슬레도 2013년 그린피스와 한판 대결을 벌였다. 그린피스는 네슬레에게 초콜릿의 주요 원료인 팜유를 공급하기 위해 인도네시아의 공급업체들이 무차별적으로 삼림을 파괴하고 있으니 구매를 중단하라고 요구했다.

런던 본사 앞 시위에도 네슬레가 시큰둥한 반응을 보이자 그린피스는 소셜미디어를 활용한 새로운 공세에 나섰다. 한 남자가 킷캣 봉투 안에서 초콜릿 대신 피가 뚝뚝 떨어지는 오랑우탄의 손가락을 꺼내 먹는 영상을 만들어 유튜브에 올린 것이다. 팜유 채취 때문에 삼림이 파괴되고 오랑우탄이 서식지를 잃으니 결국 초콜릿을 먹는 것은 오랑우탄의 손가락을 먹는 행위라는 주장이었다.

충격적인 비주얼의 동영상은 업로드한 지 24시간 만에 조회수 10만을 기록할 정도로 큰 반향을 일으켰다. 네슬레의 페이스북 페이지도 항의글로 도배가 됐다. 네슬레가 킷캣 로고에 대한 저작권 침해를 이유로 법원에 가처분을 신청하고 영상 삭제를 시도하자 이에 항의

하는 네티즌들은 해당 동영상을 블로그와 게시판에 퍼 나르며 불매 운동에 들어갔다. 20만여 통의 항의 메일 폭탄도 쏟아졌다.

부정적 여론이 급격히 높아지자 네슬레는 결국 사과를 하고 수습책을 발표한다. 팜유를 공급하는 업자들의 상황을 제대로 모니터링하여 인도네시아 삼림을 파괴하는 공급업체로부터는 팜유를 구매하지 않겠다고 한 것이다.

팀버랜드와 네슬레의 두 사건은 위기의 원인도 비슷하고, NGO와 네티즌으로부터 공격을 받은 양상도 비슷하며, 어떻게 개선하겠는지 내놓은 정책도 비슷했다. 하지만 한 회사는 모범적인 대응 사례로 찬사를 받고, 다른 회사는 대표적인 실패 사례로 계속 거론된다. 위기사건이 발생한 것이 문제가 아니라 어떻게 대응하느냐가 문제였던 것이다.

마우나오션리조트 vs 판교테크노밸리 축제

우리나라에서도 상반된 대처 사례를 찾을 수 있다. 2014년 2월 경주시 마우나오션리조트 체육관 천장이 무너지는 사고가 일어났다. 붕괴사고는 안타깝게도 당시 현장에서 신입생 오리엔테이션 행사를 하고 있던 대학생들과 관계자 수십여 명이 사상하는 참사로 이어졌다.

체육관이 그라스울 패널로 처리된 조립식 구조여서 일반 콘크리트보다 하중을 견디는 힘이 약했던 것이 원인이었다. 이미 수일간 폭설이 계속되는데도 제설작업이 부실했던 것도 문제였다. 남쪽 지방인 경주에서 그렇게 많은 눈이 갑작스럽게 내리는 상황을 예측하기 힘들었다 해도 인재라고 비난받아 마땅한 사고였다.

사고를 일으킨 책임은 컸지만 회사의 대응은 신속했다. 서울의 본사에 곧장 비상대책본부가 구성되었고, 그룹 회장도 현지에 내려가 밤을 새워가며 사태수습을 직접 진두지휘했다. 오너 기업인이 적극적으로 대처하고 나서면서 위기사건의 파장이 최소화됐다는 평가를 받았다.

그해 10월 성남시에서도 수십 명의 사상자를 낸 대형사고가 발생했다. 걸그룹의 공연을 보려던 일부 관광객들이 공연장 근처의 환풍구 위로 올라갔다가 덮개가 무게를 견디지 못하고 무너지면서 20여 미터 아래 바닥으로 추락한 것이다.

사고 이후 환풍구 덮개가 애초 설계보다 약한 자재로 시공됐다는 것이 밝혀졌다. 거기에 많은 관람객이 몰리는 축제인데도 안전요원이 많지 않아 현장통제가 원활치 않았다. 사고를 수습하는 과정에서도 많은 비난이 쏟아졌다. 경기도, 성남시, 행정기관, 행사 주관 언론사 등이 책임소재와 보상금 분담을 놓고 공방을 벌인 것이 이슈를 더욱 확산시켰다.

두 사고 모두 폭설과 군중이라는 위기 발생 요인이 있었지만, 애초에 건축물이 부실했던 데다 현장통제가 제대로 이뤄지지 않아 발생한 인재였다. 비난받아 마땅한 안타까운 사고들이지만 마우나오션리조트는 그나마 대응에는 전력함으로써 비난의 크기를 조금이라도 줄일 수 있었다.

→ 본원적 위기 vs 대응적 위기

위기사건의 원인이 유사해도 대응에 따라 결과가 매우 달라질 수 있다는 점은 하나의 위기사건일지라도 두 개의 위기 영역으로 나눠볼 수 있음을 시사한다.

첫 번째는 문제의 근본적인 원인을 제공했다는 의미에서 '본원적 위기'라고 부를 수 있으며 위기사건 자체에서 발생하는 부정적인 영향력을 말한다. 앞서 소개한 교내 성희롱 발생, 자연의 파괴와 그린피스의 공격, 대형 재난사고의 발생 등이 본원적 위기다.

본원적 위기 영역에서의 비난은 사건 자체의 특성에 좌우된다. 인명이나 재산의 손실 규모가 크거나, 사건이 기업의 의도적인 범죄행위에 의해 발생했다면 비난도 높아질 것이다.

두 번째는 본원적 위기를 해결하는 과정에서 기업이 만들어내는 '대응적 위기'다. 사고의 은폐나 책임소재의 왜곡, 수습과정에서 비인간적인 모습을 보이는 등 잘못된 행동으로 생겨나는 위기다. 사관학교의 은폐 의도나 미온적인 대응, 네슬레의 강압적 대응, 행사 주최

기관들의 책임 떠넘기기 공방 같은 2차적 위기를 뜻한다.

대응적 위기 영역은 본원적 위기로 상처받은 이해관계자나 공중을 위무하는 대신 사고의 원인 제공자임에도 불구하고 책임을 회피하거나 문제의 해결을 등한시할 때 주로 발생한다.

〈그림 1-9〉의 위기 삼각형은 위기사건이 발생할 경우 기업은 사실상 두 가지 영역에서 책임의 문제에 부딪히고 있음을 보여준다.

먼저, 본원적 위기 영역에서 기업은 위기사건의 원인 제공자로서 문제상황 자체에 대한 책임이 있다. 또한 대응적 위기 영역에서는 문제상황을 복구하고 상처입은 이해관계자들에게 보상하고 위무할 책임을 부담한다.

본원적 위기와 대응적 위기는 서로 동떨어진 별개의 위기가 아니다. 본원적 위기의 발생 이후에는 크든 작든 반드시 대응적 위기가 따라온다. 위기사건의 원인을 제공한 당사자로서 기업은 위기사건의

〈그림 1-9〉 본원적 위기와 대응적 위기의 책임 영역

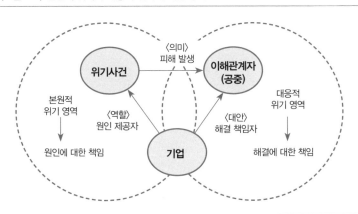

해결에도 책임질 것을 적극적으로 요구받는다.

기업이 위기관리에 성공하려면 최초의 본원적 위기와 이후의 대응적 위기 모두를 잘 극복해야 한다. 어느 한쪽이 소홀해도 역풍이 거세진다. 특히 위기의 원인에 대한 책임과 해결에 대한 책임 정도는 등가관계를 맞춰야 한다. 〈그림 1-10〉처럼 피해에 대한 상실감과 보상에 대한 만족도가 서로 균형을 이뤄야 하는 것이다. 어느 한쪽이 부족하거나 과하다고 느끼면 불만과 갈등이 해결되지 않는다. 직접적으로 피해를 입은 사람은 물론 위기사건을 관전하며 평가하는 간접적 관여자도 마찬가지다.

보상이 반드시 금전 등 물리적인 대가일 필요는 없다. 심리적인 위안이나 합리적인 해결도 보상이 될 수 있다. 다만 기업이 위기사건의 해결을 회피하거나, 해결책이 공중의 기대에 미치지 못하거나, 전혀 엉뚱한 방향의 잘못된 해결책을 내놓으면 원인 제공에 대한 비판 이상의 강한 비판을 받게 된다.

〈그림 1-10〉 피해와 보상의 등가관계

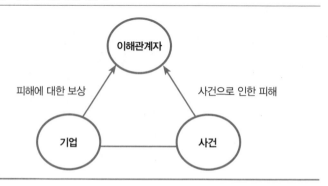

이해관계자

피해에 대한 보상　　　　　　　사건으로 인한 피해

기업　　　　　　　　사건

과거 지방의 한 제과업체 오너 사장의 갑질이 많은 사람의 공분을 산 적이 있다. 비난 여론이 비등하자 사장은 참회한다며 갑자기 폐업을 해버렸다. 갑질에 대한 반성은커녕, 애꿎은 임직원들이 죗값을 치르게 된 결과가 되자 사람들의 분노는 더욱 끓어올랐다.

대응적 위기를 해소하는 데는 위기 커뮤니케이션이 결정적 역할을 한다. 정확한 정보와 해석을 제공함으로써 위기사건에 대한 정보 수요를 충족시키고 불안감을 해소하며 신뢰를 회복하는 것은 대응의 영역에서 일어나는 일들이기 때문이다. 기업의 위기 스토리가 공중에게 받아들여질 수 있도록 경쟁하는 영역이기도 하다.

과거 대형 재난사고를 일으켰던 회사의 CEO는 기자들의 질문에 "사고수습에 정신이 없어 기업 이미지까지 신경 쓸 겨를이 없다"고 대답하여 빈축을 산 적이 있다. 사고의 물리적·유형적 측면을 개선하는 사고관리 못지않게 사고가 어떻게 일어났으며, 현재 기업이 사고를 어떻게 처리하고 있는지를 알리고, 상처받은 사람들의 마음을 위무하는 커뮤니케이션 관리가 사고수습의 주요 영역임을 도외시한 회피적 대답이었기 때문이다.

→ 추가 득점보다 실점을 막아야

위기사건이 본원적 위기와 대응적 위기의 두 영역으로 구성된다는 점은 위기사건이 최초의 발생 상태로 머물러 있지 않고 대응과정을 통해 역동적으로 변해가는 이유이기도 하다.

기업이 위기사건에 대한 대응책을 내놓으면 이에 대해 이해관계자들이 평가를 한다. 기업과 이해관계자들은 각자의 평가와 입장을 교류하는 상호작용을 하게 되는데 그 과정에서 위기는 여러 형태로 변화될 수 있다. 위기관리는 기업과 공중이 상호작용을 하면서 위기사건으로 인해 발생한 갈등 에너지를 해소해 가는 과정이라고도 정의할 수 있다.

그렇다면 기업이 상호작용하는 대상은 누구인가. 피해자를 비롯해 직간접적인 이해관계자, 언론, 소셜미디어, 시민단체, 정부기관, 협력사, 나아가 일반 국민 등 위기사건과 관련하여 기업에게 크고 작은 영향을 미칠 수 있는 집단이라면 누구나 대상이다.

직접적인 피해를 본 당사자라면 보다 강하고 명확하게 기업의 입

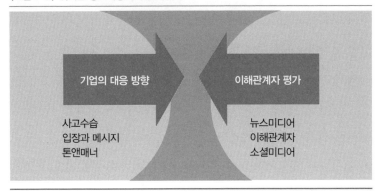

〈그림 1-11〉 위기는 상호작용하며 변해간다

기업의 대응 방향

이해관계자 평가

사고수습
입장과 메시지
톤앤매너

뉴스미디어
이해관계자
소셜미디어

장 표명과 대책을 요청할 것이다. 그리고 해결방안이 적절한지 평가하여 자신의 입장을 수정할 것이다. 정부 등 규제당국 역시 관할범위 내에서 기업에게 적극적인 대응책을 요구하게 된다.

위기사건과 직접적인 관계가 없는 사람들도 기업의 대응태도와 해결 방향을 보면서 해당 기업의 윤리의식 또는 사회적 책임의식을 평가한다. 기업의 대응태도에 공감이 가면 앞으로는 잘해나갈 것이라는 신뢰를 보여주지만, 공감이 안 되면 나쁜 기업으로 낙인을 찍고 응징에 나설 것이다.

언론은 흔히 객관적인 관점에서 위기사건에 대한 뉴스를 전하는 중계자로 생각되지만, 실제로는 위기사건에 적극적으로 개입하여 기업의 대응 방향에 영향을 미치는 플레이어의 하나라고 봐야 한다. 언론의 본질적인 기능인 사건에 대한 해설과 보도와 해설 자체가 언론을 단순히 사건의 제3자로만 남겨놓지 않는다.

소셜미디어도 마찬가지다. 이들이 만들어내는 많은 양의 콘텐츠 역시 단순히 사건의 전달에 머무는 것이 아니라 기업의 대응 방향에 강한 영향력을 행사하게 된다.

이처럼 위기사건을 매개로 기업과 상호작용하는 플레이어들은 매우 다양하다. 다만, 기업이 대응자원을 효율적으로 분배한다는 관점에서는 위기사건의 성격과 영향력의 크기에 따라 대응의 우선순위가 달라지는 것은 분명하다. 노사분규라면 노조와 정부기관이, 재무적 위험의 문제라면 주주와 애널리스트 등이, 재난사고라면 피해자나 언론, 경찰 같은 관공서 등이 우선적으로 상호작용하게 될 주요 대상이 될 것이다.

위기관리 전략을 세울 때 기업은 위기 시에 관여하는 이해관계자들은 누구이며, 이들의 입장이나 개입 강도를 어떻게 판단하고, 대응의 우선순위는 어떠하며, 누구와 연대할 것인지 등을 고민해야 한다.

위기 커뮤니케이션 관점에서는 특히 유의해야 할 집단이 언론, 소셜미디어, 직접적 이해관계자들이다. 이들은 저마다의 위기 스토리를 만들어 경쟁시킴으로써 기업의 위기 대응에 큰 영향을 미치는 위기사건의 강력한 플레이어들이다(이들이 어떤 접점을 통해 위기사건에 개입하며, 어떠한 행동 패턴을 보이는지 등은 3부에서 자세히 다룰 예정이다).

위기사건으로 기업이 입는 피해의 총량을 100점이라고 치고, 본원적 위기 영역을 50점, 대응적 위기 영역을 50점이라고 가정해 보자. 대부분의 기업에게 위기사건은 이미 초반 50점을 잃고 시작하는 게임이다. 기업의 위기관리는 나머지 50점을 어떻게 지키는가의 문제다. 제대로 대응하지 못하면 100점을 전부 잃는 상황에서 나머지 50점이라도 챙기는 싸움이다.

그러나 많은 기업이 초반 50점에 집착하여 후반 50점의 존재를 잊어버리거나, 무리수를 남발하며 그나마 지킬 수 있던 50점마저 잃는 실책을 저지른다. 추가 득점을 노리기보다는 더 이상의 실점을 막아 나머지 50점을 지키는 것이 위기관리에서는 보다 현실적인 게임 운영 방법이다.

2부

위기 커뮤니케이션의
효과는 어떻게 높이는가

쟁점과 전선

1장

EXIT STRATEGY

위기 커뮤니케이션의 실행

→ 위기 커뮤니케이션의 단계

위기 커뮤니케이션 활동은 다른 경영 기능과 마찬가지로 계획(plan)-실행(do)-평가(see)의 과정을 거쳐 진행된다. 위기사건에 대한 분석과 모니터링을 통해 전략과 메시지를 도출하고 타깃 공중을 대상으로 소통한 후 그 결과를 평가하여 후속 대응을 결정하게 된다.

〈그림 2-1〉은 위기 커뮤니케이션의 전형적인 진행과정을 보여준다. 커뮤니케이션의 기본활동은 '듣고 말하기'다. 그러다 보니 세부적으로 누가(화자), 누구에게(청중), 무슨 이야기(메시지)를 어떠한 방식(채널)으로 전달할지 결정하는 것이 주요 의사결정 과제가 된다.

가장 먼저 할 일은 상황 분석으로, 어떤 사건이 벌어졌는지 정확히 아는 일이다. 사실관계가 어떻게 되는지 사건의 실체를 파악하는 것이 무엇보다 중요하고, 동시에 사람들이 그 사건을 어떻게 인식하고 있는지 이해하는 것도 필요하다.

이를 위해서는 언론으로 보도된 기사나 소셜미디어를 모니터링하면서 사건이 어떻게 언급되고 있는지를 살펴보는 것이 좋다. 이해관

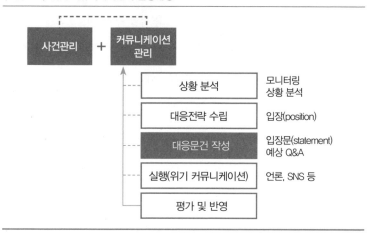

〈그림 2-1〉 위기 커뮤니케이션의 실행과정

계자별로 위기사건에 대한 평가가 다를 수 있으므로 여론 지형이 어떻게 형성되는지까지 두루 살펴야 한다.

사건이 일어난 현장과 관련된 인물에 대한 직간접적인 조사도 필수적이다. 외부에 알려진 사실과 실제 사건의 내용이 다를 수 있기 때문이다. 이때도 단순히 사실만 수집하기보다는 사건이 일어난 배경이나 이면에 숨겨진 맥락까지 볼 수 있다면 커뮤니케이션 방향을 설정하는 데 큰 도움이 된다.

회사의 책임과 관련해 법적인 쟁점이 얽혀 있다면 그 부분도 면밀하게 살펴야 한다. 동시에 윤리적인 부분에서는 문제가 없는지도 파악해 놓아야 한다. 이러한 모니터링과 조사 활동을 통해 위기사건의 얼개가 드러났다면, 다음 과제는 대응 목표와 전략의 수립이다.

커뮤니케이션의 목표와 전략은 기업의 전체적인 해결 방향과 일관성 있게 유기적으로 연결돼야 한다. 말과 행동이 일치할 때 신뢰성이 높아지고, 문제 해결에 대한 통제력도 유지할 수 있다.

위기 대응 전략을 개발한다는 것은 사건에 대한 기업의 입장(position)을 정하는 것과 밀접하게 연관돼 있다. 입장은 기업이 위기 사건을 어떻게 평가하고 있으며, 어떻게 문제를 풀어갈 것인지를 나타내기에 사실상 기업의 위기 대응 전략을 보여주는 것이나 마찬가지다. 이처럼 입장이 결정돼야 ① 메시지의 내용은 무엇이어야 할지 ② 언제부터 이야기를 시작할지 ③ 누구에게 이야기를 할지 ④ 말하는 방식은 어떠해야 할지, 즉 보도자료나 인터뷰 등을 통해 밝힐지 홈페이지나 SNS 채널을 통해 발표할지 등 커뮤니케이션 과제들도 정리할 수 있다.

입장을 정하고 나면 대응 문건을 작성한다. 커뮤니케이션이 수월하도록 짧은 문장으로 표현하는 것이 메시지인데, 그중에서 특히 중요한 것을 핵심 메시지(key message)라고 한다.

커뮤니케이션은 말과 글로 이뤄지므로 위기사건이 발생하면 위기 관리자들이 가장 먼저 만드는 문건이 입장문이다. 이름 그대로 기업의 입장을 담은 문건인데, 보통 '~에 대한 OOO의 입장'이라는 제목으로 발표되는 그것이다. 위기 커뮤니케이션에서 입장문은 가장 중추적인 역할을 담당한다. 통상 3~4개의 짧은 문장으로 구성되지만, 기업의 입장을 간단명료하게 담으면서, 분노한 이해관계자들을 설득하고 이해시키는 동시에, 불필요한 추가 논란을 만들지 않아야 하는 중요한 과제를 수행해야 한다.

키 메시지, 입장문, 예상 질의응답 등 위기 커뮤니케이션의 주요 문건을 관통하는 것은 기업이 의도한 위기 스토리다. 기업의 입장을 담은 위기 스토리가 언론, 소셜미디어, 이해관계자 등 다른 위기 플레이어들이 생산한 스토리보다 우위에 설 수 있는가가 위기 커뮤니케이션 성공의 핵심 지표가 된다.

소통의 준비가 됐으면 다음은 실제로 소통하는 단계다. 뉴스미디어나 인플루언서, 사건과 관련된 직간접적인 이해관계자, 때로는 시민단체, 정치권이나 규제기관 담당자 등도 소통의 대상이 된다.

회사가 내보내는 메시지 하나하나가 주목을 받는 상황인 만큼 실행은 보수적으로 조심스럽게 이뤄진다. 보통은 매스미디어를 활용해 공식적인 커뮤니케이션에 집중하는 것이 좋지만 필요한 경우에는 주요 관계자들과 1대1로 직접 만나기도 한다.

회사의 입장을 말하고 외부의 질문에 대답하는 중간에도 여론의 반응과 변화는 지속적으로 모니터링하는 것이 상식이다. 다양한 위기 플레이어들이 스토리 경쟁에 뛰어드는 만큼 위기사건은 언제든지 새로운 국면을 맞을 수 있고, 예측하지 못했던 쟁점이 튀어나올 수도 있다.

그다음은 평가와 반영이다. 위기사건이 마무리되는 즈음에는 위기사건의 종료 선언을 통해 위기상황과 일상의 기업활동을 분리해 줄 필요가 있다. 또한 위기 대응 과정에서 얻은 교훈을 어떻게 기업의 노하우로 내재화할지, 위기사건으로 훼손된 기업의 평판과 신뢰를 어떻게 회복할지에 대해서도 새로운 플랜을 세우는 작업이 시작된다.

→ 위기 스토리의 경쟁력을 높이려면

위기 커뮤니케이션은 위기사건에 대한 회사의 입장을 타깃 공중에게 설명하여 지지나 공감을 얻어냄으로써 회사에 쏟아지는 비난을 완화하려는 목적을 갖고 있다.

기업의 입장을 인정받는다는 것은 기업이 잘못하지 않았다거나 면죄부를 받는다는 의미는 아니다. 잘못한 것은 잘못한 것이기에 위기사건 자체에 대한 비난을 모면하기는 힘들다. 비록 잘못이 있었더라도 불가피한 사정이나 이유가 있었다면 그 상황을 이해받는 것이며, 더 중요한 것은 잘못을 개선하려는 기업의 의지와 노력을 인정받는 것이다.

"잘못은 했지만 나름대로 사정이 있기 때문에 무조건 비난만 하기는 어렵겠구나", "괘씸하지만 원래 나쁜 기업은 아니었기에 앞으로는 제대로 하라고 격려해야겠다" 등의 평가를 받을 수 있다면 굉장히 성공적인 결과다. 기업이 용서와 이해를 얻고 위기사건에서 벗어나 일상적인 경영으로 복귀할 수 있는 기반을 마련한 것이기 때문이다.

이러한 목표를 달성하려면 회사의 위기 스토리가 경쟁력이 높아야 한다. 누가 들어도 납득이 가는 설명과 입장이 메시지에 담겨야 하고, 주변에서 노이즈로 작용하는 부정적 위기 스토리들의 도전을 이기고 사람들이 기업의 진정성을 느낄 수 있어야 한다.

그런데 위기상황에서는 자사의 위기 스토리가 높은 경쟁력을 갖기 힘들다. 우선 커뮤니케이션 자체가 일방의 노력만으로 이뤄지는 것이 아닌 상대방의 참여를 전제로 하는 쌍방향 소통행위다. 타깃 공중의 정서와 생각을 배려하지 않은 기업 혼자만의 생각과 행동은 공감을 이끌어내기 어렵다.

또 다른 이유는 위기라는 상황 자체가 정상적인 커뮤니케이션이 힘든 환경이기 때문이다. 기업이 무언가 잘못했다고 의심을 받고 화가 난 공중이 비난을 쏟아내는 터라 말 한 마디 한 마디가 조심스럽다. 어설픈 소통은 자칫 상대방의 심기를 거슬러 상황을 더욱 악화시킬 수 있다.

이처럼 어려운 환경이다 보니 위기 커뮤니케이션을 잘하기 위해서는 자연스럽게 해결해야 할 의사결정 과제들이 생긴다.

첫 번째 과제는 정확한 상황 파악이다. 위기사건 초반에는 빠른 대응이 필요하다지만 정보가 부족한 경우가 많다. 정보 분석과 판단을 어떻게 해야 할지의 문제다.

두 번째는 다양한 이해관계자들의 공감을 받을 수 있는 입장을 설정하고 메시지를 만드는 것이다. 메시지의 설득력을 어떻게 높일지가 이 과제의 주제다.

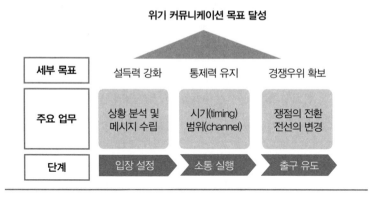

세 번째는 커뮤니케이션을 언제부터 어디까지 할 것인지 범위를 설정하는 것이다. 위기사건에 대한 어설픈 공개와 확산은 상황을 악화시킬 수 있다. 위기상황에 대한 통제력을 어떻게 유지할 것인지가 관건이다.

네 번째, 위기 스토리의 경쟁우위 강화다. 다양한 비난은 물론 왜곡된 시각, 가짜 뉴스 등 부정확한 노이즈들의 방해를 뚫고 자사의 위기 스토리에 담긴 의도를 관철시키는 것이다.

다섯 번째, 상처 난 평판과 신뢰의 회복이다. 순간의 위기 모면을 넘어 궁극적으로는 각종 위기에 강하도록 기업의 체질을 어떻게 개선할 것인지가 숙제가 된다.

위기 스토리의 경쟁력을 높이는 이러한 과제들 중에서도 메시지의 설득력 강화, 전체 위기상황에 대한 통제력 유지, 스토리 유통 과정에서의 경쟁우위 확보 등을 핵심으로 꼽을 수 있다.

세 가지 핵심 과제 – 설득력, 상황통제, 경쟁우위

메시지의 설득력 강화는 가장 핵심적인 영역이다. 사건에 대한 입장을 설정하는 것은 기업이 위기사건을 어떻게 바라보고 있고, 이 문제를 어떻게 풀어가려고 하는지를 보여준다.

이러한 입장은 하나의 스토리 구조를 만들어 메시지에 담긴다. 언론, 소셜미디어, 직간접적 이해관계자 등 위기사건을 평가하는 다양한 집단이 기업의 메시지에 어떻게 반응하느냐에 따라 위기사건의 해결 방향이 결정된다. 사과든 변명이든 기업의 메시지와 입장에 많은 사람들이 공감하고 동의하면 비난과 갈등은 대폭 줄어들 것이고 위기 커뮤니케이션이 잘 작동했다고 말할 수 있다. 반면 공감하지 못한다면 저마다의 해석을 담은 위기 스토리를 만들어 기업의 메시지를 반박하고 더욱 거센 비난을 쏟아부을 것이다.

그래서 메시지를 개발하는 기업들은 내외부의 이해관계자들이 자사의 입장을 이해해 주기를, 즉 자사의 위기 스토리를 지지해 주기를 원한다. 그 점에서 메시지 전략의 중요한 목표는 자사의 스토리가 갖는 설득력을 높이는 것이 된다.

전체 위기상황에 대한 통제력 유지는 불필요한 변수들을 최대한 억제할 수 있는 통제력을 유지하는 것이다. 위기 커뮤니케이션은 비난과 반대의 목소리가 높은 불안정한 상태에서 이뤄진다. 참여자들이 감정적으로 흥분된 상태여서 메시지가 잘못 해석될 가능성도 높다.

그만큼 불안정한 상황이므로 자사의 메시지에 담긴 의도가 제대로 소통될 수 있도록 언제, 어떠한 이야기를, 어떻게 진행해야 하는지가 평상시보다 훨씬 조심스럽게 진행돼야 한다. 통제력 유지에는 다양한 내외부의 변수가 작용하는데, 기업이 선택적으로 조절할 수 있는 것은 스토리를 시작하는 계기와 범위다.

스토리 유통 과정에서의 경쟁우위 확보를 위해 때로는 쟁점과 전선의 변화를 도모해야 한다. 위기상황의 커뮤니케이션은 다수의 위기 스토리가 서로 경쟁하면서 변해가는 역동적인 경쟁의 형태로 이뤄진다. 기업에게 제일 좋은 것은 이러한 경쟁 자체가 일어나지 않는 것이다. 아예 위기사건이 일어나지 않거나, 일어났다고 하더라도 자사의 입장과 메시지에 여러 이해관계자들이 쉽게 수긍하며 비난을 멈추는 일이다.

그러나 이러한 행운이 그리 많지는 않다. 오히려 자사의 위기 스토리가 경쟁우위를 확보하지 못한 채 계속 밀리거나, 지리멸렬한 교착상태에 빠져 일상으로의 복귀를 가로막고 있는 경우가 많다. 이러한 상황이라면 때로는 이야기의 틀 자체에 변화를 주어야 한다. 불리한 상황에서 반전의 계기를 만들어낸다든지, 스토리들이 치고받는 쟁점을 보다 회사에 유리한 방향으로 바꿔준다든지, 경쟁에 참여하는 집단에서 유리한 목소리의 힘을 키운다든지, 다양한 전략을 검토할 수 있다. 이는 스토리들이 경쟁하는 구도를 바꿔주는 것이다. 이처럼 경쟁구도 자체를 변화시키려면 대표적으로 쟁점과 전선에 변화를 주어야 한다.

쟁점은 스토리들이 무엇에 대해 서로 싸우고 있는지 보여주는 세부 주제라고 할 수 있다. 전쟁에서 이기려면 싸움에서 유리한 전장을 선점해야 하듯이 스토리들도 어디서 싸우느냐에 따라 설득력이 달라진다.

전선은 경쟁에 누가 참여하는가의 문제다. 스토리 간의 경쟁에서도 내 편이 많으면 유리하고, 적이 많으면 불리해진다. 영향력이 높은 인플루언서가 내 스토리를 지지해 준다면 천군만마를 얻은 기분일 것이다.

그래서 위기 스토리들은 자신의 세를 불리기 위해 다른 스토리들과 합종연횡한다. 불리한 화자는 배척하고, 유리한 화자의 힘은 북돋워줌으로써 자신의 힘을 배가시키려고 한다. 이처럼 쟁점과 전선은 교착상태를 벗어나기 위한 출구전략의 핵심 주제들이다.

2장

위기정보의 분석

➔ 초반전의 성패를 가르는, 정보

2010년대 초반 인터넷 커뮤니티에 한 임신부가 글을 올린다. 프랜차이즈 식당을 갔는데 종업원에게 욕설을 듣고 머리채도 잡히는 폭행을 당했다는 것이다. 임신 6개월의 몸이었는데도 식당 주인은 수수방관만 하더라는 말도 덧붙였다.

온라인에서 식당에 대한 비난과 함께 불매운동 조짐까지 보이자 본사가 재빨리 움직였다. 대표이사가 직접 임신부를 찾아가 사죄하고 공식 사과문도 올렸다. 해당 점포에는 폐업조치가 내려졌다.

그러나 반전이 있었다. 경찰이 사건을 조사한 결과 임신부가 먼저 싸움의 빌미를 제공했다는 사실이 드러난 것이다. 식당 주인으로서는 어느 정도 명예를 회복한 셈이지만 이미 매장은 문을 닫았고 커다란 손해를 보고 난 후였다. 이번엔 상황을 제대로 알아보지도 않고 애꿎은 점주만 희생양을 만든 본사에 비난이 쏟아졌다.

1980년대 후반 미국 쿠어스맥주 플로리다 지사에 어떤 남자가 자신이 산 맥주의 병에 생쥐가 들어 있다는 신고를 한다. 정말로 생쥐가

들어갔다면 매우 중대한 사안이었다. 맥주 생산라인 전체는 물론 유통과정을 샅샅이 조사하여 대대적으로 개선해야 할 일이었다. 더군다나 이 사실이 소비자에게 알려진다면 제보의 진위 여부와는 상관없이 브랜드에 큰 타격을 입을 것은 불을 보듯 뻔했다.

플로리다 지사 직원들은 맥주병에 생쥐가 들어가는 게 가능한지 의심하기보다는 우선 사태를 막는 것에 집중했다. 신고자에게 보상금 1,500달러와 생쥐를 맞바꾸자고 회유했지만 남자는 5만 달러를 달라며 버텼고, 이를 거절하자 지역 방송국에 생쥐가 든 맥주병을 넘겨버렸다.

그제야 뒤늦게 본사에서 개입했고, 생쥐에 대한 테스트가 이뤄졌다. 그 결과 맥주병에 생쥐를 억지로 집어넣은 뒤 기업을 협박한 블랙컨슈머의 조작극으로 판명이 났다. 맥주에는 아무런 흠이 없다는 것이 밝혀졌으나 회사가 입은 타격은 상당했다. '병 속에 든 생쥐'에 대한 소문은 이미 퍼질 대로 퍼졌다. 더구나 회사가 제품의 안전에 신경을 쓰기보다는 신고자를 돈으로 매수하여 은폐를 시도했다는 비판이 계속됐다.

이 두 사례는 위기사건에 대한 초기 대응에서 실패하는 전형적인 모습을 보여준다. 실패의 원인은 부족한 정보 그리고 감정적 대응이 많다. 우선, 충분한 정보를 바탕으로 상황을 냉정하게 판단해야 하는데 선입견에 사로잡혀 상황을 단정 짓거나 지나치게 서두르기 쉽다. 대부분은 "상황에 대해 충분한 조사를 하고 싶어도 그럴 시간이 없다. 사태가 더 커지기 전에 빨리 대응조치를 취해 초기 진화에 나서야 한

현상	해결 방향	수행 방법
정보의 부족	정보 수집과 평가	모니터링, 상황 분석
감정적 · 즉흥적 대응	원칙과 상식 중심, 이성적 대응	정해진 목표와 전략, 키 메시지에 집중

다"고 변명한다. 그러나 압박이 심할수록 냉정해야 한다. 부정확한 직 감만으로 내려지는 의사결정은 결과를 운에 맡기는 것과 비슷하다.

초기 대응에 실패하는 두 번째 이유는 사건이 주는 충격과 비난에 이성적인 판단력을 잃고 감정적 · 즉흥적 대응을 하기 때문이다. 상식 과 원칙을 기준으로 냉정함을 유지해야 하는데 허둥거릴 때가 많다.

쿠어스맥주 같은 실수를 반복하지 않으려면 일정한 거리를 두고 객관적인 판단을 하려고 노력하면서 동시에 정확한 정보를 수집하는 데 집중해야 한다. 안팎의 비난에 마음이 급해지더라도 초반에 사건 의 실체를 정확히 파악하고 첫 단추를 제대로 꿰야 이후의 대응도 제 대로 할 수 있다.

무슨 정보를 어떻게 파악해야 할까

위기 커뮤니케이션의 성패는 정보력에 달려 있다. 구체적으로 어떤 정보가 필요하며, 단편적일 수 있는 정보들이 어떠한 의미를 갖고 있는지 판단하는 것이 실무적인 문제다. 위기의 실체를 파악하기 위해서는 위기 스토리의 구성요소, 즉 위기 삼각형의 세 빗변이 던지는 질문에 답할 수 있는 정보를 중심으로 살펴보면 도움이 된다.

사건의 실체와 성격

위기사건의 실체와 성격에 대한 정보는 가장 기본적이면서 꼭 필요한 내용이다. 언제, 어떤 일이, 누구에게 벌어졌는지는 알아야 이야기의 시작도 가능하다. 정보를 수집할 때는 가능한 한 육하원칙에 따르는 것이 좋다. 5W1H 원칙이라고도 불리는 육하원칙은 누가(who), 언제(when), 어디서(where), 무엇을(what), 왜(why), 어떻게(how) 하고 있는지 물어보는 방법이다. 사건의 실체를 파악하는 데 필요한 정보가 누락되지 않도록 꼼꼼히 점검하는 체크리스트 역할을 해주기에 유용하다. 육하원칙은 실제로 언론 기사의 주요 구성요소로서 초년 기자들이 기사 작성을 할 때 훈련받는 방식이기도 하다. 회사의 설명 중 육하원칙에서 빠진 것이 있다면 기자들은 "이 부분은 어떻게 됐느냐"고 되물어볼 가능성이 높다.

한 번 파악된 정보라도 변화가 있는지 계속 점검해야 한다. 화재사고라면 불길이 잡혔는지 아니면 불이 계속 번지고 있는지, 식중독 사고라면 복통을 호소하는 사람들이 더 늘어나는지, 환자들은 병원에 이송되어 치료를 받았는지 등을 계속 체크해야 한다. 사건이 사람들에게 어떠한 평가를 받고 있으며, 기업의 입장이 아니라 일반 공중의 입장에서 어떠한 성격의 사건으로 받아들여지고 있는지, 즉 위기인식과 관련된 정보 수집도 중요하다. 앞에서 살펴본 것처럼 사람들의 반응과 행동은 인식된 위기에 많은 영향을 받기 때문이다.

사건이 실제로 어떻게 인식되고 있는지는 언론 기사나 소셜미디어의 콘텐츠 등에서 사건이 어떻게 설명되고 있는지 내용을 분석해 보면 많은 시사점을 찾을 수 있다. 소셜미디어에서의 언급량이나 콘텐츠의 성격 등을 파악하는 빅데이터 분석 도구 등을 활용해도 좋다.

기업의 역할과 해결 방향

위기사건의 발생에 기업이 어떤 연결고리와 책임을 갖고 있는지에 대한 핵심적인 정보다. 예를 들어 공장에 화재사고가 났다면 직원의 실수 때문인지, 잘못된 시스템에 의해 발생한 것인지 아니면 외부인의 방화인지에 따라 사람들의 관심과 회사에 대한 비난 정도가 달라질 것이다. 공금을 횡령한 사고라고 해도 ① 고위 임원이 독자적으로 저지른 것인지 아니면 하위 직원 여러 명이 공모하여 일어난 것인지 ② 평소 자주 일어나던 사고인지 아니면 이번이 처음인인지 ③ 횡령한 돈이 자녀의 치료비로 쓰였는지 아니면 유흥비로 탕진됐는지 등에 따라 사람들의 비난 정도는 달라질 것이다.

위기사건이 발생하여 피해자가 생긴 만큼 기업이 이를 해결하기 위해 어떠한 노력을 기울이고 있는지도 파악돼야 한다. 인명사고라면 어떻게 구조나 구급활동을 하고 있는지, 환경오염 사고라면 어떻게 방재활동을 하고 있는지 등을 파악하고 지속적으로 정보를 업데이트한다. 여기에는 향후 활동 계획도 당연히 포함된다.

과거 비슷한 사고 경험이 있는지, 그때 우리 회사가 어떤 대응조치를 취했는지도 알아두는 것이 좋다. 이러한 정보는 평소 회사가 사고 발생에 얼마만큼 민감하고 주의를 기울이고 있었는지, 사고가 발생하고 난 후에는 얼마나 진정성 있게 문제 해결을 위해 노력했는지를 보여주는 주요 정보가 될 것이다.

사건에 대한 관심과 전파 정도

위기사건이 카카오톡이나 블라인드 같은 특정 그룹의 폐쇄적인 SNS에서만 이슈인지 아니면 페이스북이나 X 같은 공개적인 SNS에서 확산되고 있는지, 또는 신문이나 방송 같은 전통적 미디어에서 보도나 취재가 시작됐는지 등을 파악해야 한다. 위기사건을 얼마나 많은 사람들이 알고 있는지, 얼마나 많은 사람들에 의해 회자되고 있는지 등 사건의 전파 정도는 위기 커뮤니케이션의 속도와 범위를 결정할 때 매우 유용한 정보가 된다. 예를 들어 제품 불량에 대한 해명을 할 때 이를 언론매체를 통해 발표할지, 또는 홈페이지에 팝업 공지문을 띄울지, 아니면 매장을 방문하는 고객들만 볼 수 있도록 매장 공지문(POP)만 게시할 것인지 등의 선택은 위기의 전파 정도와 밀접한 관련이 있다. 위기사건에 영향을 받는 사람들이 얼마나 많은지, 그들이 위기사건에 얼마나 관심이 큰지도 변수가 될 수 있다. 위기에 직접적인 영향을 받는 사람이 많거나 심리적인 관심의 정도가 높아질수록 위기사건의 해결과정이 복잡해지고 길어질 가능성이 높기 때문이다.

위기사건이 길어지거나 확대될 경우 사건의 전개과정에 개입할 가능성이 높은 잠재집단이 누구인지를 파악해 놓는 것도 좋다. 향후 위기의 지형을 파악하는 데 도움이 된다. 위기정보 보유자는 위기사건의 내용을 알고 있으며 그렇기에 내외부에서 문의가 있을 때 코멘트를 할 수 있는 사람이기에 가능한 한 파악해 놓은 것이 좋다. 언론사기자의 관점에서 보면 사건을 취재할 때 가장 중요한 인터뷰 대상자들이기도 하다. 위기 스토리 간의 경쟁구도에서 되도록 통제력을 유지해야 하는 기업의 입장에서는 누가 위기정보를 보유하고 있는지 파악하고, 이들을 어떻게 관리해 나갈 것인지가 실질적인 문제로 떠오르지 않을 수 없다.

→ 위기정보 판단 시 유의점

정보를 수집하고 의미를 분석하는 과정에서 실수를 하거나 의도적으로 진실을 외면하는 경우들이 종종 생긴다. 그러나 잘못된 정보에 기초한 위기 대응은 커다란 재앙을 불러올 수도 있다. 본의 아니게 거짓말을 하게 되거나 혼란을 야기할 수 있기 때문이다. 순수한 실수에 의한 거짓말이라도 여론은 의도적인 은폐 의혹을 제기하며 대응의 첫 단추를 망가뜨릴 수 있다. 따라서 위기관리자는 수많은 정보에 속지 않고 진실에 가까운 정보를 찾는 노력을 지속해야 한다.

유리한 방향으로 해석하지 않는다

갑작스러운 위기에 부딪히면 임직원들이 흥분하고 공격적으로 변하기 쉽다. 이럴 때 자주 나타나는 현상이 우리 회사가 절대 그렇게 비윤리적인 행위를 할 리가 없다는 밑도 끝도 없는 애사심이다. 때로는 기사가 잘못됐다거나 경쟁사가 음해를 하는 것 같다는 둥 조직 외부로 의심의 눈길을 돌리기도 한다.

그러나 이러한 집단사고는 조직에 또 다른 위기를 가져올 가능성이 높다. 위기를 당한 기업에게 정말 필요한 것은 갑작스러운 애사심이나 상관에 대한 충성심이 아니라 상황을 냉정히 바라보는 침착함이다.

위기관리자는 자사에 유리한 방향으로 정보를 해석하고픈 유혹에 빠지면 안 된다. 모든 사람이 낙관적인 전망을 내놓더라도 사건이 최악의 상황(worst case scenario)으로 치달을 수 있는 가능성을 항상 염두에 두고 있어야 한다. 그래야 만약의 사태에 대비할 수 있다. 위기정보를 무조건 부정적인 방향으로 해석하라는 뜻이 아니다. 정확한 파악이 원칙이다. 그러나 애매한 경우라면 유리한 방향 못지않게 불리한 방향으로 전개될 수 있는 가능성까지 함께 고려해야 한다는 뜻이다.

사실, 의견, 추측을 분리한다

삼인성호(三人成虎)라는 속담이 있다. 마을에 호랑이가 나타났다고 나 혼자 주장하면 사람들이 믿지 않지만 세 사람 이상이 주장하면 진짜인 줄로 믿는다는 뜻이다. 여러 사람이 이야기한다고 해서 모두 진실은 아니라는 의미다.

위기사건에 대한 정보를 판단할 때도 여러 사람이 주장하니까 당연히 맞을 것이라거나 그동안의 경험이나 상식이 이러저러했으므로 이번에도 당연히 같은 상황일 것이라고 예단하는 일은 피해야 한다.

사건에 대한 의견이나 추측이 실제 상황을 반영할 수도 있지만 사건의 실체와는 동떨어진 루머인 경우도 상당히 많다. 위기관리자는 확실한 증거가 확보되지 않은 상황에 대해서는 항상 틀릴 수 있다는 가능성을 생각하고 있어야 한다.

내부조사 결과라도 일단 의심해본다

회사에서 사고가 터졌을 때 사고 부서에서 작성한 리포트를 얼마나 신뢰할 수 있을까. 이 질문이 유효한 이유는 거짓 보고서가 종종 만들어지기 때문이다. 거짓말까지는 아니더라도 문책을 두려워한 관련 부서가 사고의 책임이나 피해의 규모를 줄여서 보고하는 경우는 더욱 흔하다.

최악의 상황은 회사가 보고서를 믿고 그대로 발표했을 때 일어난다. 언론이나 협력사, 정부부처 등 주요 이해관계자들에게 결과적으로 거짓말을 하게 되는 셈이어서 자칫 회복하기 어려운 타격을 입게 된다.

건축자재 생산업체인 대구산업(가칭)에서 일어난 해프닝은 사내 파벌싸움에 CEO까지 속았던 사례다. 사건은 새로 준공된 아파트 입주민들이 입주안내서와는 달리 부실한 자재가 사용된 것 같다는 불평을 하면서 시작됐다.

CEO의 지시로 이뤄진 자체조사에서는 건설사에 납품된 자재가 정상치보다 얇지만 그 정도는 오차범위 안에 들어가는 것이라고 보고됐다. 해당 부서장은 건설사에 불만을 품은 몇몇 주민이 공연히 트집을 잡는 것 같다는 해석도 덧붙였다.

성난 주민들의 요구로 대구산업은 현장 설명회를 열었지만 입주민들은 납득하지 못했다. 끝내 TV 뉴스에 제보를 했고, 고발 프로그램 코너의 담당 기자가 해명을 듣고 싶다며 인터뷰 요청을 했다. 주변의 만류에도 불구하고 CEO가 인터뷰에 응하겠다고 나섰다. 보고서를 신뢰한 CEO는 기자를 설득할 자신이 있었던 것이다. 그러나 전문 연구소의 실험 결과를 바탕으로 자재의 제작과정과 시험방법 등을 조목조목 파고드는 기자의 질문에 보고서의 허점은 바로 드러났다. 불량자재는 어떻게 포장하든지 결국 불량자재였던 것이다.

인터뷰는 한 시간가량 걸렸지만 대구산업 CEO는 평생 흘릴 땀의 절반을 그날 닦았을 정도로 곤욕을 치렀다. 회사는 불량자재 납품업체라는 오명 외에 거짓말쟁이라는 불명예도 함께 뒤집어쓰게 됐다.

대구산업의 위기 대응에 결정적인 실패를 가져온 것은 내부의 거짓 리포트다. 부서 간의 과열된 매출경쟁, 윤리의식과 감사 시스템의 실종, 징계를 두려워한 현업 부서의 거짓말이 가짜 리포트를 만들어낸 원인이었다. 복잡한 파벌경쟁 속에서 입지가 약했다고는 하지만 CEO를 속일 정도로 가짜 리포트의 위력은 대단했다.

이러한 상황을 피하기 위해 위기 커뮤니케이터의 임무 중 하나는 끊임없이 의심하는 일이다. 내외부에서 수집된 정보와 상황 분석 자료마다 '진짜?', "왜?'라는 물음표를 붙여야 한다.

회사의 구성원들이 모두 한곳을 가리킬 때도 그것이 맞는 방향인지, 기존에 통하던 법칙이 현 상황에도 적용될 수 있을지 항상 되물어야 한다. 유문무환(有問無患), 즉 질문이 많으면 근심이 적어지기 때문이다.

동시에 악마의 변호인(devil's advocate)이 되어 조직의 의사결정에 반대 의견을 던질 줄 알아야 한다. 조직에 대한 믿음을 버리라는 것은 아니다. 조직에 대한 자신감을 갖되 항상 내가 습득한 정보가 잘못될 수 있다는 최악의 상황을 염두에 두어야 한다는 뜻이다. 그래야 조직에 진짜 최악의 상황이 닥치더라도 출구를 찾을 수 있다.

조기경보는 왜 무시되는가

위기가 발생하기 전에 경고를 해주는 조기경보라는 것이 있다. 대표적으로 잘 알려진 것이 하인리히 법칙(Heinrich's law)이다. 미국의 보험사고 조사원이었던 하인리히는 여러 사고의 데이터를 분석한 후 대형사고 전에는 항상 이를 경고하는 작은 징후들이 있다고 주장했다. 통계적으로 대형사고 1건이 일어나기 전에는 중간 규모의 사고가 29건 발생했으며, 그 전에는 더 작은 규모의 사고가 300건 발생했다는 것이다.

조기경보는 하인리히 법칙처럼 화재나 안전사고 같은 물리적 유형의 사고에 더 적합한 개념이지만, 기업의 위기에도 비슷한 역할을 하는 징후들이 있다.

예를 들어 내부 임직원의 불만이 높아지는 것은 인사사고의 징후다. 제약회사에서는 불만을 품은 영업직원이 퇴직 후에 몰래 감춰두었던 리베이트 자료를 공정거래위원회 같은 규제당국에 던져버리는 사고가 종종 일어난다. 리베이트는 병원이나 의사에게 자사의 제품

내부적 경고	• 하인리히 법칙: 위기의 징조(early warning signal) • 절차, 기준이 흔들릴 때 • 내부 임직원의 불만: 인사사고의 징후
외부적 경고	• 경쟁사의 위기상황 • NGO 등 시민단체 또는 경쟁사와의 갈등이 깊어질 때 • 사회적으로 특정 이슈에 대한 여론의 관심이나 보도 빈도가 높아질 때

을 사달라고 금품을 제공하는 행위로 엄격히 금지되어 있기에 회사가 발칵 뒤집어지는 것은 당연하다.

외부에서도 여러 조기경보들을 발견할 수 있다. 시민단체나 경쟁사, 협력사 등 비즈니스 파트너들과의 갈등이 고조된다면 비가 오기 전에 먹구름이 끼는 것이나 마찬가지다.

사회적으로 특정 이슈에 대해 여론의 관심이 높아지거나 자주 보도가 된다면 우리 회사는 해당 문제가 없는지 점검해 보는 것이 좋다. 경쟁사에 위기상황이 생겼을 때도 좋아할 일이 아니다. 같은 업종에서 비슷한 비즈니스를 하는 기업이라면 유사한 문제가 잠재되어 있을 가능성이 높다. 당장 발현이 안 됐을 뿐이지 조만간 우리 회사의 문제로도 터져나올 수 있는 것이다.

따라서 기업들은 주기적으로 내외부의 이슈들을 모니터링하면서 혹시라도 사전에 대비해야 할 것은 없는지 점검하는 것이 좋다. 만약 문제가 발견된다면 개선하고, 직원들을 교육하고, 회사의 경영원칙 수립을 통해 위기요소들을 사전에 예방하거나 완화하는 작업이 필요하다.

위기사건을 경고하는 징후들은 상당히 많지만 실상 많은 기업에서 조기경보는 자주 간과된다. 조금만 주의를 기울이면 될 것 같은데 왜 기업들은 조기경보를 무시하여 엄청난 규모의 피해를 자초하는 것일까.

결론부터 말하면 돈 문제가 걸려 있기 때문이다. 조기경보에서 드러난 문제점을 고치려면 큰돈이 들어가기에 무시하고 싶은 유혹이 생기는 것이다. 인류 역사상 최악의 환경오염 사고로 불렸던 BP의 멕시코만 원유 유출 사고에서도 이는 극명하게 드러난다.

조기경보를 무시한 BP의 비극

2010년 영국의 대표적 석유회사인 BP는 미국 멕시코만에서 원유를 시추하다 시추설비인 딥워터 호라이즌(Deepwater Horizon) 호가 폭발하는 대형사고를 당한다. 이 사고로 11명의 사상자가 발생한 것은 물론 파손된 시추공 사이로 6억 5,000만 배럴의 원유가 쏟아져 일대 바다와 해안가를 오염시키는 최악의 환경사고가 시작됐다.

거의 6개월간의 필사적인 노력 끝에 간신히 시추공은 막았지만 BP가 받은 타격은 엄청났다. 원유 유출 사고는 전 세계에 뉴스로 전달됐으며, 21조 원이라는 당시로서는 천문학적인 금액의 징벌적 배상금을 선고받았다. BP의 평판 역시 땅에 떨어졌다. 석유 고갈 이후의 비즈니스를 준비한다며 야심 차게 밀어붙이던 캠페인 '석유를 넘어서(Beyond

Petroleum)'는 '오염을 넘어서(Beyond Pollution)'로 패러디되며 조롱당했다.

기업의 존폐까지 거론됐던 대형사고였지만 조기경보가 없었던 것은 아니다. 사고 직전 시추 파이프에서 가스가 유출될 가능성이 제기됐지만, 고장 난 폭발방지기(blowout preventer)에 임시조치만 취한 채 작업을 강행했던 것이다.

BP의 현장소장은 여러 가지 위험의 징후가 있었는데도 왜 무시한 것일까. 시추선 운영에는 수천억 원의 돈이 들어가는데, 당시 BP는 공정이 마감기한을 43일이나 넘긴 데다 애초에 배정됐던 예산의 20% 이상을 지출하여 심각한 압박을 받고 있었다. 12시간에 걸쳐 2,000여만 원(약 1만 3,000달러)을 들여 테스트를 진행했다면 막을 수도 있었던 사고였지만, 결국 예산 압박에 쫓긴 의사결정이 BP와 지구 전체에 엄청난 재앙을 불러왔다.

단일 벤더 정책의 저주

대형기계의 중간 모듈을 생산하는 대전시스템(가칭)이 겪었던 곤욕도 비슷한 맥락이었다. 유명 제조사에 부품을 납품하는 이 회사는 경비 절감 정책의 하나로 여러 벤더들을 통합하는 작업을 했다. 기존에 2~3개 하청업체들에게 나눠주던 일감을 한 회사에 몰아주는 대신 납품가격을 인하하기로 한 것이다.

처음에는 잘 돌아가는 듯 보였던 이 정책은 하청업체 사장이 거듭된 납품단가 인하 요구에 반기를 들며 꼬여버리고 말았다. 반발하면 달래고, 다시 반발하면 엄포도 놓는 식으로 유지해 왔는데, 하청업체가 도저히 이 가격에는 생산할 수 없다며 납품을 거부하자 대안을 찾을 수 없었던 것이다.

대전시스템 역시 원청업체에 부품을 공급하지 못하면 어긋난 날짜만큼 벌금을 내야 하는 구조였기에 울며 겨자 먹기로 벤더업체와 타협할 수밖에 없었다.

기업경영에서 경제적 효율성은 매우 중요하다. 하지만 효율성 문제는 누가 절벽 바로 앞까지 힘차게 달려갈 수 있느냐 하는 치킨게임과 유사하다. 바로 앞까지 최대한 달려가면 효율성이 극대화되지만 적정선, 즉 절벽 끝을 넘어버리면 다음은 추락이라는 대형사고가 기다리고 있다. 절벽 앞에서는 더 가면 위험하다는 경고가 삑삑거리며 울린다. 어느 지점에서 이 위험신호를 받아들일 것인가. 조기경보의 문제는 안전과 효율성 두 가지 중 어디에 더 무게를 두는가 하는 경영자의 판단이나 기업문화와 깊숙이 연결된 문제다.

존슨앤존슨의 타이레놀 독극물 사건 대응이 위기 커뮤니케이션은 물론 윤리경영의 전범이 된 것도 대응 스킬이 뛰어나서가 아니라 국민의 안전이라는 가치를 지키기 위해 경영상의 위험도 피하지 않았던 철학 때문이다. 회사의 귀책성이 밝혀지지 않았는데도 연쇄 사망이라는 조기경보를 적극적으로 받아들인 것이다.

3장 EXIT STRATEGY

위기공개와 통제력 유지

위기를 어떻게 공개해야 할까

위기 커뮤니케이션의 중요한 목표는 비난으로부터 기업을 보호하는 것이다. 그러려면 언론기사, 부정적 소셜미디어 콘텐츠, 피해자의 항의시위 등 비난의 총량을 줄이는 게 필요하다.

위기가 발생하면 투명하고 신속하게 대응해야 한다는 말에는 위기 상황을 정면돌파해야 한다는 주장이 담겨 있다. 무언가 잘못했다고 야단을 맞는 상황이니 억울함을 적극 호소하거나 깔끔하게 사과해서 위기를 벗어나자는 것이다.

중요한 전략이지만 현실에서는 정면돌파가 반드시 최선의 결과를 가져온다고 단언하기 어렵다. 기업이 말을 할수록 사람들의 관심을 더 끌고 비난의 총량도 더 커지는 정반대의 결과를 가져오기도 한다. 조금만 참으면 넘어갈 수도 있는 일을 긁어 부스럼을 만드는 셈이다.

신문과 방송에서 보도가 되고, 인터넷 커뮤니티에 부정적인 댓글이 계속 달리니 당장은 위기사건이 전 국민의 관심사처럼 보이지만, 실제로는 소수의 관여자 외에는 그런 사건이 있었는지도 모르는 경우가 많다. 불같이 들끓던 관심이 불과 며칠 만에 사그라들기도 한다.

위기 커뮤니케이션이 너무 소극적일 경우에는 의도한 효과를 거두기 어렵고, 너무 적극적이면 화가 난 공중을 자극하여 오히려 후폭풍이 커질 위험이 있다. 그래서 언제, 어떻게 위기를 공개하고 어떠한 범위로 공식적인 위기 커뮤니케이션을 시작할지는 기업에 매우 중요한 의사결정 과제다. 숨기고 기만하자는 의미가 아니다. 위기 커뮤니케이션을 진행할 때 일어나는 다양한 변수들을 조율하며 상황에 대한 통제력을 발휘하는 것에 대한 문제다.

관심을 안 갖는 게 도와주는 것

국내에 디지털 산업이 급속히 성장하고 있던 시절, 인천테크(가칭)는 새로운 IT 서비스를 내놓으며 폭발적인 인기를 누렸다. 서비스 이용자가 급격히 늘어나며 회사도 성장가도를 달렸다. 그러던 도중 서비스 이용자들의 개인정보가 대량으로 탈취되는 사건이 일어나며 회사에 위기가 닥쳤다. 유출된 개인정보를 이용한 보이스피싱 등 2차 피해가 발생하지는 않았지만, 개인정보가 유출됐다는 자체가 심각한 사안이었다. 언론에서 사고 관련 보도가 쏟아졌고, 규제당국도 특별조사에 나설 계획이라고 발표했다. 무엇보다 개인정보가 유출된 소비자들의 분노가 컸다. 인천테크를 대상으로 배상을 받아야 한다는 여론이 들끓었다. 평소 소비자 피해에 대한 기획소송을 해오던 A변호사의 주도로 온라인에 소송을 위한 카페가 만들어졌고, 카페 회원들을 중심으로 집단소송이 추진됐다.

인천테크의 운명은 바람 앞의 촛불 같았다. 개인정보 유출로 기업 이미지가 실추된 것도 문제지만 집단소송에서 패소하여 엄청난 배상금을 물어야 할 경우엔 회사의 존립마저 위태로워질 수 있었다.

인천테크는 위기관리를 통해서 달성해야 할 세 가지 목표를 세웠다. ① 부정적인 언론보도와 들끓는 비난 여론을 줄여나갈 것 ② 집단소송에서 이길 것. 혹시 이기지 못할지라도 배상액 규모를 줄여 회사의 재정적인 부담을 줄일 것 ③ 위기사건이 마무리된 이후 회사가 지속적인 성장을 계속하도록 디딤돌을 마련할 것 등이다.

이 세 가지 중에서도 핵심은 두 번째 목표인 집단소송으로 인한 피해를 최소화하는 것이었다. 당시 집단소송에 대한 회사의 공포감은 엄청났다. 개인정보 유출로 발생한 피해는 배상액이 그렇게 높지 않다는 것은 판례를 통해서 알고 있었다. 하지만 워낙 피해자 숫자가 많았고, 혹시라도 배상액이 커지면 회사의 존폐까지 거론될 수도 있었다. 배상액 부담을 이기지 못해 회사가 문을 닫게 된다면 첫 번째 목표나 세 번째 목표는 사실상 의미가 없었다.

집단소송의 피해를 최소화하려면 소송이 아예 무산되어 처음부터 아무 일도 없던 것처럼 되는 것이 최선이다. 소송을 간다면 배상책임이 없다고 무죄 판결을 받거나, 지더라도 배상액을 가능한 한 적게 줄여야 했다. 이는 소송 단계에 따른 세부 목표로 설정됐다.

회사가 손해배상을 해야 하는지 여부는 개인정보의 유출과정에서 회사의 귀책성이 얼마나 큰지와 밀접한 관련이 있다. 회사가 정보유출을 막기 위해 사전에 충분한 조치를 취했는지, 그럼에도 불구하고 해킹 등 불가피한 요인에 의해 정보가 유출됐는지, 회원들의 부주의로 발생했는지 등에 따라 배상에 대한 책임이 달라질 것이다.

언론은 인천테크가 개인정보 유출의 원인을 제공했다며 강하게 질타했다. 많은 양의 개인정보를 다루고, 이를 통해 막대한 수익을 얻으면서도 보안에 대한 인식이 약해 시스템 투자에 소홀했다고 비판했다. 정부 차원의 징계와 대책 수립도 요구했다.

피해자들은 소송 카페로 집결했다. 카페에서도 "손해배상은 당연하다", "이번 기회에 보안의식이 약한 기업은 혼을 내주자" 등의 글이 쏟아졌다. 회원들은 인천테크를 비난하는 언론기사들을 부지런히 퍼 나르며, 과거 유사 사례에서는 보상금을 얼마까지 받았다더라며 서로 기대감을 부추겼다.

집단소송에 져서 배상을 해야 한다면 그 규모는 〈그림 2-5〉처럼 1인당 배상액에 소송 참여자의 숫자를 곱해서 구하게 된다. 배상액 규모를 낮추려면 산술적으로 1인당 배상액이 낮아지거나, 소송 참가자 숫자가 줄어들어야 하는 것이다.

여기서 1인당 배상액은 유출된 정보의 가치와 관련이 있다. 가치가

〈그림 2-5〉 집단소송의 배상액 규모

크고, 유출된 범위도 넓다면 피해자의 손해가 그만큼 크다는 뜻이니 손해배상액도 높아질 것이다. 물론 실제로 피해가 발생했음을 입증해야 한다는 전제는 따른다.

소송 참가자 수는 집단소송에 대한 피해자들의 관심과 배상액에 대한 기대감이 관건이었다. 소송에 대한 관심이 커지거나, 승소 가능성이 높아지거나, 배상액이 높을 것으로 기대된다면 소송에 참가하는 사람의 숫자가 많아질 것이기 때문이다. 처음엔 소송에 참가하지 않은 피해자들도 향후 인천테크의 패소가 결정된다면 추가소송을 제기할 수도 있으나 당장은 1차 소송의 참가자 수를 낮추는 것이 현실적인 과제였다.

인천테크의 귀책성이 얼마나 되는지, 손해배상액이 얼마나 될지는 법원이 판단할 일이다. 법정에서 회사를 방어하는 임무는 소송을 대리하는 로펌의 과제다. 그러나 위기 커뮤니케이션에서 담당하는 여론전 과제도 무거웠다. 판사들도 신문을 읽는 만큼 회사의 키 메시지를 여론에 녹여내야 했다.

이를 위해서 인천테크는 그동안 회사가 보안을 위해 투자해 왔고 성과가 있었으며 외부에서 인증했다는 사실 등을 적극 홍보했다. 한편으로는 전문가들의 기고를 통해 피해자들의 집단소송에 어떤 허점이 있고, 법리적으로 어떤 부분을 중시해야 하는지 강조하여 로펌의 메시지에 힘을 보탰다.

회사가 가장 신경을 쓴 것은 유행처럼 늘어나는 소송 참가자 숫자를 줄이는 것이었다. 카페를 중심으로 소송에서 이기면 큰 배상금을 받을 수 있다고 과도한 기대감을 갖거나 단순한 흥미 차원에서 충동적으로 집단소송에 참여하는 사람들이 늘어났기 때문이다.

이에 대해서는 ① 개인정보의 유출로 크게 손해배상을 해야 할 만큼 회사의 귀책성이 크지 않으며 ② 피해자들이 집단소송에서 이기더라도 실제 배상액은 많지 않을 것이니 집단소송에 대해 관심을 낮추라는 메시지를 적극적으로 퍼뜨렸다.

특히 일반인들의 과도한 기대감을 줄이는 메시지 개발에 주력했다. 과도한 집단소송의 문제점 지적이나 외국의 판례 동향 소개, 국내 유사 사례에서 소송 참가자들의 승소율이나 배상액이 일반인의 생각보다 낮다는 통계자료 등을 확보하여 다양한 경로로 제공했다. 이러한 메시지들은 사건을 취재하는 기자들과의 다양한 미팅을 통해서 전달되거나 유명 법조인, 업계 관계자 등 우호적인 제3자의 신문 기고 등을 통해 기사화되었다.

인천테크의 노력은 어떠한 결실을 맺었을까. 최종 결과부터 살펴보면 집단소송은 인천테크의 승리로 끝났다. 법정에서는 인천테크의 정보 보호 노력은 상당한 수준이었기에 '선량한 관리자로서의 주의 의무'를 위반했다고 볼 수 없다며 배상책임을 묻지 않았다. 배상책임이나 1인당 배상액이라는 부분에서는 승리를 했다고 평가할 수 있다.

다만 소송 참가자 수라는 측면에서는 위기 커뮤니케이션의 어려움을 다시 확인할 수 있었다. 인천테크는 소송 카페를 매일 모니터링하며 참가자 추이를 점검했는데, 한 가지 확실한 것은 관련된 보도가 있는 날이면 소송 참가자들의 숫자가 급증했다는 사실이다. 보도된 기사의 내용은 큰 상관이 없었다. 부정적인 스트레이트 뉴스든, 인천테크가 공들여 만든 기획기사든 관계없이 기사가 날수록 소송에 대한 사람들의 관심이 높아진 것이다.

사건이 회자될수록 배상액에 대한 기대치가 높아졌다고도 볼 수 있다. "관심을 안 갖는 게 도와주는 것"이라는 주장이 숫자로 확인된 것이다.

➡ 위기공개의 딜레마

많은 위기사건이 언론의 보도나 소셜미디어의 폭로에 의해 시작된다. 이처럼 제3자에 의해 사건이 이미 알려졌다면 달리 선택의 여지가 없다. 이미 공론화된 사건이므로 최선을 다해 대응하면 될 뿐이다. 그러나 더 많은 수의 위기사건은 외부의 관계자들이 모르는 사이 임계점을 향해 서서히 끓어오르는 상태에서 기업의 경영진이나 위기관리 담당자들이 공개 여부를 결정해야 하는 상황을 맞는다.

기업은 위기사건이 극히 소수의 사람들에게만 알려졌거나, 특정 지역에 제한되는 등 국지전적인 성격을 갖고 있을 때도 사건의 발생 사실을 공개해야 할까? 이 문제의 결정이 어려운 것은 위기공개의 장단점이 어느 한쪽으로 치우치지 않고 팽팽하게 대립하기 때문이다.

일부는 위기사건이 발생하면, 가능한 한 빨리 공개하고 적극적으로 대응해 나가는 '공개 및 통제(open & control) 전략'을 강조한다. 위기를 감추려는 기업들의 태도가 늑장대응 논란이나 은폐의혹을 가져올 수 있음을 지적한다.

기업들의 본능은 가능한 한 위기사건을 숨기고 싶어 한다. 아무도 모른 채 조용히 사건이 종료되기를 바라는 것이다. 여러 문제가 있다는 것은 알지만 당장 조직에 오는 충격이 적기 때문이다.

실제로 많은 위기사건이 언론의 보도나 정부기관의 규제, 시민단체의 고발, SNS의 폭로 등으로 세상에 알려지지만 더 많은 위기사건들은 사람들이 눈치를 못 채는 사이에 조용히 진행됐다가 소멸된다. 많은 기업이 가능한 한 조용히 넘어가고 싶어 하는 것도 이러한 달콤함을 알기 때문이다.

위기사건의 공개 여부를 결정하기 위해서는 공개로 얻을 수 있는 장점과 단점, 비공개의 지속 여부와 공개로 전환한 이후의 문제점 등을 정확히 파악하고 손실-편익을 비교하는 것이 좋다.

위기사건을 많은 외부인이 알게 되어 진행되는 경우를 '공개적 위기(public crisis)'라 한다. 반대로 기업 내부나 소수의 관계자들만 알고 있으면서 조용히 진행되는 위기상황은 '비공개적 위기(private crisis)'라고 부른다.

처음부터 위기를 공개한다면 적어도 정직하고 투명하게 문제를 해결하려 했다는 진정성을 인정받을 수 있을 것이다. 위기사건과 관련해서 루머나 왜곡이 생기는 것도 방지하기 쉽다. 다만 언론, 정부기관, 시민단체 등 다양한 이해관계자들이 기업의 위기관리 과정에 참여하게 되며 이들의 훈수와 요구사항이 위기의 진행에 중요한 변수가 된다. 한 마디로 호랑이 등에 탄 형국이 된다. 여러 관계자의 개입이 늘어나면서 위기사건에 대한 자의적인 통제가 힘들어질 가능성이

〈표 2-1〉 위기공개의 장단점

	위기를 공개할 때	위기를 공개하지 않을 때
장점	• 정직하고 투명한 기업 이미지 유지 • 루머 방지 • 소비자 등의 2차 피해를 능동적으로 방지	• 성공할 경우 조용히 문제를 원상회복 시킴으로써 기업 이미지 훼손 방지 • 미디어 등 외부의 개입 차단으로 최대한 통제력 유지 • 과도한 관심 또는 불안감 방지 • 위기관리 과정에서 정보와 변수들에 대한 통제력 유지
단점	• 섣부르게 사고기업으로 낙인찍힐 수 있음 • 위기관리 과정에서 의도치 않은 변수의 개입으로 사건 해결에 어려움을 겪을 수 있음 • 과도한 불안감이나 루머 등이 형성될 가능성이 높음	• 은폐, 늑장대응 의혹 등으로 기업 이미지에 더 큰 타격을 입을 수 있음

높아지는 것이다.

반대로 비공개적 위기로 진행하며 그 상태를 끝까지 유지할 수 있다면, 기업은 최대한 통제력을 유지하며 외부세력이 개입하여 혼란을 만들지 않는 상태에서 문제를 조용히 해결할 수 있다. 다만 중간에 공개될 경우 사건을 은폐하려고 했다거나, 늑장대응을 했다는 더 큰 비난을 야기할 수 있다.

위기상황의 공개 문제는 단순히 윤리적 문제를 넘어 위기관리 과정에서 ① 관련 정보를 어떻게 통제해 나갈 것이며 ② 여러 이해관계자들과의 관계를 어떻게 형성할 것인가 등의 의사결정과도 밀접한 관계가 있다.

공개하는 것이 좋을 때

아무리 조용히 넘어가고 싶어도 손익 판단을 넘어 가능한 한 빨리 위기를 공개하고 가야 하는 경우들이 있다.

첫 번째는 사람의 생명이나 안전에 중대한 영향을 미치는 위험한 위기사건으로, 이것저것 따질 겨를이 없다. 되도록 빨리 많은 사람이 알아서 대처할 수 있도록 공개적으로 가야 한다. 사람의 생명과 안전은 기업의 이익을 넘어서 최우선으로 보호해야 할 가치다. 자체로도 소중한 의미가 있을뿐더러 이를 간과했을 때 기업은 향후 엄청난 후폭풍에 시달리게 된다.

두 번째는 기업의 형태나 관련 법 규정에 의해 반드시 공개해야 되는 경우다. 상장기업의 경우 매출이나 수익의 변화, 주식 지분의 변동, 기타 회사에 중대한 영향을 미치는 사건의 대외적인 발표는 공시 규정과 관련되는 경우가 있다. 이러한 경우 홍보 담당자는 대외적인 발표에 앞서 반드시 회사의 공시 책임자(대개는 CFO)와 상의해야 한다.

일반적으로 개인기업에 비해 주식회사가, 비상장 기업에 비해 상장기업이, 사기업에 비해 공기업이 경영정보에 대한 공개의무가 더 많다. 경제와 사회에 미치는 영향력이 클수록 더 투명하게 운영되어야 하기 때문이다.

마지막으로 위기사건에 많은 이들이 관여돼 있으며 향후에도 많은 사람에게 영향을 미치는 경우, 가능한 한 빨리 공개하는 것이 좋다. 관여자들이 많다는 것은 어차피 모두가 알게 될 가능성이 높다는 뜻이다. 어설프게 숨겼다가 나중에 타의에 의해 공개되면 사고를 은폐했다는 꼬리표만 더 붙을 수 있다.

소셜미디어가 발달한 요즘은 사실 공개-비공개 논의가 점점 무의미해지고 있다. 기업에 대한 감시의 눈이 그만큼 많아졌기 때문이다. 대한항공의 '땅콩회항' 사건처럼 임직원들이 블라인드에 글을 올리며 위기가 공개되는 경우도 늘어나고 있다.

공개하지 않는 것이 좋을 때

반면 가능한 한 공개하지 않고 진행하는 것이 좋은 경우도 있다. 공개를 통해 쓸데없는 걱정이나 문제가 생기는 경우다. '긁어 부스럼'이 우려되는 경우로 섣부른 공개가 '낙인 효과'로 이어진다면 치명적이다. 이해관계가 첨예하게 대립하는 상황에서도 정교한 전략이 선행되지 않는다면 뜻밖의 문제를 일으킬 수도 있다.

모든 사람이 다 아는 비밀일지라도 기업이 먼저 공식적으로 공개하면 안 되는 경우도 있다. 기업의 인수합병(M&A)처럼 관련 법이나 상호계약상의 문제로 공개가 제한되는 경우가 그것이다. 그래도 업계에는 인수합병 소문이 나기 마련이고 기자들의 확인전화에 몸살을 앓는 것이 다반사지만, 어느 한쪽이 공개할 경우 계약위반 논란에 휘말릴 수 있다. 대부분의 인수합병 계약엔 비밀유지 조항이 들어가기 때문에 어느 시점이 되기 전에 언론 등에 공개하면 책임을 져야 하기 때문이다.

1990년대 국내 대표적인 공기업이었던 광주공사(가칭)는 M&A를 시도했다. 인수 대상은 미국인에게 나름 역사적 의미가 있는 기업이었고 예상 인수가액도 당시 우리 경제 규모로는 제법 큰 2,000억여 원이었다.

두 회사의 협상은 비밀리에 진행됐지만 협상이 지지부진해지면서 잡음이 생겨나기 시작했다. 서로 조건이 합의되지 않는 데다 미국 현지에서 반대 여론도 일었다. 동양의 작은 나라가 유서 깊은 회사를 산다는 반감이 현지인들의 자존심을 건드렸던 것이다.

국내에서도 문제가 생겼다. 때마침 외환거래 쪽을 취재하던 한 기자가 우연히 인수협상 사실을 알고 확인취재에 들어간 것이다. 결국 인수 추진 사실이 보도됐고 협상은 완전히 결렬되고 말았다. 기사 한 건이 결렬 이유의 전부는 아니었을 테지만 협상을 결렬시키고 싶던 미국 회사는 광주공사 측에 비밀유출의 책임을 떠넘겼다.

임직원에게 공개하는 시점

위기의 공개에서 어려운 부분은 내부 임직원에 대해 언제 위기사건을 공식화하느냐다. 일하는 직장에서 일어난 사건이니만큼 임직원들도 소문을 통해 대충 알고 있을 테지만, 언제 공식 입장을 밝힐 것이냐의 문제다.

임직원에 대한 공개 여부가 선택적 의사결정 요소가 되는 것은 장단점이 함께 있기 때문이다. 임직원에게 사건을 공개한다는 것은 사실상 사건을 기정사실화하며 공개적 위기로서 위기 대응 체계로 전환하겠다는 의미와 같다. 임직원을 통해 위기사건 내용이 언론이나 블라인드, X 등의 소셜미디어로 유출될 가능성도 높아진다.

반대로 계속 숨기고 있을 경우 임직원들 사이에 엉뚱한 소문이나 루머가 발생하여 뜻하지 않은 문제가 생길 수도 있다. 기업의 인수합병이나 노사분규, 사내 부정행위 등 임직원이 직접 영향을 받는 이슈의 경우가 특히 그렇다. 임직원 역시 회사의 중요한 주체인데, 소속 직장의 소식을 언론보도 등 외부 채널을 통해 듣는다면 사기에도 부정적인 영향을 끼칠 수 있다.

그래서 위기사건을 공개하기로 결정했다면 외부로 이를 발표하기 직전에 CEO가 직접 이메일이나 타운홀 미팅 등을 통해 회사의 공식 입장을 설명하는 것이 요령이다. 그럼으로써 임직원의 의문을 풀어주고, 회사의 키 메시지를 더욱 확실하게 전달할 수 있는 기회로 삼는 것이다.

강릉기업(가칭)은 임직원들이 경쟁사에 경영정보를 제공함으로써 사내 보안에 구멍이 뚫리는 문제가 있었다. 이직이 잦아 경쟁사 직원도 경쟁 대상이라기보다는 옛 동료로서 친분이 강하다는 업계의 특성상 관성적으로 정보유출이 이뤄지고 있었던 것이다.

이 회사는 오래된 관행을 과감하게 근절하고, 중요한 경영정보를 보호한다는 목표 아래 사내조사를 광범위하게 진행했다. 범죄행위를 특정하기 전이어서 조사는 1대1 면담 식으로 비밀리에 진행됐지만, 조사 대상 범위가 커지면서 직원들 사이에 엉뚱한 루머가 돌기 시작했다.

　강릉기업 CEO는 결국 타운홀 미팅을 통해 조사 사실을 공식화하기로 결정했다. 메시지에서는 "정보유출 행위는 회사의 중요한 자산을 훼손하는 동시에 궁극적으로는 나와 동료들의 이익을 해치는 것"이며 "이번 조사는 임직원을 처벌하기 위한 것이 아니라 임직원과 회사를 보호하기 위한 것"이라고 성격을 분명하게 규정했다.

→ 전략적으로 인내하기

비난의 진원지인 다수의 언론기사나 소셜미디어의 부정적 콘텐츠들을 기업의 의도대로 통제할 방법은 사실상 없다. 이처럼 통제할 수 없는 내외부 변수들에 대응하여 상황에 대한 통제력을 최대한 유지하겠다는 고민 끝에 선택되는 것이 '방어적 대응 전략'이다. 영어로는 말수를 줄이자는 뜻의 '로 키(low key) 전략' 또는 '로 프로파일 전략(low profile strategy)'이라고 부른다. 로 프로파일은 몸을 땅바닥에 바짝 엎드린다는 뜻이지만 비겁하게 숨어만 있자는 의미는 아니다. 총알이 빗발치는 전쟁터에서 함부로 몸을 일으키면 총알에 맞기 쉬우니 바닥에 납작 엎드리거나 바위 뒤에 숨어 적군이 어디로 쳐들어오는지 살핀 다음에 대응사격을 해야 한다는 의미다.

위기 커뮤니케이션은 '비난'이라는 총알이 쏟아지는 전쟁터에 나선 것과 비슷하다. 몸을 움직일수록 사람들의 주목을 더 끌게 되니 차라리 바짝 엎드려 있는 것이 총알을 피하기에는 더 좋은 경우가 많다.

총알과 당당히 맞서려면 적어도 "우리는 잘못한 것이 없다"라는 방패라도 있어야 할 텐데, 이 방패가 어지간히 단단하지 않다면 보호막 기능을 하기도 어렵다. 비난이라는 감정에 휩쓸린 사람들은 분노가 가라앉기 전에는 제대로 귀를 열지 않을 가능성이 높기 때문이다. 흥분한 상태에서는 멀쩡한 증거도 외면받거나 메시지가 왜곡되어 유통될 수 있다.

방어적 대응 전략의 핵심은 대응 강도와 속도 조절을 통해 메시지의 효과를 높이고 통제력도 최대한 유지하겠다는 것이다. 또한 공세에 대응하는 나의 메시지와 시간, 행동은 통제가 가능하기에 최대한 절제하면서 가장 효과적인 반격의 시간과 계기를 찾겠다는 의도다. 무엇보다 섣부른 말과 행동으로 쓸데없는 이슈를 추가로 만들어 위기상황을 키우거나 길어지지 않도록 하겠다는 의도가 깔려 있다. 참고 기다린다는 의미에서 방어적 대응은 '전략적 인내'라고도 표현된다.

방어적 대응 전략의 요점은 ① 면밀한 모니터링으로 사건의 추이를 체크하면서 ② 상황에 급격한 변화가 오지 않도록 가능한 한 수동적으로 반응하되 ③ 필요한 경우에 정확한 정보를 제공할 수 있도록 정밀(pin-point) 대응을 하는 것이다.

언론 대응을 예로 든다면 부정적 기사가 발생했을 때 전 매체를 대상으로 적극적으로 해명하는 것이 효과적일지, 해당 매체에만 대응하는 것이 좋을지 선택의 기로에 설 때가 자주 생긴다. 적극적인 해명으로 조기에 진화하는 것이 맞는 상황이라면 전면적인 대응에 나선다. 반면, 전면적인 해명으로 오히려 이슈를 과도하게 확산시키는 부정적 효과가 더 크다고 판단되면 해당 매체에만 적극 대응하고, 다른 매체의 동향은 면밀히 모니터링한다.

그렇다고 해서 아무런 대응도 하지 말자는 것은 아니다. 거짓말을 하거나 상황을 호도하자는 것도 아니다. 외부의 잘못된 정보가 있다면 적극 수정하고 자사의 입장을 분명하게 말하지만, 과도한 관심이나 불필요한 변수를 만들지 말자는 것이다.

루머와 괴담에 대응하는 법

방어적 대응 전략의 효과를 극단적으로 보여주는 상황이 루머와 괴담에 대한 대응이다. 루머는 이 사람 저 사람의 입을 떠도는 근거 없는 소문이다. 루머는 사실이 아니면서도 '사람들에게 몰래 감추고 있어 공식화되지 않았지만 실제로는 사실이다'라는 훨씬 잘못된 인식을 주기 때문에 매우 위험한 위기 유형이다.

루머에 대한 대응으로는 정확한 정보를 제공해 주면서 동시에 루머가 담고 있는 정보의 가치가 별것 아니라고 깎아내리는 것이 좋다. 루머의 크기는 정보의 불확실성과 정보의 중요성을 곱해서 결정된다는 사회심리학자 고든 알포트(Gorden W. Allport)의 루머 공식에 근거

〈그림 2-6〉 고든 알포트의 루머 공식

한 대응법이다.

그러나 어지간히 확실한 반대정보가 제공되지 않는 한 사람들의 고정관념을 넘어서기 힘들다는 데 기업의 고민이 있다. 어설프게 정보를 제공하기 시작하다가 통제력을 잃으면 갑자기 루머가 확산되며 기정사실화될 위험도 상당히 있다.

부여식품(가칭)이 경쟁사의 루머 공격에 애를 먹은 것도 이 같은 루머의 특성 때문이었다. 경쟁사들은 부여식품의 생산공장 인근에 원자력발전소가 있다는 것을 빌미로 집요하게 루머를 퍼뜨렸다.

체르노빌 원전사고 때 유행했던 다리 셋 달린 송아지 사진이 단골 메뉴였다. 부여식품의 제품에 관심을 갖는 소비자에게 경쟁사의 판촉사원은 사진을 슬쩍 보여주어 훼방을 놓았다. 온라인 맘카페에서도 종종 부여식품의 공장 근처에 원전이 있는 게 맞느냐, 다리 셋 달린 송아지가 태어났지만 몰래 숨겨졌다는 루머가 있던데 맞느냐, 아이에게 먹일 식품이어서 더욱 불안한데 먹여도 되겠느냐 같은 질문이 올라왔다.

부여식품은 처음에는 강경 대응을 검토했다. 루머를 퍼뜨리는 판촉사원을 현장에서 잡고 채증하여 고발하는 것을 고려했다. 하지만 훈방조치 정도로 끝나면 오히려 면죄부만 주는 꼴이 될 수 있었다. 경쟁사에서는 본사 차원의 개입은 없었고 매출에 눈먼 판촉사원이 저지른 일탈행위라고 꼬리 자르기를 할 것도 뻔했다.

경쟁사의 생산공장 인근에 쓰레기 소각시설이 있기에 너희 제품은 깨끗하냐고 맞불을 놓는 것도 검토했지만 그런 이전투구식 싸움은 오히려 경쟁사가 바라는 결과일 수도 있어 시행하지 않았다. 경쟁사가 바라는 것은 방사능이 화제가 되는 상황이었다. 싸움이 커지고 요란해질수록 경쟁사보다는 업계 1위인 부여식품이 더 큰 피해를 입을 가능성이 높았다.

고민 끝에 부여식품이 선택한 전략은 최대한 루머를 통제하면서 꼭 필요한 범위의 대응을 정확하게 구사하자는 방어적 대응 전략이었다. 우선 경쟁사의 루머에 효과적으로 반박할 수 있는 촌철살인의 답변들을 개발하여 자사 판촉사원들에게 보급했다. 답변들은 "방사능 수치는 항상 기준점 밑이다"라는 식의 이성적 근거를 제시하기보다는, 루머가 나쁜 의도로 상황을 왜곡하고 있음을 보여주도록 개발했다. 소비자들에게 익숙한 먹거리 소재들을 활용하여 직관적인 이해를 촉구한 것이다.

온라인에 올라온 악의성 콘텐츠들은 포털업체들에게 항의하여 블라인드 처리를 하거나, 개별적인 대응을 통해 설득해 나갔다. 언론보도로 엉뚱하게 루머가 확산될 상황에 대비하여 경쟁사로 하여금 공정한 경쟁에 나서도록 촉구하는 캠페인 전략도 마련했다.

부여식품의 대응전략은 루머를 격퇴하기보다는 루머가 과도한 관심을 받지 않도록 상황에 대한 통제력을 최대한 유지한다는 것이 초점이었다. 손바닥 하나만으로는 소리가 나지 않는다는 고장난명(孤掌難鳴)이라는 사자성어처럼 경쟁사의 유인책에 끌려들지 않겠다는 의도였다.

혐오 스피치가 만드는 혼란

몇 년 전 한 기업이 겪은 '남혐 포스터' 논란은 세대, 성, 정치적 이념 등에 따라 진영으로 분절되고 갈등과 혐오 스피치가 난무하는 사회 분위기 속에서 기업이 관련 위기에 휘말렸을 때 얼마나 어려움에 처하는지를 적나라하게 보여주었다.

사건의 발단은 이 회사가 여름 판촉행사로 만든 포스터에서 시작됐다. 포스터에 쓰인 일부 문양이 남자들을 혐오하는 여성주의 단체들의 주장을 그대로 반영한다는 시비가 일었다. 회사의 거듭된 사과와 수정에도 논란은 계속됐다.

남성 편, 여성 편으로 갈린 호사가들이 물 만난 물고기처럼 저마다의 스토리를 쏟아냈고, 정치인과 사회평론가들마저 참전했다. 오직해당 기업만이 어느 쪽에서도 지지를 못 받고 비난만 받은 유일한 패배자가 됐다.

비슷한 사태는 다른 곳에서도 반복됐다. 한 시민단체의 경우 수년 전 다른 여성단체의 행사에 후원자로 이름을 올렸던 것이 뒤늦게 쟁점이 되며 곤욕을 치렀다. 일상적인 주제의 행사였고, 여러 후원기관 중 하나로 참여했음에도 불구하고 네티즌 한 명이 오래된 행사 사진을 극성 커뮤니티에 올리며 여성주의 단체로 낙인찍은 것이 논란의 시작이었다.

논란이 생각보다 커지며 단체의 정체성을 묻는 후원자들의 질문이 시작됐다. 일부는 후원 중단 의사까지 내비쳤다. 이에 놀란 시민단체는 해명하는 글을 해당 포스팅에 덧붙였는데 이게 오히려 더 큰 싸움의 불을 붙이는 계기가 됐다.

기업 입장에서는 해명으로 결론을 지으려 하기보다는 무대응 등으로 논란의 열기 자체를 해소하는 것이 더 현실적인 대응일 수도 있다. 해명이 불을 끄기보다는 오히려 불쏘시개가 되어 논란을 지속시키는 재료로만 쓰이기 쉽기 때문이다.

이성적인 논의와 화해가 이뤄지기 어려운 상황에서는 어떤 대응을 해도 논란만 키우는 결과로 이어지기 쉽다. 사과를 하든 변명을 하든 그 속에 담긴 진심이 전해지기보다는 그들의 애초 주장을 다시 반복하는 계기로만 활용되는 것이다.

상황의 흐름을 외부에서 주도하여 내가 변화를 줄 수 없는 상황이라면, 하고 싶은 말이 있어도 좀 참고 기다리는 전략적 인내가 통제력 유지 방법의 하나일 수 있다.

4장

EXIT STRATEGY

포지션 방정식: 설득력 강화

입장문은 최신 버전의 위기 스토리

위기사건이 발생한 기업이 가장 많이 받는 질문은 "이번 사건에 대한 입장은 무엇인가?"일 것이다. 입장은 위기사건에 대한 기업의 관점과 해결 방향 등을 가장 함축적으로 보여주기 때문이다.

입장은 기업의 위기관리 전체를 통제하는 가이드라인 역할을 하기도 한다. 기업의 말과 행동은 입장의 취지와 범위를 벗어나면 안 되기 때문이다. 알려진 입장과 실제 행동이 일치하지 않는다면 기업은 거짓말을 했다는 더 큰 비난을 받게 될 것이다. 그래서 사건 초기에 위기 커뮤니케이터들이 가장 먼저 하는 일은 기업의 입장을 정리하여 문서화하는 것이다. 본격적인 위기 커뮤니케이션은 입장문을 만드는 것에서부터 시작된다고 볼 수 있다.

입장문은 보통 '~에 대한 OOO의 입장'이라는 제목으로 발표되는 문건으로, 성명서라고도 부른다. 입장문은 대외적으로 발표할지 여부와 상관 없이 위기사건이나 이슈가 발생하면 미리 작성해 놓아야 한다.

입장문은 영어로 '홀딩 스테이트먼트(holding statement)' 또는 '스탠바이 스테이트먼트(stand-by statement)'라고 한다. 언론(press)에 배포한다(release)는 뜻의 '보도자료(press release)'와 대비되는 말로, 필요하면 언제든지 배포할 수 있도록 미리 준비하는 문건임을 강조한 명칭이다.

입장문은 한 번만 쓰는 것이 아니라 사건의 전개에 따라 가장 최신의 정보와 변화된 기업의 입장을 계속 업데이트해야 한다. 결국 입장문은 최신 버전의 위기 스토리인 셈이다. 또한 회사 전체의 입장이 담긴 원안을 기초로 각 부서나 담당자 별로 필요한 사항을 추가하여 활용하기도 한다.

입장문은 핵심적인 내용만 간결하게 담는 것이 요령이다. 그래서 다양한 세부질문에 대응할 수 있도록 '예상 질의응답'이나 주요 쟁점별로 논란을 비교·정리한 '쟁점비교표' 등을 추가로 작성하는 게 보통이다.

효과적인 입장문 쓰기

입장을 개발하는 효과적인 방법은 1부에서 소개한 위기 삼각형을 이용하는 것이다. 위기 삼각형의 세 빗변은 〈그림 2-7〉에서처럼 각각 ① 지금 무슨 일이 벌어지고 있는가?(사건의 의미와 파장) ② 사건에 대한 기업의 입장은 무엇인가?(기업의 책임 여부) ③ 문제 해결을 위해 현재 무엇을 하고 있으며, 앞으로 무엇을 할 것인가?(해결 또는 개선 방향)

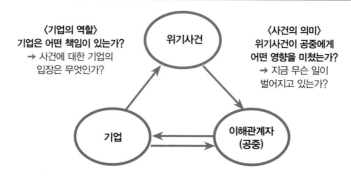

〈그림 2-7〉 입장 수립을 위한 세 가지 질문

〈기업의 역할〉
기업은 어떤 책임이 있는가?
→ 사건에 대한 기업의
입장은 무엇인가?

위기사건

〈사건의 의미〉
위기사건이 공중에게
어떤 영향을 미쳤는가?
→ 지금 무슨 일이
벌어지고 있는가?

기업

이해관계자
(공중)

〈해결 대안〉 위기에 영향받은 공중에게 기업은 어떤 대안을 내놓을 것인가?
→ 문제 해결을 위해 현재 무슨 일을 하고 있으며 앞으로는 무슨 일을 할 것인가?

라는 질문을 던진다. 이에 대한 답변을 작성하여 순서대로 연결하면 완결성 있는 입장문이 완성된다.

첫 번째 질문, "지금 무슨 일이 벌어지고 있는가?"는 사건이 어떤 파장을 일으키고, 무슨 의미를 갖고 있는지에 대한 기업의 인식을 묻는 것이다. 기업이 해당 사건을 외면하지 않고 직시하고 있으며, 피해자들의 고통과 문제의식에 공감하고 있다는 태도를 보여주는 것이 좋다.

다만, 상황을 과장하거나 확정되지 않은 일들을 예단하는 것은 바람직하지 않다. 예를 들어 고위 임원이 배임수재 혐의로 수사를 받는 사건이 일어났다고 한다면 회사가 자체적인 조사를 벌인다 해도 초기에는 상황을 정확히 알기 어렵다. 임원이 어떠한 방법으로 어느 만큼의 뇌물을 받았는지까지는 회사도 경찰이 수사를 끝내야 알게 될 가능성이 높다.

이런 경우에는 "비리 혐의로 직원이 경찰의 수사를 받고 있다"는 사실 확인 정도가 담기면 된다. 추가로 밝혀지는 사실은 입장문을 업데이트할 때 추가하면 된다. 확인되지 않은 가설을 사실인 것처럼 공표하면 향후 이를 바로잡기 힘들뿐더러 관련자들의 명예를 훼손할 위험도 있다. 약간은 보수적으로 쓰는 것이 좋다.

사건의 성격을 나타내는 단어나 기업의 톤앤매너에 대한 표현도 신중해야 한다. 모든 사람이 심각하다고 생각하는데 기업만 별일 아니라는 투의 반응을 보인다면 논란이 일어날 수 있다. 특히 사람의 생명이 걸린 안전사고 등의 문제를 기업이 경시한다는 느낌을 준다면 그 자체가 큰 위기요인이다. 피해자나 공중의 위기인식과 기업의 태도에 너무 괴리가 있을 때는 문제 해결에 상당한 장애가 생길 수 있다.

두 번째, "사건에 대한 기업의 입장은 무엇인가?"는 사고에 대한 기업의 책임 정도에 대한 질문이다. 사건이 일어나는 데 중대한 원인을 제공했는지, 아니면 실수로 그랬는지, 또는 아무 관련도 없는데 엉뚱한 오해를 받고 있는지 책임 정도를 답변한다.

기업의 책임은 위기 커뮤니케이션에서 가장 핵심적인 요소다. 잘못의 크기만큼 비난을 받게 되기 때문이다. 법적·윤리적으로 매우 민감한 문제이기에 회사가 책임을 느끼는 부분은 무엇이고 책임의 범위는 어디까지인지 등이 명확히 정의돼야 한다.

다만, 귀책 사유의 범위를 너무 좁게 해석하는 것은 좋지 않다. 예를 들어 임직원이 하청업체에서 뇌물을 받아 사회적인 비난이 일었다고 하자. 비리를 저지른 임직원이 가장 문제지만 회사 역시 비난에서 자유롭지 않을 가능성이 높다.

회사의 고위층이 개입하여 상납받은 구조적인 문제였을 수도 있고, 해당 직원의 단독범행이라 해도 회사가 비리 예방을 위한 충분한 지휘감독과 주의의무를 다했는지가 계속 논란으로 남을 수 있다. 모든 점에서 면책돼도 어찌됐건 회사에서 비리사건이 일어났다는 도의적인 책임은 남는다. 이런 상황에서 비난을 피하기 위해 섣불리 책임을 줄여서 말하면 책임을 회피하거나 축소한다는 비난의 후폭풍이 생길 수 있다.

세 번째, "문제 해결을 위해 현재 무슨 일을 하고 있으며 앞으로는 무슨 일을 할 것인가?"는 회사가 위기사건으로 인한 피해의 복원을 위한 대응과 계획을 묻는 질문이다. 기업이 책임을 인정했다면 사건의 원인 제공자로서 최선을 다해 피해복구에 나서는 모습을 보이는 것이 좋다.

문제 해결 방향이 지지를 받기 위해서는 합리적이고 일관성이 있어야 한다. 비리 직원이 수사를 받는 경우 회사의 조치는 무대응, 직무정지, 해고 등 다양한 선택지가 있다. 이 중 어느 선택이 대중의 눈높이에 맞고, 법적 · 윤리적 기준에도 부합하는지 고심해야 한다. 범죄가 확정되지 않은 상태에서 해고는 개인의 권리를 침해할 수 있고, 아무 조치도 취하지 않는다면 회사에 윤리의식이 없다는 비난이 쏟아질 것이다.

기업 오너가 사적인 범죄를 저질렀을 때 어떤 회사는 개인의 일이라 기업경영과는 무관하다는 포지션을 취하면서도 뒤로는 오너의 소송비용을 대납하는 경우가 있다. 이 역시 포지션과 실제 행동이 일치하지 않는다는 비판에 직면하게 된다. 어느 정도의 조치를 취하는가는, 보상이 피해에 비하여 충분한 수준인가라는 공정성 이미지와 깊은 관련이 있다.

→ 입장의 핵심은 '책임의 정도'

위기 삼각형의 세 가지 질문을 연결하는 핵심고리는 기업의 책임 정도다. 책임이 클수록 비난도 커지는 데다, 책임이 없다면 사건의 의미나 해결 대안과의 연결점도 사라진다. 기업의 책임은 위기를 일으킨 데서 기인하는 것이지만, 사고의 원인 제공자로서 해결에 대한 책임도 걸려 있다는 점을 유의해야 한다. 위기사건으로 인해 기업이 비난을 받게 될 여지를 '비난 가능성'이라고 부른다. 비난 가능성은 주로 법적·이성적 책임을 묻는 '귀책성'과 도의적·윤리적 책임을 묻는 '타당성'의 두 가지 차원으로 나누어볼 수 있다.

귀책성은 어떻게 판단할까

귀책성은 실질적·법적 책임의 문제다. 횡령, 배임, 공정거래법이나 하도급법 위반, 사기계약 등을 했다면 범죄행위를 저지른 것이다. 기업이 직접 행하지 않았더라도 부실한 관리로 사건이 일어난 원인을 제공했거나 방조한 경우에도 간접적인 책임을 묻게 된다.

기업이 의도적이고 적극적으로 이러한 범죄행위를 했다면 비난의 수위도 당연히 높아질 것이다. 조직의 귀책성이 높을수록 사람들은 더욱 화를 내고 조직이 비난받을 가능성도 높아진다. 귀책성의 크기는 언론의 뉴스 밸류 판단이나 보도 방향 결정에도 큰 영향을 미친다.

기업의 귀책성에 대한 비난의 정도를 파악하는 데 유용한 도구 중의 하나가 미국의 위기관리학자인 티모시 쿰즈(W. Timothy Coombs)와 셰리 할러데이(Sherry J. Holladay)가 개발한 쿰즈-할러데이(Cooms-Halladay) 모델이다.

이 모델은 사건의 주체가 외부인지 내부인지를 횡축으로, 그 일이 의도적이었는지 비의도적이었는지를 종축으로 삼은 매트릭스를 만든 뒤 위기사건을 과실, 공격, 사고, 범죄의 네 개 유형으로 분류한 것이다. 예를 들어 금융회사에서 보유한 고객의 개인정보가 유출되어 온라인에서 거래되는 사고가 일어났다고 가정해 보자. 내부 직원이

〈그림 2-8〉 쿰즈-할러데이 모델

	비의도적	의도적
외부	과실 (Faux pas)	공격 (Terrorism)
내부	사고 (Accidents)	범죄 (Transgression)

비난 증가

데이터가 담긴 USB를 갖고 다니다 실수로 잃어버린 것을 누군가 우연히 주워서 팔아넘긴 경우는 '사고'가 일어난 것이다. 내부 직원에 의해 의도 없이 일어난 일이기 때문이다.

서버 보안을 담당하는 외부 협력사 직원이 USB에 백업해 놓은 데이터를 실수로 잃어버린 것이 원인이라면 '과실'에 속한다. 사건의 피해가 경미하다는 것이 아니라 금융회사의 입장에서는 자신이 주도적으로 저지른 잘못이 아니라는 뜻이다. 물론 이 경우에도 외부 협력사를 제대로 관리하지 못한 책임은 분명히 남는다.

반면 내부 직원이 돈을 벌려는 목적을 갖고, 자신이 나쁜 짓을 하는 것을 알면서도 USB를 팔아버렸다면 이는 '범죄'에 해당한다. 내부인이 의도적으로 벌인 범죄행위인 것이다.

만약 전문 해커들이 서버를 공격해서 데이터를 빼간 것이라면 양상이 다르다. 금융회사가 외부인에게 '공격'을 받은 상황이다. 물론 여기서도 보안 대비를 충실히 했는지 등 관리의 책임은 남지만 기업에 대한 책임 추궁은 상대적으로 약해진다.

쿰즈-할러데이 모델은 위기의 유형화를 통해 어떠한 속성이 기업의 귀책성을 강하게 만들고, 그에 따라 부정적 여론이 높아지는지를 보여주고 있다. 기업이 내부에서 의도적으로 벌인 사건, 즉 범죄행위에 가까울수록 비난이 높아지는데 이는 모델 자체가 법률적인 개념을 많이 차용한 것이어서 당연한 귀결이기도 하다.

쿰즈-할러데이 모델은 위기사건의 속성에 대해 점검하고 그에 따라 기업의 책임을 판단하는 데 도움을 준다. 여기서 한발 더 나아가 비난을 좀 더 줄일 수 있도록 기업이 포지션을 조정할 수도 있음을 시사한다.

포지션의 이동, 가해자에서 피해자로?

인천테크의 경우를 다시 살펴보자. 개인정보의 유출이 내부인의 범죄행위로 드러난다면 기업의 입장에서는 입이 열 개라도 할 말이 없어진다. 무조건 잘못했다고 납작 엎드려 용서를 구하는 수밖에 없다. 그러나 외부 해커의 침입에 의한 것이라면 상황이 달라진다. 개인정보가 유출되어 소비자들에게 피해를 끼쳤다는 결과는 변함이 없지만, 다른 관점에서는 기업도 외부 범죄자의 '공격'을 받은 피해자 중의 하나인 셈이다.

　여기서 기업이 용서를 받을 수 있는 실마리가 생긴다. 인천테크는 위기 커뮤니케이션 내내 회사도 피해자임을 집중적으로 강조했다. 그 결과 인천테크는 집단소송에서 배상책임을 면제받는데, 판결 요지를 보면 기업이 상식적인 보안 노력을 했지만 해커들의 기술이 뛰어나 생긴 사고이기에 선량한 관리자로서의 책임을 묻기 어렵다는 것이다. 법원도 기업 역시 피해자의 측면이 있다는 점을 인정한 셈이다.

　인천테크의 메시지 전략은 결국 회사의 귀책성 포지션을 '범죄'에서 '공격'으로 이동시키는 것이었고 성공적인 결과를 얻었다. 이 회사처럼 사실관계를 왜곡하지 않는 범위 내에서 비난을 약화시키는 쪽으로 포지션을 이동시키는 메시지를 개발할 수 있다면 위기 커뮤니케이션 전략에 큰 도움이 될 것이다. 물론 여기에는 대중이 납득할 수 있는 수준의 조정이어야 한다는 전제가 있다. 만일 사실 자체를 왜곡하거나 거짓말을 한다면 엄청난 후폭풍에 직면하게 될 것이다.

비슷한 사례는 과거 횡령이나 조세포탈 등의 혐의로 검찰에 출두하던 재벌 총수들에게서도 찾아볼 수 있다. 포토라인 앞에서 "이번 혐의에 대해 어떤 입장이십니까?"라는 기자들의 질문에 이들이 자주 하던 대답은 "나도 잘 몰라요. 나도 집사에게 당한 거예요"였다. 즉 자신도 피해자라는 주장이다.

자신의 범죄가 아니라 외부인(부하)의 착복 욕심 또는 실수로 인해 일어난 일이라며, 비난이 좀 더 약해지는 '공격'이나 '과실'의 포지션으로 책임을 슬쩍 밀어버리려는 것이다. 건설현장의 붕괴사고나 산업재해 사고에서 외주업체가 실수로 사고를 일으켰다며 꼬리를 자르려는 주장이 많은 것도 유사한 의도를 갖고 있다고 볼 수 있다.

윤리적 비난이 더 아플 수 있다

귀책성이 법적인 책임과 밀접한 관계를 갖는다면, 타당성은 윤리적·사회적 관점에서 기업의 행동이 올바른 것인가를 묻는 것이다. 한 마디로 "법적인 문제는 없을지라도 사회적으로 용인될 수 있는가?"라는 질문에 당당하게 대답할 수 있는지가 관건이다.

기업의 위기에서는 타당성 영역에서 문제가 벌어지는 경우가 많다. 기업 입장에서는 억울한 측면이 있을 수 있겠지만, 여론의 법정에서는 유죄 판결이 자주 내려지는 영역이다.

대표적인 사례가 BP의 전 CEO 토니 헤이워드(Tony Hayward)다. 그는 인류 역사상 최악의 환경오염으로 비난받았던 원유 유출 사고 도중에 아들과 함께 요트경기를 관람하러 갔다가 전 세계적인 비난에 부딪히게 된다. 모두가 사고를 복구하는 데 땀 흘리고 있을 때 한가로이 요트경기를 관람하던 그의 모습이 파파라치에게 찍힌 것이다. 개인의 사생활에는 비교적 관대한 서양인들 사이에서도 비난 여론이 불같이 일어났다. 결국 헤이워드는 CEO를 사임해야 했고, BP 역시 추락하는 기업 이미지에 곤욕을 치러야 했다.

헤이워드로서는 사고 직후 사우디아라비아의 석유회사 사우디아람코를 찾아가 긴급자금을 융통하는 등 나름대로 열심히 수습활동을 했기에 억울한 마음이 들 수도 있었다. 실제로 인터뷰에서 요트경기 관람은 개인생활의 영역이며, CEO가 일정한 휴식을 취하며 사고수습을 위한 체력을 충전하는 것은 위기관리에서 상식이라고 주장하기도 했다. 그러나 사람들의 생각은 달랐다. 이성적으로 보면 잘못을 따지기 어려울지라도 멕시코만 일대가 원유로 덮이고 모두가 방재작업에 구슬땀을 흘리고 있는 상황에서 요트경기 관람은 부적절한 행위라는 것이다.

사회단체나 비영리기관에서도 종종 일어나는 기금유용 논란도 타당성 문제와 관련이 깊다. 보통 "정말 유용이라고 할 수 있을지 불명확하다", "일정한 범위 내에서 기부금을 운영비로 쓸 수 있는데 일반인의 오해가 많다"는 등의 변명이 이어진다. "평소 공공선을 위해 박

봉을 견디며 봉사해 왔는데, 이렇게 비난을 받으니 허탈하다"는 직원들의 의견에도 어느 정도 공감이 가나 비영리기관일수록 타당성 문제에 더욱 엄격해야 한다는 점을 지적할 수밖에 없다.

비영리기관이나 공기업의 존립 근거는 공공적인 활동 목적에 대해 우리 사회가 부여해 준 믿음이다. 조그마한 부정행위라도 믿음에 대한 배신으로 여겨져 비난이 쏟아지기에 NPO로서는 항상 조직의 행동이 타당한가를 반문할 수밖에 없다.

파주공사(가칭)의 경우 부서장이 퇴임 후 거래업체의 사장으로 이동하며 다수의 건설계약을 맺었다가 언론으로부터 거센 비난을 받았다. 언론은 "재임 시 맺었던 계약도 퇴임 후 자리를 만들기 위한 수순이었다"며 유착 의혹을 강하게 제기했다.

일견 제기할 수도 있는 지적이지만 해당 업체는 규모가 작아 이직 제한 등의 법적 규정에 저촉되지 않았고, 해당 분야에서 전문성을 인정받는 곳이어서 반론도 만만찮았다. 규정을 어기지 않은 이직은 직업 선택의 자유이며, 퇴임한 전관이 있는 업체라고 해서 적격한 업체의 참여를 제한한다면 부당하게 불이익을 주는 것이라는 게 파주공사의 항변이었다. 그러나 "퇴임 후 곧바로 거래업체로 이동하는 것이 적절한가?"에 대해서는 자신 있는 답변을 내놓지 못했다.

타당성은 이처럼 귀책성의 범위를 넘어서 윤리적 책임과 사회적 관계를 생각하는 개념이다. 그래서 기업시민을 지향하는 기업이라면, 또한 사회적 가치가 충돌하는 이슈에 휘말려 있는 기업이라면 더더욱 타당성에 대해 진지하게 생각해 봐야 한다.

→ 포지션 방정식 풀기

위기사건에 대한 기업의 입장은 위기 삼각형의 세 빗변이 묻는 세 가지 질문에 대한 답변으로 구성된다고 했다. 각각의 질문에 적합한 답을 선택하여 전체적으로 하나의 완성된 입장을 만들 수 있도록 구성한 것이 '포지션 방정식'이다(〈그림 2-9〉). 일차방정식이 X와 Y 값의 관계를 통해 Z값을 찾듯이 사건의 의미(X)와 기업의 책임(Y)의 관계를 통해 해결 방향(Z)을 도출하는 형식이다.

우선, 기업의 입장을 어떻게 설정해야 할까. 방정식을 풀기 위해서는 먼저 각각의 질문에 대한 값(대답)을 선택해야 한다. 선택된 값들은 위기사건에 대한 기업의 인식과 대응전략을 나타낸다.

각 질문마다 다양한 선택지가 있지만 가장 최선은 ① 사실관계에 부합하고 ② 자사의 입장을 잘 대변하면서도 ③ 대중의 공감과 지지를 얻을 수 있는 것들을 선택하는 것이다.

〈표 2-2〉를 보자. '사건의 의미'는 사건으로 인해 유무형의 피해가 있는지, 누가 피해자인지 등에 대한 기업의 인식을 나타내는 영역이

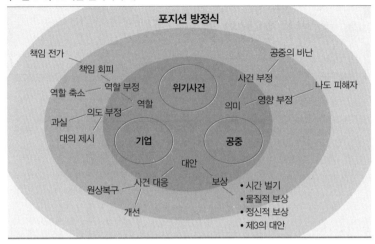

〈그림 2-9〉 포지션 선택지의 예

다. '피해 인정'은 사건으로 인해 피해자가 발생했다는 점을 순순히 인정하는 것이다. 사건이 일어나서 피해자가 발생했고, 그들의 고통에 충분한 공감을 표현한다면 가장 전향적인 입장을 선택한 것이다.

반면 위기사건 자체를 부정할 수도 있다. 사건 자체를 부정하거나, 사건 발생은 인정하더라도 그로 인한 영향이 크지 않았다고 부정하는 '영향 축소'를 선택할 수도 있다. 폭행사고에서 때리기는 했지만 몇 개월씩이나 입원할 정도로 펀치가 세지는 않았고, 반창고나 붙이면 나을 정도라고 말하는 식이다.

'피해 부정'은 위기사건의 존재 자체를 부정하는 것이다. 처음부터 위기사건 전체 또는 일부의 요소가 없었다고 주장하는 것이다. 이런 경우는 한발 더 나아가 사건이 있지도 않은데 마치 있는 것처럼 대중을 오도하고 있다고 특정인이나 그룹을 거꾸로 공격하는 것으로 연

〈표 2-2〉 영역별 선택지 예시

영역	입장	범위	내용	추가 요소
사건의 의미 (사건-공중)	피해 인정	전면 인정	피해자 및 피해 발생 인정	
	영향 축소	축소 인정	피해는 인정하나 규모가 알려진 것보다 적음	
	피해 부정	전면 부정	피해 및 피해자 발생 부정	음모론
기업의 역할 (기업-사건)	행위 인정	전면 인정	임의 인정	
		축소 인정	역할은 작았다	
	의도 부정	전면 부정	의도 없이 일어난 해프닝	
		일부 부정	기획했지만 다른 의도(공익이나 대의)	
	행위 부정	전면 부정	우리가 한 일이 아니다	책임 전가
해결 대안 (기업-공중)	범위	원상회복	원상태로 복구	
		추가 보상	물질적 · 정신적 보상 추가	
		제3의 대안		
	시간	당장	곧바로 개선 착수	
		유예	시간 벌기 예) 수습 후 개시	
	대안 부정			

결되기도 한다. 이른바 '메신저 공격'의 형태로 피해를 주장하는 세력이 나쁜 의도를 갖고 음해를 하거나 루머를 만든다고 주장한다.

'기업의 역할'은 위기사건의 발생과 전개에 기업이 어떠한 역할을 했느냐에 대한 인식을 표현하는 영역이다. 여기서는 원인을 제공한 행위와 의도가 중요한 변수가 된다.

'행위 부정'은 기업의 책임을 전면적으로 부정하는 것이다. 개입 자체를 아예 부정하는 것으로 가장 강력하지만 사실이 아닐 경우 후폭풍도 거세진다. 경우에 따라 회피하는 수준에서 더 나아가 제3자가 위기사건의 원인이라고 책임을 전가하기도 한다.

책임을 인정하더라도 일부분만 인정하는 '축소 인정'의 입장을 선택할 수도 있다. 또는 법적인 책임은 부정하고 도덕적·윤리적 책임만을 인정하는 선택지도 있다.

'의도 부정'은 위기사건의 발생 원인이 됐다는 역할은 인정하더라도 원래 나쁜 의도는 없었다는 점을 강조하는 전략이다. 세부적으로는 의도가 전혀 없었는데 실수로 일어났다는 입장과 공익과 대의 등 좋은 의도를 가지고 있었는데 중간에 다른 요인에 의해 변질됐다는 입장으로 나눌 수 있다.

'해결 대안'은 원인 제공자로서 보상 등의 문제를 어떻게 해결할지에 대한 입장을 선택하는 영역이다. 잘못된 부분을 찾아 고치고, 피해를 입은 공중과의 관계를 개선하겠다는 점에서 치유와 화해의 영역이라고도 할 수 있다.

대안의 실행에서는 크게 '범위'와 '시기'의 선택이 남는다. 범위의 경우 원상회복 정도에 머무를 것인지, 추가 보상까지 할 것인지, 아니면 제3의 대안을 찾을 것인지를 결정해야 한다. 금전적 보상이라면 직간접적 손해와 일실이익 등 피해자의 실질적 손해 범위까지만 지급할 것인지, 여기에 위로금을 추가할 것인지 결정하는 것과 비슷하다.

보상을 지금 당장 시작할 것인지, 아니면 사태의 추이를 좀 더 지켜보고 난 뒤 할 것인지 시간도 결정해야 한다. 보통은 위기사건이 진행되면서 추가 피해가 발생하는 등 손해 범위가 유동적이거나, 기업의 책임소재가 확정되지 않는 경우가 많으므로 "어느 정도 사태가 수

습된 후 보상 절차를 시작하겠다"고 이야기하는 경우가 많다. 물론 아무런 보상이나 해결책을 내놓지 않겠다고 하는 것도 선택할 수는 있다. 다만, 이러한 포지션이 가져올 추가적 비난은 온전히 감내하겠다는 각오가 있어야 한다.

선택지 조합으로 포지션 정하기

각 질문에 대한 답변을 선택했으면 이를 순서대로 배치하여 위기사건에 대한 기업의 통합적인 입장(포지션)을 정한다. 이들 세 개 선택지를 하나로 연결했을 때 자연스러운 흐름이 만들어지는 것이 중요하다. 세 개의 답변은 서로 인과관계로 묶인 것들이기에 뒤의 선택이 앞의 선택 방향과 어긋나면 어색해진다. 연결된 맥락이 이상하다면 선택지 간에 논리적·상식적 충돌이 있다는 뜻이므로 정확한 입장이 맞는지 다시 검토하는 것이 좋다.

1부에서 소개했던 서울실업 김철수 상무 폭행사건의 경우를 보자. 서울실업은 대응전략에 따라 〈표 2-3〉과 같은 세 가지 스토리(입장문)를 만들 수 있다.

잘못이 없다고 주장하는 잡아떼기 전략의 경우 "기업의 경영과정에서 발생한 작은 해프닝이기에(기업의 역할) 영업부장이나 대리점주나 특별히 피해자라고 할 것도 없고(사건의 의미), 그래서 특별히 사과할 정도는 아니다(해결 대안)"라는 스토리다.

사과를 통한 정면돌파 전략은 "기업이 잘못하여(기업의 역할) 피해자

〈표 2-3〉 세 가지 종류의 입장문

전략 방향	사건의 의미	기업의 역할	해결 대안
정면돌파 전략	피해자의 몸과 마음에 상처를 준 일	자사 경영진의 잘못	사과와 보상을 통해 피해자들을 위로할 것
잡아떼기 전략	경영지도 과정에서 발생할 수 있는 (과도한) 마찰	(때린 것은 잘못했지만) 경영상 발생할 수 있는 해프닝	상황에는 유감이지만, 당사자와 화해하고 끝낼 것
꼬리 자르기 전략	피해자의 몸과 마음에 상처를 준 폭행사건	김철수 상무의 개인적인 일탈(서울실업의 역할, 즉 잘못은 없음)	김 상무가 개인적으로 해결해야 할 일

들에게 몸과 마음의 상처를 주었고(사건의 의미) 그래서 사과와 보상을 통해 그들을 위로하려고 한다(해결 대안)"는 스토리가 전제돼야 가능하다.

김 상무와 회사를 분리하는 꼬리 자르기 전략은 "잘못한 사람은 김철수 상무이지 회사는 아무런 짓도 하지 않았으며(기업의 역할) 피해자들에게 몸과 마음의 상처를 주었고(사건의 의미) 문제 해결은 김철수 상무의 책임이지만 회사는 도의적인 책임감을 느끼고 그들을 위로하고 싶다(해결 대안)"는 스토리인 셈이다.

물론 정면돌파와 잡아떼기 전략은 어느 정도 선택지가 교차되어 택해질 수 있다. 경영지도 과정에서 발생할 수도 있는 마찰(잡아떼기)이지만 자사 경영진의 잘못(정면돌파)이라고 할 수 있다. 그래서 해결 대안으로 보상을 선택할 수도 있고, 그 정도까지는 아니고 유감 표명과 화해 시도 정도를 해볼 수 있다. 이 조합은 연결이 무난하다. 다만 위기사건에 대응하는 기업의 태도에 강약의 변화를 준 것이다.

반면 '사건의 의미'에서는 경영지도 과정에서 발생할 수 있는 마찰로 선택하고, '해결 대안'에서는 김철수 상무 개인이 해결할 일이라고 선택한다면, 이 조합은 연결이 잘 안 된다. 사고는 공적 영역에서 일어났다면서 해결은 사적 영역에서 하라는 논리여서 설득이 안 되기 때문이다.

부산화학의 먹튀사건도 회사가 어떤 입장을 취하느냐에 따라 〈표 2-4〉와 같은 입장문이 만들어진다.

투자자들의 저항을 정면으로 돌파하겠다고 하면 사건의 의미는 '회사의 미래를 위한 과감한 투자'여야 하고 그 과정에서 기업이 충분히 리스크를 검토했기에 끝까지 밀어붙여 관철할 것이라는 입장이 정리됐다. 수정·개선 전략이라면 리스크의 존재와 지나치게 서둘렀음을 인정하고 전면적인 보완을 선언하는 것이 자연스러운 연결이다.

2부에서 소개했던 인천테크의 경우도 〈표 2-5〉와 같은 두 가지 입

〈표 2-4〉 부산화학의 선택지

전략 방향	사건의 의미	기업의 역할	해결 대안
정면돌파 전략	회사의 미래를 위한 과감한 투자	리스크를 감내한 고뇌 어린 투자	끝까지 밀어붙여 관철할 것
수정·개선 전략	미래를 위한 투자라고 해도 너무 많은 리스크에 노출	지나치게 서두른 실수를 인정	전면적으로 보완하여 안전성을 높일 것

장의 조합이 치열하게 부딪히는 셈이다.

인천테크는 '공격' 포지션을 주장했지만, 소송카페의 참가자들은 '범죄' 포지션의 스토리를 법원이나 언론, 국민들에게 납득시키기 위해 치열한 경쟁을 벌였다.

기업은 사건에 대한 인식과 대응 전략에 따라 선택지를 조합하여 위기 스토리를 만든다. 그렇게 선택된 스토리에 맞춰 위기 커뮤니케이션 활동을 진행하기 때문에 스토리의 선택은 곧 위기 대응 전략의 선택을 의미한다.

기업이 제시한 스토리에 대중이 공감한다면 위기사건은 해소 단계에 들어갈 것이다. 그러나 기업의 스토리를 받아들일 수 없다면 대중은 자신이 생각하는 위기 스토리를 내세우며 반박할 것이고, 스토리 간의 경쟁이 치열해질수록 갈등도 증폭될 것이다.

그렇다면 처음부터 타깃 공중에게 설득력이 높은 입장의 조합을 선택하는 것이 현명하다. 위기 커뮤니케이션은 본질적으로 공감과

〈표 2-5〉 인천테크의 선택지

전략 방향	사건의 의미	기업의 역할	해결 대안
공격	개인정보 유출 사고	해커가 너무 뛰어나 기업도 피해자	손해배상 책임은 없지만 2차 피해 방지 등에 최선을 대할 것
범죄	개인정보 유출 사고	무책임한 관리 소홀로 사고 발생 방치	전면적인 보상을 실시

책임인식을 통해 공중과의 관계를 개선해 나가는 활동이다. 따라서 위기 커뮤니케이션이 지향하는 화해와 혁신의 영역에서 추려낸 선택지들이 가장 안전한 선택일 가능성이 높다.

→ 입장문 작성 시 유의사항

"말 한 마디에 천 냥 빚을 갚는다"는 속담이 있다. 그만큼 언어의 힘이 크다는 뜻인데, 반대로 잘못된 말 한 마디는 엄청난 부담으로 돌아오기 쉽다는 이야기이기도 하다.

진솔하고 설득력 있는 입장문은 대중의 공감과 지지를 이끌어내어 위기사건의 종료를 촉진한다. 그러나 다른 사람에게 잘못을 돌리거나, 거짓말을 하거나, 본질에서 벗어난 궤변을 늘어놓는 입장문은 오히려 대중을 분노하게 만들어 필요 없는 후폭풍을 만들어내기도 한다. 입장문을 개발할 때 전형적으로 일어나는 오류들이 있다.

거짓말 금지, 솔직하게 쓴다

위기사건에서 긍정적인 측면을 찾아내 포지션을 옮겨주는 것과 거짓말은 완전히 다른 문제다. 사실관계를 왜곡하지 않는 범위 내에서 긍정적 해석은 권장되지만 사실 자체를 오도하는 거짓말은 금물이다.

거짓말은 거짓말을 부른다. 네티즌 수사대가 활약하는 소셜미디어 시대에는 거짓말이 버틸 자리가 더욱 없어졌다. 작은 거짓말이 커져 대형 위기상황으로 확산되는 사례도 자주 있다.

기업이나 건물의 경비를 대신 해주는 제천보안(가칭)의 사례가 거짓말이 계속 거짓말을 부른 경우다. 제천보안의 서비스를 받는 기업에서 도둑을 맞는 사건이 발생했다. 처음엔 외부에서 절도범이 들어온 것으로 생각했으나 결국 제천보안 직원이 범인인 것으로 밝혀졌다.

흔한 절도범이 아니라 경비원이 물건을 훔쳤다는 아이러니는 언론의 호기심을 자극했다. 쏟아지는 기사에 놀란 제천보안은 처음엔 "예전에 근무한 적은 있지만 이미 퇴직한 직원이다"라고 둘러댔다. 그러나 거짓말은 오래가지 않았다. 범행 당시에도 회사에 적을 둔 정식 직원이었다는 사실이 쉽게 드러났고 제천보안은 더욱 궁지에 몰렸다. 결국 사건은 CEO가 모든 책임을 지고 사임하는 것으로 끝났다.

엉뚱한 말 금지, 사건의 핵심에 집중한다

위기사건의 핵심에 집중하지 않고 엉뚱한 이슈를 제기하거나 겉만 핥는 듯한 입장문은 거짓말 못지않게 반감을 불러일으킨다. 문제의 핵심에 정면으로 부닥치는 용기가 위기를 빠르게 수습하며, 나아가 혁신을 통해 위기를 기회로 만드는 힘이 된다.

의료기기 전문회사인 수원건강(가칭)은 식품의약품안전처로부터 제품의 시험방법을 변경할 때 사전에 허가를 받지 않았다는 이유로 영업정지 처분을 받자 다음과 같은 입장문을 내놓았다.

"당사가 OO제품에 적용한 시험방법은 식품의약품안전처가 가이드라인에서 제시한 방법과 동등 이상의 시험입니다. 당사는 내부적으로 엄격한 품질관리 기준에 의한 제품 개발 및 출시를 원칙으로 하고 있습니다."

새로운 시험방법이 정부의 가이드라인보다 훨씬 좋은 것이고, 회사는 소비자의 건강을 최우선으로 생각하며 품질관리를 엄격히 하고 있다고 하니 아무 문제도 없어 보인다. 그러나 핵심은 새로운 시험방법이 기준 미달이라는 것이 아니라 시험방법을 변경하면서 왜 사전에 허가를 받지 않았느냐다. 사람들은 수원건강이 왜 변경허가를 안 받았는지, 이제라도 변경허가를 받을 것인지가 궁금한데 입장문에는 그에 대한 해명이 없다. 그래서 질문을 듣지 않고 엉뚱한 이야기만 한다는 느낌을 준다.

다국적 화학업체인 파리화학(가칭)은 몇 년 전 지방 공장에서 환경오염 사고를 일으켰다. 슬러지에 담긴 폐수를 비 오는 날 밤 몰래 바다에 흘려보낸 것이다. 이 과정에서 법적 허용치보다 많은 양의 구리와 질산염 등이 폐수에 섞여서 배출됐다. 검찰의 조사가 시작되자 회사는 "질소는 바닷속 미생물에게 필수적인 영양소이기에 배출된 질산염은 해초를 더 잘 자라게 할 뿐입니다"라고 입장을 발표했다.

회사에서 방출된 오염물질의 피해가 그리 크지 않음을 강조하려는 의도였겠지만 이 말은 인근 어민들의 분노를 일으켰다. 공장장이 구속되는 대형 사건인데도 전혀 잘못을 인지하지 못한다는 주민들의 항의에도 이 회사는 전혀 대답하지 못했다.

과도한 약속 금지, 현재 할 수 있는 대답에 집중한다

기업의 결백이나 해결의지를 지나치게 강조하다 보면 오히려 사고가
생기는 경우가 많다. 현재 기업이 할 수 있는 대답에만 집중하는 것이
좋다. 특히 사고 초기에 사태 파악이 어려운 상황이라면 "회사도 현
재 조사 중이다. 추가 정보가 나오는 대로 알려주겠다" 정도면 충분
하다. 이게 회사의 상태를 가장 솔직하게 표현한 것이며 가장 안전한
답변이기도 하다.

비슷한 맥락으로 지키지 못할 보상 약속이나 해결 대안은 섣부르
게 제시하지 않는 것이 좋다. 대형 전산사고로 홍역을 치른 경주은행
(가칭)은 CEO가 직접 나서서 대국민 사과를 하며 "2~3일 내로 무조
건 시스템을 고쳐 소비자 불편을 최소화하겠다"고 약속했다. 그러나
시스템은 약속된 날짜를 한참 넘겨서도 고치지 못했고 은행의 신뢰
도는 더욱 추락했다.

당장의 비난을 모면하기 위해 내놓는 과도한 약속은 바람직하지
않다. 약속을 지키지 못할 경우 평판의 훼손은 물론 법적 · 윤리적 책
임 등 또 다른 이슈를 만들어내기 쉽다.

쓸데없는 말 금지, 추가 이슈를 만들지 않는다

자사의 잘못이나 책임을 완화하기 위해 엉뚱한 핑계를 대거나 경쟁사, 정부 규제 등에 책임을 전가하는 경우가 있다. 명확한 근거를 제시하지 못하면 문제 해결보다는 불필요한 추가 이슈를 만들어 사태를 악화시킨다.

다국적 식품업체인 뉴욕푸드(가칭)는 수년 전 소비자단체의 공격을 받았다. 제품을 무작위 추출하여 대학 연구소에 검사를 의뢰한 결과 건강에 유해한 성분이 검출됐다는 것이다. 뉴욕푸드는 즉각 소비자단체의 시험이 엉터리라며 강력하게 반박했다. 입장문을 통해 "이번 시험 결과는 표본 숫자가 작고 시험방법도 과학적 근거가 부족해 인정할 수 없습니다. 언론에서도 이처럼 비과학적인 실험 결과는 보도를 자제하여 소비자가 현혹되는 일이 없기를 바랍니다"라고 규탄했다.

식품이나 생활용품 업체에서 자주 등장하는 위기 유형인데, 실제로 이러한 검사방법은 시료의 수집 방법이나 운반과정에서의 밀봉 상태, 샘플의 통계적 유의미성 등 다양한 논란이 뒤따른다. 그러니 시험방법의 문제를 지적한 뉴욕푸드의 입장은 이해가 간다. 문제는 반격의 대상을 언론 전체로 확대한 것이다. 졸지에 "제대로 기사를 쓰라"는 훈수를 당한 언론사들은 발끈했다. 보도는 언론의 소명인데 뉴욕푸드가 무슨 권리로 편집권을 침해하느냐며 가십기사를 쏟아냈다. 공연히 비난 들을 일만 더 만든 셈이다.

여러 가지 부정적인 사건들을 일으켜 사회적 질타를 받았던 대전

식품(가칭)은 그동안의 잘못을 반성하는 사과광고를 했다가 같은 업종의 회사들에게 거센 항의를 받았다. "먼저 매를 맞은 만큼 먼저 바꿀 수 있었습니다"라는 카피가 문제였다. 기업의 체질과 관행을 바꾸겠다는 각오에 제3자가 간섭할 이유는 없다. 하지만 다른 회사들은 "먼저 매를 맞았다"는 말을 "나만 재수 없어서 먼저 비난받았지, 너희들도 똑같이 더러운 놈들이야"라며 자신들을 비난하는 말로 해석했다.

나만의 관점 금지, 전체 공중의 관점에서 바라본다

기업이 입장을 발표하는 이유는 위기사건에 대해 해명하고 해결 방향에 대해서 지지와 공감을 받기 위해서이다. 이러한 목적을 달성하려면 먼저 상대방의 관점을 이해해야 한다. 그리고 그들의 관점에서 자신의 입장을 되돌아보아야 한다. 아무리 좋은 내용일지라도 상대방이 거부하면 의미가 반감된다. 그렇다고 상대방의 관점을 지나치게 감안하면 내가 하고 싶은 말을 못하게 된다.

전체 공중의 관점에서 기업의 입장이 이야기돼야 한다는 말은 공중과 기업이 서로 상대방의 입장을 이해하고 조화를 이룬다는 의미다. 커뮤니케이션에서의 최적점은 어느 일방이 압도적으로 이기는 것이 아니라 서로가 이해하는 소통이 이뤄졌을 때 생긴다. 서로 간의 입장이 조화를 이룰 때 스토리의 경쟁이 끝나고 위기 커뮤니케이션도 종료된다.

→ 사과가 받아들여지려면

위기 커뮤니케이션에서 사과는 비난을 신속히 끝낼 수 있는 강력한 포지션 중의 하나다. 사과는 피해자의 고통에 공감하고(사건의 의미), 원인을 제공한 기업의 잘못을 인정하며(기업의 역할), 그래서 잘못된 상황을 개선하고 앞으로는 잘하겠다는 약속(해결 대안)을 담고 있다. 무엇보다 위기사건으로 훼손된 피해자와의 관계를 회복하겠다는 의지의 표현이기에 피해자에게도 기업을 용서할 수 있는 계기를 마련해 준다.

그러나 기업이 사과를 선택하기는 쉽지 않다. 사과를 한다고 해서 기대처럼 위기가 끝날지, 자칫 기업 이미지에 부정적인 영향만 남기지는 않을지, 임직원의 사기가 저하되지 않을지, 무엇보다 잘못을 공식적으로 인정하는 만큼 향후 피해자 보상과 법적인 책임 문제가 불거지는 것은 아닌지 걱정하지 않을 수 없다.

그럼에도 불구하고 사과를 하기로 어려운 결정을 내렸지만 "당장의 위기를 모면하기 위해 거짓말 쇼를 하고 있구나"라는 의심만 부추겨 더 많은 비난을 초래하는 경우가 흔하다. 사과의 이유와 형식에 진정성이 없고, 상대방이 사과를 느낄 수 있는 맥락과 환경 조성을 등한시하는 경우가 많기 때문이다.

왜 사과하는지가 명확해야 한다

사과를 할 때 가장 중요한 것은 왜 사과를 하는지가 명확해야 한다는 점이다. 사과 메시지 안에 누가 누구에게 무엇을 잘못했다고 말하는 지가 분명히 포함돼 있어야 한다. 그렇지 않을 경우에는 "자기가 왜 사과하는지도 모르는구나"라는 핀잔만 듣게 된다.

잘못된 사과는 기업이 당면한 이슈의 성격을 엉뚱한 방향으로 비틀기도 한다. 잘못을 반복하지 않기 위해 어떠어떠한 것을 개선해야 한다는 기업의 문제의식을 왜곡시키기 때문이다.

광고회사는 종종 CF모델에 대한 조사를 한다. 큰돈을 들여 광고를 제작했는데 갑자기 구설수가 생겨 도중에 광고를 못하게 되면 골치가 아파지기 때문이다. 유명 광고대행사 안동기획(가칭)도 연예인들에 대한 뒷조사를 했다가 홍역을 치렀다. 연예인 조사 리포트가 외부로 유출되면서 큰 파문이 일었기 때문이다. 리포트에는 모델로서의 가치 평가 외에 사생활과 관련된 내용들도 담겨 해당 연예인들의 인권을 침해했다는 거센 비판을 받았다. 결국 조사를 시행했던 조사회사가 문을 닫고, 광고회사의 CEO는 책임을 지고 사퇴했다.

그렇다면 이 회사의 잘못은 ① 광고모델 후보들에 대한 조사 자체가 문제일까. 아니면 ② 인권을 보호할 수 있도록 조사 대상자를 꼭 필요한 연예인들로만 한정하고, 사전에 대상자의 허락을 얻으며, 조사 내용의 범위도 제한하는 등 조사 방식과 범위의 문제일까. 혹은 ③ 조사와는 별개로 중요한 문건이 비밀유지가 되지 못하고 허술하게 유출됐던 보안 시스템의 문제일까. 문제의 핵심을 무엇으로 보느냐에 따라 이 회사의 혁신 방향이 결정될 것이다.

사과의 동작은 크고 분명해야 한다

이왕 사과를 할 때는 사과를 받을 이들이 "저 사람이 사과를 하고 있구나"라고 명확하게 볼 수 있도록 크고 분명한 동작으로 하는 것이 좋다. 사과를 발표하는 주체도 권한이 큰 사람이 해야 눈에 잘 띈다. 실무자보다는 임원이, 임원보다는 CEO가 나설 때 주목도가 높아지고 사과에 대한 의지도 확실해 보이기 마련이다.

사과의 표현도 크고 명료하게 하는 것이 잘 들린다. 사과를 하는 것인지 변명을 하는 것인지 애매한 표현을 쓰면 들리지 않는다. 사과를 하는 모습도 숨기는 것 없이 허심탄회하게 잘 드러내야 이를 보아야 할 사람들이 볼 수 있다. 타깃이 볼 수 있는 시간에 볼 수 있는 채널을 통해 사과 메시지를 전달해야 한다.

신문 위주로 뉴스가 유통되던 시절에는 금요일 오후 4시에 갑자기 사과 기자회견을 하는 기업들이 있었다. 신문의 제작 시스템상 금요일 오후 4시는 기사를 쓰더라도 실제로 지면에 반영되기는 힘든 시간이기 때문이다. 요식행위로 사과라는 것을 했지만 이를 밝히고 싶지 않았던 것이다.

사과문을 발표한 이후 질의응답 시간을 갖지 않는 경우도 그리 시원하지는 않다. 세부적인 질문에 대답할 수 있는 준비까지는 못했거나, 더 이상 밝히고 싶지 않은 것들이 있기 때문일 텐데 무슨 이유에서든지 진정성이 부족하다는 인상을 남긴다.

5장

EXIT
STRATEGY

출구전략: 경쟁우위 확보

→ 어떻게 출구를 만들 것인가

안전사고, 환경오염, 오너의 갑질, 불량식품에 의한 식중독 사고, 전산망 고장 등 기업에서 일어나는 상당수 위기사건들은 스토리가 단순명확하다. 책임소재나 해결 방향 등에서 기업과 공중 사이에 큰 이견이 없다.

기업이 소명할 쟁점이 많지 않고, 어떤 위기 스토리가 대세인지 사실상 우위가 결정된 상황이어서 기업이 무언가 변화를 시도해 볼 만한 여지가 크지 않다. 애초에 기업이 잘못했다는 전제가 확실하니까 비난의 목소리가 더 커지지 않도록 몸을 바짝 낮추는 것이 유리할 때가 많다.

이런 경우에는 회사의 입장이 정확히 전달되고 있는지 꼼꼼히 챙기고, 외부의 질문에 잘 대답하고, 혹시 예측하지 못한 변수가 생겨 상황이 악화되지 않도록 상황에 대한 통제력 유지에 힘쓰는 것이 좋다.

그러나 기업의 귀책성이 애매하거나, 다양한 가치들의 충돌로 논란이 계속되거나, 여러 이해관계자들의 갈등이 복잡하게 지속되는 등의 상황에서는 기업의 위기 스토리가 경쟁력을 잃기도 한다. 이럴 때는 경쟁구조 자체에 변화를 주어 지리멸렬한 교착상태에서 벗어나는 출구를 찾아야 할 필요가 있다. 논쟁의 주제를 바꾸거나, 새로운 우군의 지원을 받거나, 아니면 확실한 증거라도 보강해서 위기 스토리의 경쟁우위를 되살려야 하는 것이다.

대기업 계열의 문화산업업체인 하남기획(가칭)은 유명 문화계 인사인 P씨와 긴밀한 협조관계를 맺고 있었다. 좋았던 둘의 관계가 나빠진 것은 수년 전 하남기획과 P씨가 공동으로 인수한 회사 때문이었다. 인수는 하남기획이 주도했지만 당시는 대기업의 문화산업 진출에 부정적인 여론이 많았기에 P씨가 인수회사의 경영을 맡았다. 다만, 일정 기간이 지나면 경영권을 넘겨준다는 이면계약을 맺어놓았다. 그런데 약속된 날짜가 다가오면서 P씨의 마음이 변했다. 이면계약 따위는 기억에 없다는 듯 이런저런 핑계를 대며 경영권 이전을 거부했다. 하남기획은 난처했다. 법적으로 따진다면 이길 자신이 있었지만 P씨를 자극하면서 소송으로 가고 싶지는 않았다.

P씨는 하남기획과 문화계를 이어주는 중요한 사업 파트너였다. 대중적인 인기가 높고 관련 분야에 영향력도 컸다. 소송에서 이기더라도 P씨나 문화계 인사들의 기분을 상하게 한다면 향후 비즈니스에 문제가 생길 수도 있었다. 하남기획으로서는 문화계 내에서 인심을 잃지 않으면서도 회사를 되찾아올 수 있는 방법이 절실했다.

반면 상대방의 약점을 간파한 P씨는 거리낌이 없었다. "대기업 자본이 문화계를 지배하기 위해 힘없는 창작자를 괴롭힌다"며 대기업

쟁점의 전환	대기업 자본의 횡포 → 개인 간의 신의 문제
전선의 변경	여론몰이식 재판 → 당사자 간의 대화
계기 활용	관련 단체의 공청회 참가

에 부정적이던 정서를 한층 부추겼다. 문화계 인사들이 P씨의 주장에 동조하며 하남기획의 입지는 더욱 좁아졌다. 현 구도가 굳어지면 회사도 잃고 인심도 잃을 수 있기에 하남기획으로서는 돌파구가 필요했다. 하남기획은 소송으로 가는 것은 최대한 피한다는 방침 아래 부정적 여론을 뒤집기 위한 출구전략 개발에 몰두했다.

쟁점을 전환하고, 전선을 변경하며, 계기를 활용한다

하남기획은 먼저 이번 분쟁의 쟁점은 대기업 자본과 중소 문화기업의 충돌이 아니라 양자 간의 약속과 이를 지키는 신의의 문제임을 분명히 했다. 호사가들이 주장하는 문화예술 진흥 문제와는 관련이 없기에 오로지 비즈니스 관점에서 풀어갈 사안이라는 점을 적극 설명했다.

동시에 순수한 비즈니스 문제이므로 여러 문화계 인사들이 개입하여 인민재판식의 결론을 내기보다는 하남기획과 P씨 두 당사자들끼리 대화로 풀자고 제안했다. 1대 다수로 불리하게 형성된 싸움의 전선을 1대1의 구도로 좁히려 한 것이다.

하남기획의 끈질긴 노력으로 비난 일색이던 여론은 조금씩 균형을 찾아갔다. 그러면서 반전의 기회도 생겼다. 관련 단체 중 하나가 하남기획과 P씨의 주장이 너무 다르니 공청회를 열어 양측의 입장을 들어보자고 제안한 것이다.

공청회는 P씨의 불참으로 하남기획만 참석했지만 여론이 바뀌는 결정적 계기가 됐다. 하남기획의 성의 있는 설명에 문화계의 반응이 점차 "P씨가 너무 욕심을 부렸다"는 쪽으로 바뀌어 간 것이다. 지지자를 잃은 P씨는 결국 이면계약대로 회사의 경영권을 하남기획에 넘겨줄 수밖에 없었다.

하남기획의 사례는 단순히 회사의 입장을 밝힌 뒤 상대방의 동의를 구하는 단선적인 소통과정만으로는 위기 커뮤니케이션이 부족할 수 있다는 점을 시사한다. 하남기획과 P씨의 대결구도에서처럼 ① 여론이 감정적인 요소에 많이 좌우되고 ② 당사자 외에 다양한 이해관계자들의 관심과 영향력이 존재하며 ③ 상대방의 이해를 얻기 위한 설명이 너무 길고 복잡할 수밖에 없는 상황에서는 메시지만으로는 문제 해결이 어려울 수 있다.

그렇다고 통제력 유지를 위해 전략적 인내만을 고집한다면 돌출변수의 발생은 억제할 수 있을지 몰라도 문제 해결을 위한 기회도 적었을 것이다. 하남기획의 입장(스토리)이 문화계를 움직인 것은 경쟁요소들을 적극적으로 변화시켜 싸움에 유리한 구도를 만들어 가려는 노력 덕분이었다.

하남기획의 위기 커뮤니케이션에서 일어난 변화는 크게 세 가지다. 대기업 자본의 횡포에 맞춰져 있던 쟁점을 개인 간의 신의 문제로 전환시킨 것, 대다수의 전선이 형성되어 여론몰이식 재판을 당할 상황을 양 당사자 간의 대화 문제로 변경시킨 것, 마지막으로 지리멸렬한 공방이 이어지던 경쟁의 흐름에 유력단체의 공청회라는 결정적 계기가 마련된 것이다. 앞의 두 가지 변화는 하남기획의 노력으로 이뤄졌지만, 마지막의 결정적 계기는 행운처럼 다가왔다. 다만, P씨는 그 중요성을 인식하지 못해 불참했고, 하남기획은 기회를 적극적으로 잡은 차이가 있다.

위기 스토리들의 경쟁은 주요 쟁점을 중심으로 다양한 입장의 화자들이 전선을 형성하여 대결하는 구도로 이뤄진다. 기업들은 대부분 불리한 상태에서 경쟁을 시작한다. 무언가 잘못을 저질러 야단맞는 상황이니 처음부터 한 수 접고 출발하는 것이다.

이러한 상태에서 경쟁우위를 되찾으려면 현재 당면한 쟁점과 전선을 어떤 계기를 활용하여 어떻게 바꾸어 나갈지 경쟁구도의 변화를 고민할 수밖에 없다.

→ 쟁점을 전환하는 방법

쟁점이란 '경쟁이 일어나는 지점'이란 뜻으로 여러 사람들이 서로의 주장이 옳다며 다투고 있는 세부 주제라고 할 수 있다. 위기 커뮤니케이션 과정에서도 여러 쟁점이 출몰한다. 사고의 원인이 무엇인지, 책임소재는 누구에게 있는지, 피해자에게 보상은 어떻게 해야 하는지 등의 주제를 놓고 다양한 목소리들이 경쟁하는 것이다.

여러 쟁점 중에서도 무엇이 핵심 테마가 되어 논의되는지가 매우 중요하다. 쟁점은 위기사건의 이미지와 성격 규정에 큰 영향을 미치는데, 특정 쟁점에 대한 관심이 높아졌다는 것은 그 쟁점을 밀고 있던 위기 스토리의 영향력 증가로 자연스럽게 이어진다.

이는 쟁점의 속성 때문이다. 쟁점은 어떤 상황이나 문제가 가진 다양한 속성에 대해 사람들이 서로 다른 의견과 입장을 가질 때 생긴다. 특정 쟁점에 대한 관심이 높아졌다는 것은, 그만큼 사람들이 그 쟁점이 표현하는 입장이 더 중요하다고 생각했다는 의미다.

예를 들어 원자력발전소 건설 문제에서 '전기 생산 단가의 경제성'

이 핵심 쟁점이 되면 찬성하는 입장이, '방사능의 위험성'이 쟁점으로 떠오르면 반대하는 입장이 힘을 받는다. 하남기획 사례에서도 대기업의 횡포 문제가 핵심 쟁점이 되면 P씨의 입장이, 두 당사자 간의 약속과 이를 지키는 신의의 문제가 핵심 쟁점이 되면 기업의 입장이 더 지지를 받게 된다.

전쟁을 할 때 유리한 위치를 차지한 군대가 승리할 가능성이 높아지듯이, 관심이 높은 쟁점을 내세운 위기 스토리가 경쟁에서 이길 가능성이 높은 것이다. 위기 커뮤니케이션에서도 쟁점의 전환을 통해 자사의 위기 스토리가 가진 설득력을 높여줄 필요가 있다.

그렇다고 사실을 왜곡하거나 눈 가림을 하자는 것은 아니다. 그동안 사람들이 외면해 왔던 새로운 관점을 제안하고, 그에 필요한 정보들을 적절히 제공함으로써 경쟁구도의 변화를 유인하는 것이다. 쟁점의 전환을 위한 대표적인 방법에는 ① 대체 쟁점의 제안 ② 기존 쟁점의 약화 ③ 사건명의 변경 등이 있다.

대체 쟁점을 제안한다

기업이 현재의 불리한 쟁점을 없애거나 힘을 약화시키기 위해서는 이를 대체할 새로운 쟁점을 찾아야 한다. 그리고 새로운 쟁점이 사람들의 관심과 인정을 받아야 한다. 새로운 쟁점은 보통 사건을 보는 새로운 관점을 제시함으로써 이뤄진다. 사건에 내재된 다양한 속성 중 그동안 주목받지 못했던 가치와 의미를 보여주는 것이다. 물이 반쯤 담긴 컵을 놓고 모두가 반이나 비었다고 아쉬워할 때 아직 반이나 남았다는 점을 환기시켜 주는 것이다.

지하철을 이용하다 보면 시설물 수리 안내문에 "조금 늦더라도 제대로 고치겠습니다"라는 문구가 자주 눈에 띈다. "고장 수리 중" 또는 "통행에 불편을 드려 죄송합니다"라는 이전의 문구가 고장 난 상태나 불편에 대한 사과에 초점을 맞춘 것과는 대조적이다.

어차피 시설물이 고장 나서 승객의 불편이 생긴 만큼 비난을 받는 상황 자체는 변함이 없다. 그러나 새로운 문구는 시간에 쫓겨 부실하게 고칠 경우 또 고장이 나서 미래에 다시 불편함이 생길 수 있으니 불편함이 다소 길어지더라도 제대로 고치는 것이 중요하다는 점을 강조하는 것처럼 보인다. 쟁점을 '빨리 고치는 것'에서 '제대로 고치는 것'으로 전환하려 한 것이다.

화성엔지니어링(가칭)은 설비 자체는 저렴하게 공급하고 대신 고가의 소모품을 판매하여 이익을 맞추는 사업을 하고 있다. 그러나 고객들이 화성엔지니어링의 설비를 공급받은 후 개조하여 경쟁사의 값싼 소모품을 쓰는 사례가 늘어나면서 회사의 비즈니스 모델이 위기를 맞았다.

고민하던 화성엔지니어링은 '안전을 위협하는 부실 개조'라는 새로운 쟁점을 제기함으로써 돌파구를 찾았다. 설비의 개조 자체는 법적으로 허용되고 있어 불법이라고 말할 수 없지만 상당수 설비가 비인가 업체에서 개조되고 있어 안전성을 보장할 수 없다는 점에 착안한 것이다.

고객들이 설비를 개조하는 이유는 운영비를 아끼기 위해서다. 하지만 화성엔지니어링은 부실 개조라는 새로운 쟁점 제기를 통해 제품의 이슈를 '운영비'에서 '안전'으로 이동시켰다. 이로써 소비자의 경각심도 높이고 정부가 적극적인 행정단속에 나서는 추가 효과까지 유도할 수 있었다.

광고대행사의 유명 카피라이터였던 H씨의 최근 고객은 정치인이다. 그의 천직은 여전히 카피를 쓰는 것이지만 카피의 대상이 제품에서 정치적·사회적 이슈로 바뀌었다. 광고의 헤드라인을 주로 쓰던 그는 이제 정치인의 연설문이나 정부기관이 내놓는 정책의 슬로건을 만들어낸다.

H씨의 고객인 정치인들은 주로 현안에 대한 촌철살인식 코멘트를 하고 싶을 때 그의 카피를 원한다. 예를 들어 정치인이 폭력적인 시위에 반대하는 코멘트를 하려고 하면 "시위의 목적을 반대하는 것은 아닙니다. 한 손에는 피켓을, 다른 한 손에는 몽둥이를 들고 있기 때문에 반대하는 것입니다" 같은 식의 카피가 제공된다.

시위를 하는 목적 자체는 건드리지 않으면서도 시위방법이 폭력적이라는 점을 부각시키려는 카피다. 사람들이 시위의 목적이 타당한지에만 관심을 가질 때 '폭력성'이라는 쟁점을 환기시켜 "아무리 목적이 정당해도 폭력적인 시위방법은 용납할 수 없다"는 점을 일깨워주는 것이다. 여론이 시위의 폭력적인 양상에 주의를 기울이면 아무래도 집회의 동력은 약화될 수밖에 없다.

H씨가 고객에게 인정받는 것은 이처럼 일반인의 눈에는 잘 안 보

이는 속성을 예리하게 집어내어 쟁점화하는 능력이 있기 때문이다. 목적이 먼저냐, 수단이 먼저냐 하는 입장이 서로 대립하고 있을 때 촌철살인의 카피 하나가 힘의 균형을 무너뜨리기도 한다.

대체 쟁점은 최고경영자 이미지(president identity, PI) 제고 전략에서도 쓰인다. 기업인 출신으로 정책 경험이 부족하다는 비판을 받던 한 정부부처의 장관은 '현장을 잘 아는 장관'으로 PI 콘셉트를 바꿨다. 기업들의 협조가 중요한 부처인데도 그동안 정치인과 관료 출신 장관들이 맡아와 탁상공론식 정책이 쏟아진다는 비판에 착안한 것이다. 이제 기업인 출신으로 기업의 생리를 잘 아는 장관이 왔으니 현장 친화적 정책이 가능할 것이라는 주장을 함으로써 기존의 약점을 강점으로 전환시킨 것이다.

기존 쟁점을 약화시킨다

대체 쟁점은 보통 기존 사건의 구성요소 중에서 새로운 변화를 찾는 방식으로 이뤄진다. 그러나 사건의 속성과는 관련성이 약한 외부의 요소를 쟁점으로 부각하여 기존 쟁점이 가진 힘을 약화시키는 방법들이 쓰이기도 한다. 국내 기업이 다국적 기업의 품질 공세를 약화시키기 위해 갑자기 애국심 마케팅을 하는 경우가 그런 예다. 제품의 원산지는 품질과 관련된 요소로, 표기방식에도 법적인 규제를 받는다. 하지만 애국심은 전혀 다른 문제다. 제품과는 전혀 상관없는 다른 가치를 내세워 '품질 이슈'가 가진 힘을 흔들려고 하는 것이다.

비슷한 의도로 기존 쟁점을 지지하는 화자의 신뢰성을 공격하는 경우가 있다. 보통은 기존 쟁점이 가지고 있는 약한 점을 지적하는 것이 일반적이지만, 공략이 여의치가 않을 때는 타깃을 화자로 돌린다. 메시지가 아니라 메신저를 공격하는 것으로, 신뢰도가 낮은 사람이 주장하는 내용이니 믿을 만한 것이 못 된다는 이미지를 만들려는 것이다.

유리한 사건명으로 프레임을 변경한다

위기사건이 발생하면 보통 'OO사건' 같은 이름(사건명)이 붙는다. 이때 어떠한 명칭이 부여되느냐에 따라 위기 커뮤니케이션의 구도가 크게 영향을 받는다. 이름은 단순히 사건을 분별하는 정보를 넘어 사건의 어떠한 성격에 주목해야 하는지를 안내하기 때문이다. 결국 사건명은 하나의 프레임으로 작동하여 사건에 대한 공중의 위기인식과 평가에 큰 영향을 미치게 된다.

일본 후쿠시마 오염수의 방류를 놓고 찬성하는 쪽은 처리수로, 반대하는 쪽은 오염수로, 더 나아가 원전수나 핵폐수로 이름을 붙이자고 주장하는 것은 이름이 프레임에 미치는 영향력 때문이다. 오염수는 현재 오염이 된 위험한 물이라는 점을, 원전수나 핵폐수는 오염의 원인이 방사능이라는 점을, 처리수는 오염이 됐지만 처리를 거쳐 안전한 물이라는 점을 각각 강조한다.

위기 커뮤니케이터들은 언론, 정부 등 외부에서 사건명을 고착시키기 전에 자사에 유리한 쟁점이 부여될 수 있도록 이름을 선점하는 전략을 구사할 수 있다.

태안 기름 유출 사고는 우리나라에서 일어난 최대의 해양오염 사건이다. 충남 태안군 앞바다에서 화물선과 유조선이 충돌하며 7만 8,000배럴의 원유가 쏟아져 나왔다. 사고 당시에는 바다 생태계 오염을 걱정하는 전국 각지의 국민들이 태안반도 해변에 모여 방재작업을 벌이는 모습이 TV로 생중계될 정도로 관심을 모으기도 했다. 그런데 지금은 사고를 냈던 유조선이 어느 회사의 선박이었는지 기억하는 사람은 매우 적을 것이다.

이유는 간단하다. 사건명에 사고를 낸 선박의 이름이 들어 있지 않기 때문이다. 외국의 '엑손발데즈호 사건', '엑슨모빌 사건', 국내의 '씨프린스호 사건'처럼 기존의 해양오염 사고에는 보통 사고를 낸 기업이나 선박 이름이 들어가던 것과는 다른 모습이다.

영국의 석유회사 BP가 2010년 미국 멕시코만에서 일으켰던 원유 유출 사고도 영어 명칭은 'Gulf of Mexico Oil Spill'이다. 전 세계를 떠들썩하게 만들었던 사고지만 사고를 일으켰던 BP라는 회사명은 쏙 빠져 있기에 언젠가는 사고의 주체가 어느 회사인지 잊어버릴 수 있다.

이처럼 지역 이름을 중심으로 하는 작명방식에는 논란이 있다. 사고로 인한 부정적 평가를 원인 제공자인 기업이 부담해야 하는데, 오히려 피해자인 지역사회에 전가하고 있기 때문이다. 그러나 윤리적인 논란과는 별개로 해당 기업의 위기 담당자가 표정관리를 하게 만드는 작명방식인 것은 분명하다.

2009년 양돈업자들은 '돼지독감'이라는 이름의 새로운 질병 때문에 날벼락을 맞은 적이 있었다. 당시만 해도 한국인에게 낯선 새로운 동물 전염병이었다. 문제는 외신에서 사용하던 'Swine Influenza'라는 명칭이 '돼지독감'으로 직역되어 돼지고기를 먹으면 질병에 걸린다는 불안감이 번진 것이다. 소비자들의 돼지고기 기피 현상이 일어나며 돼지고기 가격이 폭락하자 국내 양돈 농가는 큰 피해에 직면했다.

한돈단체들은 위기 해결의 초점을 이름을 바꾸는 것에 맞췄다. 언론사나 질병관리위원회 등 정부기관의 협조를 얻어 질병 이름을 '신종플루'로 변경했고, 돼지고기와 전염병은 상관이 없다는 메시지를 인터뷰나 기고 등을 통해 꾸준히 알려나갔다. 그 결과 소비자들의 공연한 오해가 풀리면서 돼지고기에 대한 수요도 회복하며 위기 국면을 벗어날 수 있었다.

그린 워싱(green washing)이란 환경에 도움이 되지 않는데도 마치 친환경적인 제품이나 서비스인 것처럼 소비자들을 기만하는 행위를 말한다. 그린 워싱의 대표적인 사례로 언급되는 것이 디젤게이트다. 폭스바겐 등 몇몇 유럽 자동차 회사들이 경유자동차의 배출가스량을 조작해 온 사실이 2015년 뒤늦게 발각되면서 일어난 사건이다.

디젤자동차는 그동안 배기가스 문제로 여러 규제를 받아왔다. 연식이 오래되어 노후한 경유자동차는 DPF 같은 배기가스 저감장치를 달아야 하거나 시내 통행이 제한되는 것이 그런 예다. 최근엔 공기 중에 배출될 경우 미세먼지와 결합하여 유해물질을 만들어내는 질소산

화물(NOx)이 논란이 되고 있다.

2000년대 이후 폭스바겐 등은 기술력이 발전하여 유로6 등 대기오염 규제 요건을 충족시킨 깨끗한 자동차를 만들었다고 주장하며 디젤자동차 인기몰이에 성공했다. 인체에 유해한 배기가스의 배출량이 적다니 정부의 규제도 완화되고 소비자의 호응도 높아진 것이다.

미국에서 가장 광고비가 비싸다는 슈퍼볼 대회에서 '클린 디젤'이라는 주제로 대대적인 광고를 집행할 정도로 적극적인 캠페인도 진행했다. 국내에서도 자동차 회사나 디젤 관련 부품사, 경유를 생산해서 판매하는 정유회사까지 공통의 이해관계를 가진 업체들과 국회의원들이 참여하는 정책연구회가 결성되는 등 다양한 활동을 펼쳤다.

클린 디젤이라는 이름이 얼마나 강력한 힘을 발휘했는지는 2010년 일반 소비자를 대상으로 휘발유, 경유, LPG 등 주요 자동차 연료에 대한 이미지를 조사한 결과에서도 드러난다. 조사에서는 클린 디젤을 하나의 유종처럼 제시하여 반응을 살폈는데, 클린 디젤이 가공의 단어임에도 불구하고 청정하고 좋은 새로운 에너지가 개발된 것으로 착각하는 응답자들이 많았다.

그러나 2015년 폭스바겐이 자동차의 배출가스량을 조작했다는 사실이 드러나며 전 세계인을 속여왔다는 것이 들통났다. 자동차의 전자제어장치(ECU) 내에 눈속임용 소프트웨어를 집어넣어 차량이 검사를 받을 때면 배기가스 배출량을 낮추고, 일상적인 주행 상황이라면 배스가스를 있는 그대로 뿜어내도록 만들었다는 것이 밝혀진 것이다. 클린 디젤이라는 명칭은 이후 가짜 친환경의 대명사라는 불명예스러운 상징으로 바뀌었다.

정부가 추진하는 정책에서도 이름이 중시된다. 정부기관들은 정책의 효과를 높이기 위해 정책의 의도나 지향점을 집약해서 보여주는 정책 브랜드를 개발하기 위해 노력한다. 특히 정책은 양면적인 가치로 인해 이해관계가 첨예하게 대립하는 경우가 많아 더욱 그렇다. 대표적인 예가 규제를 보는 시각의 차이다. 소비자 보호를 목적으로 규제를 강화하면 기업의 활동이 위축되기 쉽다. 소비자 보호와 기업활동 지원이라는 두 개의 가치가 동시에 충족된다면 좋겠지만 그렇지 못하다면 어느 한쪽의 반발을 불러올 수밖에 없다.

정책 브랜드는 정부가 지금 왜 이런 정책을 선택했는지를 함축적으로 보여주는 역할을 한다. 비슷한 의도로 아예 부처나 기관의 이름을 바꾸기도 한다. 노동부는 경제 발전에 따라 고용 창출이 정부의 중요한 정책 목표가 되면서 고용노동부로 이름이 바뀌었다.

쟁점을 전환할 때 유의할 점

쟁점의 전환을 시도할 때 유의할 점은 진정성 논란에 휩싸일 수 있다는 것이다. 물타기, 스핀 닥터(spin doctor), 왝 더 독(wag the dog) 등의 용어들은 쟁점의 전환이 본질을 호도하거나, 있는 이야기를 감추거나, 없는 사실을 만들어내 사람들을 현혹한다는 점을 지적한다. 네이밍 기법 역시 이름을 바꾼다고 본질도 바뀌느냐는 반발을 자주 받는다.

쟁점의 전환은 충분히 주목받을 만한 가치가 있는데도 간과하기 쉬운 부분을 좀 더 부각시켜 주거나, 상황에 대한 오해를 바로잡자는 의도여야 정당성을 인정받는다. 아울러 많은 사람들이 긍정할 수 있도록 창의력이 있거나 대의명분에서 우위를 가져야 성공할 수 있다.

또한 사람들이 편하게 받아들일 수 있도록 충분한 맥락과 계기를 통해 전달되어야 한다. 동시에 충분한 노출량이 확보돼야 한다. 임계점을 넘는 노출량이 있어야 대세감 형성이 가능해지고, 사람들의 거부감도 줄어든다.

쟁점을 전환하는 것은 기존의 쟁점에 익숙해져 선입견을 가지고 있는 사람들의 생각을 변화시키려는 시도다. 그만큼 변하지 않으려는 관성에 부딪히기 쉽다.

→ 전선을 변경하는 방법

위기사건에 쟁점이 있다는 것은 사건을 서로 다른 시각으로 바라보고 있는 다양한 이해관계자들이 존재한다는 의미다. 이들 중 상당수는 침묵한 채 관망하지만 몇몇은 활발하게 사건에 적극적으로 개입하며 자신의 입장을 제시한다. 이렇게 위기 스토리의 경쟁이 시작된다. 전선은 스토리 경쟁에 참여한 이들이 만들어내는 가상의 대결구도다.

전선이 형성한 구도는 위기사건이 얼마나 많은 사람들을 관여시키는지 그 파급범위와 함께 어느 스토리가 경쟁우위를 차지할 것인지에도 영향을 미친다. 위기 커뮤니케이션 담당자들은 현재 전선의 구도가 불리하다고 판단되면, 자사 스토리의 경쟁력이 향상되는 쪽으로 전선의 변경을 시도하게 된다. 이를 위해서는 우군을 어떻게 확보할 것인지, 전선의 크기를 확대시킬지 축소시킬지 등이 주요 의사결정 요소가 된다.

우군을 확보한다

위기 커뮤니케이션에서 핵심 화자는 기업 자신이다. 기업이 잘못한 일에 대한 이야기인 만큼 기업 스스로가 이야기하는 것이 자연스러운 데다 진정성이나 호소력도 강해진다. 그러나 기업을 대신하여 이야기해 줄 화자가 절실한 경우도 많다. 잘못한 일에 대한 이야기인 만큼 자칫 변명처럼 들리거나 거짓말이라는 의심을 받을 수도 있기 때문이다. 자신의 입으로 이야기하기에는 껄끄러운 소재가 있을 수도 있다.

이럴 때 제3의 유력한 인물이 나서서 대신 이야기해 준다면 큰 도움이 된다. 제3의 화자가 신뢰성이 높은 사람이라면 주장에 더욱 힘이 실리고, 스토리의 전달도 효과적이다. 통상 기업에서 연대를 시도하는 우군들은 다음과 같다.

협회 등 기관이나 단체

전국경제인연합회, 경영자총협회, 상공회의소, 무역협회, 중소기업협동조합중앙회 등 재계단체나 업종별 전문단체 등이 자주 거론된다. 다만, 특정 기업의 이슈보다는 산업계 전체와 관련 있는 이슈가 발생할 때 성명서 발표 등으로 지원사격에 나선다.

다국적 기업이라면 주한미국상공회의소, 주한유럽상공회의소 등 본사가 속한 나라의 경제단체나 대사관의 지원을 받는 것을 생각해 볼 수 있다. 주로 정부의 규제 같은 이슈가 있을 때 나서는데, 다만 이 경우에는 내정간섭 논란이 뒤따르기 쉽다.

업종단체나 협회 등의 지원을 구상할 수도 있는데, 단체 내의 이해관계에 따라 지원의 강도는 달라질 수 있음을 감안해야 한다. 업종단체의 경우 회원사 간의 이해관계가 달라질 경우 참여를 꺼린다.

관련 전문가

대학교수, 법조인, 특정 분야의 전문가 등은 가장 인기가 높은 제3의 화자다. 전문가로서 권위가 있기에 이들이 말할 경우 높은 신뢰를 받는다. 명망이 높을수록 평소 언론에 자주 등장하기에 그만큼 주장이 실릴 만한 공간을 확보하기도 쉽다.

시민단체

흔히 시민단체는 기업과 적대적 관계일 것이라고 생각하지만 편견이다. 기업에 우호적인 시민단체도 많을뿐더러 평소 기업과 각을 세웠던 단체라고 해도 사안에 따라 목적과 이념이 맞으면 협력할 가능성이 있다.

적당한 시민단체를 못 찾은 경우에는 아예 새로운 단체를 만들기도 한다. 다국적 생명과학기술업체인 런던생명과학(가칭)의 주력사업은 식품이나 의약품에 들어가는 첨단 원재료를 수입하여 국내 업체에 공급하는 일이다.

첨단 기술을 적용하여 원재료 생산의 경제성을 획기적으로 높였지만, 안전성이나 윤리적 논란이 완전히 해소되지 않았기에 여론의 공격과 수입과정에서의 더딘 심사 등 정부의 규제로 자주 어려움을 겪었다.

여론의 포화는 자주 받지만 이 회사의 사업에는 긍정적인 측면도 많았다. 많은 전문가들도 이러한 사실을 알고 있었고, 오해와 왜곡된 정보가 비난 여론을 생산하므로 정확한 사실을 적극적으로 알려주어야 한다고 주장했다. 문제는 누가 고양이 목에 방울을 달 것인가였다. 대다수 전문가들이 이해는 가지만 직접 전면에 나서서 여론의 타깃이 되기는 싫다는 태도를 보였다.

런던생명과학은 결국 흩어진 전문가들을 한데 모아 조직화하는 것이 필요하다고 판단했다. 같은 입장을 가진 학자나 전문가, 정부 관계자, 산업계 대표 등이 정기적으로 만나 함께 연구하고, 일반 대중을 상대로 관련 지식을 넓혀줄 사업도 할 수 있는 단체를 만든 것이다.

인플루언서

소셜미디어 시대를 맞아 중요성이 더욱 커지고 있는 것이 네티즌들의 의견 형성에 영향력을 갖고 있는 인플루언서(influencer)들이다. 구독자가 많은 파워 블로거나 유튜버, 각종 커뮤니티나 카페의 운영자 등 인플루언서들의 영향력이 커지고 있다.

과자제품에서 생쥐가 나와 어려움을 겪었던 기업이 사건 초기에 거센 비난으로 어려움을 겪었으나 유명 블로거의 도움으로 진실을 알리는 데 큰 도움을 받은 것은 널리 알려진 사례다.

전선을 축소할 때, 전선을 확대할 때

전쟁터에서 아군과 적군이 '전선'이라는 가상의 선을 사이에 두고 대치하듯이 여러 이해관계자들은 위기사건을 매개로 각자의 입장에 따라 협력 또는 경쟁하는 가상의 전선을 형성하게 된다.

위기 커뮤니케이터에게 위기사건을 둘러싼 이해관계자의 전선을 어떻게 만들어갈지는 중요한 선택이다. 위기사건 해결과정에서 ① 참여하는 이해관계자들을 늘려갈 것인지, 줄여갈 것인지 ② 누구를 참여시키고 배제할 것인지 등에 따라 경쟁의 구조와 범위가 달라지기 때문이다.

기업이든 이해관계자든 대부분은 보다 많은 아군을 만들고 싶어한다. 그러나 아군을 만드는 것과 이들을 적극적으로 위기 커뮤니케이션에 참여시켜 전선을 넓히는 것은 서로 다른 전략이다. 기업의 입장에서는 위기사건이 가능한 한 빠르게 종료되는 것이 좋은데, 이들의 참여로 전선이 확대된다면 사건의 범위나 파장이 지속되어 그 부담이 기업에게 돌아오기 때문이다.

기업들이 위기사건에서 방어적 대응 전략을 선택하려는 이유도 전선을 축소시키려는 목적에서다. 위기관리 과정에 가능한 한 외부인의 참여를 배제시키고 그럼으로써 여론에서 회자되는 정보의 양 자체를 줄이려는 것이다.

결국 전선을 확대할 것인지, 축소 또는 분리할 것인지는 각자의 입장과 전략에 따라 달라진다. 경쟁에서 우위에 있는 입장이라면 주로 전선의 축소나 분리를 선택한다. 이미 유리한 입장이기에 변화 대신 현상 유지가 더 좋기 때문이다. 반대로 경쟁에서 열위에 있는 입장이라면 전선을 확대하고 싶어 한다. 무언가 변화를 유도해 판 자체를 흔들 필요가 있기 때문이다.

노사분규를 예로 들면 특별한 이유가 없는 한 사측에서는 "기업 내부의 문제는 각 기업의 노사가 해결할 수 있도록 놓아달라"며 외부단체의 개입을 막으려 한다. 노와 사의 1대1 대결구도가 보통은 유리하기에 혹시라도 노조가 전선을 확대하려고 할지 경계하는 것이다.

반대로 노조의 공세로 입장이 어려워졌다면 전선의 확대를 꾀하기도 한다. 이때는 경영자총협회나 상공회의소 같은 경제계, 동업계, 정부 등의 지원을 유도하거나 공장 소재 지역의 주민이나 명망가, 일반 직원의 가족 등 사측을 지지해 줄 수 있는 집단을 찾는다.

워싱턴물산(가칭)은 인기 높은 기호식품을 전문으로 생산하는 다국적 기업이다. 이 회사는 2000년대 중반 정부의 규제 움직임에 위기감을 느꼈다. 워싱턴물산의 주력 제품은 이전부터 인체 유해성 논란으로 시민단체의 공격을 받아왔지만 정작 인체에 유해하다는 명확한 증거는 없었다. "어떤 식품이든 자체로 나쁜 것은 없다. 과다 섭취할 때는 문제가 생기므로 해결책은 식품이 아니라 소비자의 행동에 있다"고 회사가 아무리 주장해도 괴담처럼 번져간 불신은 수그러들지 않았다.

그러던 중 정부가 골치 아픈 워싱턴물산 제품에 대한 광고를 제한하는 법률을 제정하겠다고 나선 것이다. 광고를 못하게 하면 논란이 많은 식품의 소비도 줄지 않겠느냐는 의도였다.

워싱턴물산은 급히 대응책 마련에 나섰다. 상황분석 결과 회사가 가장 심각하게 생각한 약점은 우군의 부재였다. 광고 제한을 통해 기업활동을 위축시키는 것이 바람직하지 않다는 의견도 일부 있었지만 정부, 언론, 시민단체 등 대부분이 우호적이지 않았다.

규제 정책의 문제점을 소리 높여 함께 이야기해 줄 친구를 찾아내는 일이 급선무였던 워싱턴물산은 두 개 단체와의 연대를 추진했다.

첫 번째는 광고 관련 단체로서 평소 광고에 대한 각종 규제에 반대하던 입장이었기에 워싱턴물산의 주장에 쉽게 동조했다. 이후 단체장이 언론 기고를 통한 반대 입장을 표명하거나 관련 상임위원회 소속 국회의원들에게 성명서를 보내는 등의 활동을 전개했다.

두 번째는 동종업계의 협회였는데 원래는 업종이 조금 달라 가입 대상이 아니었으나 특별회원 형식으로 가입했다. 여기엔 규제에 대한 공동 대응 외에도 다른 복선이 있었다.

정부가 입법을 할 때는 통상 관련 협회를 통해 의견 수렴을 하는데, 이 과정에 주고받는 정보에서 소외되지 않는 것이 주목적이었다. 아울러 정부와 협회가 규제의 세부 내용을 조율할 때 기존 회원의 관심사를 지키기 위해 워싱턴물산처럼 업종이 조금 다른 회사들의 이익을 교환해 버리는 것을 방지할 필요성도 있었다.

워싱턴물산은 이 같은 전선의 확대를 통해 정부의 입법 발의 → 국회 상임위원회 → 국회 본회의 의결 등으로 이어지는 입법과정에서 자사의 목소리를 최대화할 수 있었다.

국내 중견 제조사인 부천실업(가칭)은 자사의 제품을 유통하는 도매업체들과 큰 분쟁을 겪었다. 도매업체들의 모임인 협회가 있는데 회장단이 바뀌면서 제조업체의 납품가격 조정을 공약으로 내세운 것이다.

새 회장단은 첫 단계로 중견업체인 부천실업의 납품가를 먼저 조정하고, 이를 근거로 다른 업체로 확대해 나간다는 전략을 세우고 있었다. 도매업체들은 제품 인수 거부는 물론 부천실업 사옥 앞에서 시위를 하는 등 압박의 강도를 점차 높였다.

부천실업은 기업 간의 거래 문제를 물리적인 힘으로 풀려고 하는 부당함, 사업자단체가 가격을 특정하며 집단적 시위를 하는 것은 공정거래법 위반일 수 있다는 점 등을 지적하며 항의했으나 먹히지 않았다. 다른 제조사들은 혹시라도 불똥이 자신들에게로 튈까봐 두려워서 섣불리 나서지 못하는 상황이었다.

집단적 위력에 개별 기업 혼자서 대응하는 것은 한계가 있었다. 부천실업은 제조사협회와 규제당국에 중재를 부탁하며 사건에 대한 개입을 적극 호소했다. 결국 제조사협회가 부천실업의 입장을 채택, 중재에 나서면서 극단적 대치상황이 풀리기 시작했다.

유명 프랜차이즈 업체인 원주체인(가칭)에 식자재를 납품하는 회사들에게 운송 서비스를 제공하는 화물회사가 운송료 문제로 트럭 운전사들과 갈등을 겪은 적이 있었다. 운전사들의 파업으로 식자재 회사는 물론 최종 납품처인 햄버거 회사까지 물류대란이 일어났지만 화물회사는 운송료를 못 올려준다고 버텼다.

트럭 운전사들은 운송회사와 개별적으로 교섭하는 대신 단체를 만들어 대응키로 하고 이름을 '화물연대 원주체인 지회'로 정했다. 물론 말이 안 되는 이름이었다. 노조를 만들어도 당국에 설립신고도 못하는 법외노조인 데다, 이들의 교섭 대상은 원주체인도, 식자재 납품업체도 아닌 운송회사일 뿐이다.

그럼에도 트럭 운전사들이 단체 이름에 '원주체인'이라는 명칭을 넣은 의도는 뻔했다. 유명 회사의 이름을 끌어와 파업에 사회적 관심을 모으는 한편 최상위 원청업체에 부담을 주어 하청업체인 화물회사에 빨리 교섭을 타결하라고 압력을 넣어주길 바랐던 것이다.

소비자들이 자회사 제품에 불만을 제기할 때 그룹 회장의 사무실이 있는 모기업 앞에서 시위를 하며 "회장이 문제를 해결하라!"고 외치는 것도 전선을 변경해 상대방에게 압력을 주려는 전략이다.

중도층 공략이 중요한 이유

표면적으로 직접적인 화자 역할을 하지 않기에 간혹 등한시되기도 하지만 전선의 변경에서 중요하게 고려해야 할 집단이 바로 '변화 가능한 중도층(movable middle)'이다.

일반적으로 사건과 쟁점이 만들어내는 전선에는 극단적인 찬성파와 반대파만 있는 것이 아니다. 입장을 아직 결정하지 않았기에 상황에 따라 입장이 바뀔 수 있는 말 그대로 부동층이 존재한다.

입장이 이미 확고한 양극단의 반대파나 찬성파를 설득하여 다른 입장으로 변화시키기는 정말 어렵다. 그러나 합리적인 중도층에게 적절한 정보를 제공하고 이슈에 개입할 기회를 마련해 줌으로써 자사에 유리한 입장으로 변화시키기는 상대적으로 용이하다.

장기적으로 진행되는 위기사건이나 다양한 관점과 가치가 부딪히는 정치적·사회적 이슈 등에서는 중도층을 우군화하는 것이 관건이 되는 경우가 많다.

→ 반전의 계기, 어떻게 만들까

위기 커뮤니케이션은 다양한 스토리가 얽혀서 경쟁하며 진행되는 과정이다. 쟁점을 전환하거나 전선의 변경을 시도하는 것은 이러한 경쟁구도에서 자사의 스토리가 가진 경쟁력을 강화하려는 시도다. 그러나 사람들의 인식은 그리 쉽게 바뀌지 않는다. 고정관념이 한 번 생기면 좀처럼 바뀌지 않는다. 확증편향이라는 말처럼 오히려 기존에 알고 있던 스토리에 부합되는 정보만 받아들이려고 하는 속성이 있어 설령 잘못된 정보라도 그에 대한 믿음이 더 단단해지는 경우가 많다.

그래서 쟁점이든 전선이든 변화의 효과를 만들려면 사람들의 생각이 바뀔 수 있을 만한 반전의 계기를 만들어야 한다. 이러한 계기는 사전에 자사 스토리에 대한 맥락을 만들어서 설득력이 높아지도록 만드는 작용을 하기도 한다.

괴담을 막아라 – 원점관리

원점은 위기사건이 일어난 핵심 부분을 말한다. 질병의 치료에서 원인에 대한 대처가 중요하듯이 위기 커뮤니케이션에서도 비난을 지속적으로 발산시키고 있는 원점을 관리할 수 있다면 경쟁양상에 큰 변화를 가져올 수 있다.

2008년 광우병에 대한 우려로 미국산 쇠고기 수입 반대를 외치는 전국적인 촛불시위가 벌어지고 있을 때였다. 다국적 식품회사인 LA 식품(가칭)은 MBC TV의 〈100분 토론〉이라는 프로그램에서 회사가 미국산 쇠고기를 패티로 사용한다는 주장이 제기되며 위기상황에 빠지게 됐다. 비난 여론이 LA식품에 집중되며 청원 사이트인 아고라를 중심으로 불매운동이 급격히 확산됐다.

LA식품이 실제로 사용하는 쇠고기는 호주산이었다. 그러나 TV 토론에 출연한 패널이 미국에 근거를 둔 회사이니 당연히 미국산 쇠고기를 쓸 것이라는 안이한 생각을 하면서 해프닝이 벌어진 것이다.

위기상황에 직면한 LA식품은 즉시 원점관리에 나섰다. 먼저 부정확한 발언을 한 패널과 접촉하여 발언이 잘못됐음을 인정하는 사과를 받았다. 이를 근거로 언론사에 정확한 사실을 알리는 보도자료를 배포한 것은 물론 해명광고, 자사 매장 내에 팝업광고 게재 등을 통해 소비자들에게도 알렸다. 불매운동의 구심점이 되고 있던 아고라에 대한 대응도 시급했다. 사이트를 관리하는 시삽의 도움을 받아 공식적인 입장을 알리는 해명문을 게시했다.

문제의 진원지였던 패널이 잘못을 인정한 만큼 사태는 빠르게 안정을 찾았다. '미국산 쇠고기 사용은 사실무근'이라는 보도가 나온 후 더 이상의 잘못된 비난은 나오지 않았다. 불매운동 주장으로 끓어오르던 아고라 사이트도 잠잠해졌다. 결국 상황은 다음 회차 〈100분 토론〉에서 사회자가 패널의 부적절했던 발언을 사과하며 마무리됐다.

사실 LA식품은 2003년에도 비슷한 홍역을 치른 적이 있었다. 광우병이 처음으로 세계인에게 알려지던 당시 사람들은 낯설지만 무서운 질병에 놀랐다. 불안감은 미국산 쇠고기를 쓰는 기업들을 찾아내어 무차별적으로 공격하는 것으로 바뀌었고 그 와중에 LA식품도 원산지에 대한 의심을 받았다.

불매운동의 조짐이 보이자 LA식품은 CEO가 직접 매장에 나가 쇠고기를 대접하며 원산지가 호주임을 적극 홍보하는 행사를 기획했다. 이 행사에는 호주육류협회도 동참하여 LA식품의 말이 사실임을 입증했다. 행사는 많은 언론의 주목을 받았고, 사진을 본 소비자들도 잘못된 루머임을 깨달았다. 재빠른 원점관리가 루머의 확산을 막은 것이다.

유명 연예인의 마약 복용 사건이 떠들썩하던 시절, 로마제약(가칭)은 뜻밖의 유탄을 맞았다. 연예인이 마약 혐의로 경찰에 체포당할 때 얼굴을 가리려고 쓴 모자의 한가운데에 로마제약의 로고가 크게 박혀 있었기 때문이다. 연예인이 체포되는 모습은 신문과 방송에 대대적으로 보도됐고, 엉뚱하게도 로마제약의 로고 역시 그만큼 노출됐다.

이성적으로 생각하면 마약 혐의를 받은 연예인이 우연히 판촉용 모자를 쓴 것일 뿐 마약사건과 로마제약은 아무런 상관이 없었다. 그렇지만 시민의 건강을 지키겠다는 제약회사가 하필이면 마약사건과 연결된 것이 부담스러웠다. 로마제약은 언론사의 사진부와 영상팀에 연락하여 로고를 모자이크해 달라고 부탁했고 마약사건에 관련이 없는 기업이 엉뚱한 피해를 보는 것에 공감한 상당수 언론사는 기꺼이 협조해 주었다.

문제는 연예인이 체포될 때뿐만 아니라 검찰에 출두할 때마다 해당 모자를 쓰고 나오는 것이었다. 매번 언론사에 모자이크 처리를 부탁할 수도 없어 고민하던 로마제약은 결국 마약수사대의 협조로 아예 검정색 테이프를 로고 위에 붙여버림으로써 문제를 해결할 수 있었다.

진정성을 보여라 – 기회 포착

위기사건 때 비난은 폭풍우처럼 휘몰아친다. 특히 사건에 대한 관심과 대중의 분노가 집중되는 초기에는 비바람이 집중된다. 기업의 잘못으로 시작된 폭풍우이기에 거센 파도를 헤치고 나갈 동력이 부족한 경우가 대부분이다.

그러나 태풍이 거칠다가도 잠시 약해지는 때가 있으며 우연히 피항할 수 있는 섬을 찾을 수도 있다. 태풍에서 벗어나려면 기업은 외부에서 오는 기회를 적절히 포착하거나 스스로 만들며, 출구를 찾는 계기로 삼아야 한다.

울산서비스(가칭)는 매년 진행하는 지사와의 커미션 계약 갱신 협의를 하는 도중 지사장이 갑작스럽게 극단적인 선택을 하며 큰 위기에 봉착했다. 이 사건은 사회적으로도 많은 논란이 됐다. 언론에서는 연일 본사의 갑질 의혹을 제기했고, 그 와중에 주요 임직원의 비위 혐의까지 거론하는 등 융단 폭격을 퍼부었다.

시민단체와 정치권도 가만히 있지는 않았다. 지사의 근무자들은 법적으로 개인사업자이지만 실제 업무는 본사의 지시를 받는 이른바 특수고용직들이다. 당시 정치권에서는 특수고용직의 4대 보험 가입 등 처우 개선을 강하게 추진하고 있던 터여서 이번 사건을 계기로 입법화를 위한 공청회까지 열렸다.

계속되는 비난에 그로기 상태까지 몰렸던 울산서비스가 출구를 찾은 것은 지사장의 장례식이 지나고 며칠이 지난 뒤였다. 고인의 아들이 장례 절차 등을 적극 지원해 준 회사에 감사의 편지를 전달한 것이다. 편지에는 "아버지의 유고는 가슴 아픈 일이지만 회사에 대한 원망은 없으며, 더 이상 이번 사건이 언론이나 정치권에서 언급되지 않는 것이 고인과 유족의 뜻이다"라는 문구가 담겨 있었다.

편지가 일부 언론에 보도되며 사건은 빠르게 종료 국면으로 넘어갔다. 피해자로 여겨지던 유족이 강하게 반박하며 나서자 비난의 동력이 수그러든 것이다.

극단적인 사건으로 혼란은 겪었지만 사실 울산서비스는 예전부터 비교적 좋은 기업문화를 인정받던 회사다. 비즈니스 관점에서 갈등은 불가피한 측면이 있었더라도 구성원들에게 적정한 선을 지켰던 것이 유족의 자발적인 감사 인사로 돌아왔다.

이 회사의 출구는 유족이 쓴 편지였지만 사고 수습과정에 진정성을 보이면서 순간의 기회를 정확히 포착한 회사의 노력이 만들어낸 것이다.

외국계 생활용품회사인 베이징물산(가칭)은 수년간 계속된 노사분규로 몸살을 앓았다. 그렇다고 노조의 시위나 파업투쟁이 격렬하지는 않았다. 발생하는 쟁점들마다 매듭을 짓지 못하고 노사 간의 대결 구도와 갈등이 계속됐을 뿐이다. 그러다 보니 대형 분규 하나가 없었는데도 문제 사업장이라는 낙인이 찍혔다.

지역사회나 언론에 비친 회사의 이미지도 계속 추락했다. 노사 간에 비방이나 폭로전이 일어나기 일쑤였고 그때마다 부정적인 기사도 뒤따랐다. 그러면서 작은 사건이 과장되기도 하고, 서로 간에 오해의 골은 깊어지고 긴장의 끈은 팽팽해졌다.

베이징물산에서 노사분규가 시작된 것은 갑작스러운 구조조정이 계기였다. 사실 한국 사업장의 실적은 그리 나쁘지 않았다. 그러나 전 세계적인 불황으로 인력감축에 나선 본사의 지침에 따라 한국지사에서도 일부 감원이 실시됐다. 이 소식과 함께 전격적으로 노조가 만들어졌다.

노동계에 "노와 사는 서로 닮아간다"는 말이 있다. 노조 설립 초기에는 매사가 서툴렀다. 노조도 처음이고 사측도 처음이다 보니 경험이 없었기에 매 쟁점마다 강경한 대치가 이어졌다. 상대적으로 쉽게 풀 수 있을 만한 일들도 꼬이기 일쑤였다.

근원에는 CEO의 방관이 있었다. 당시 CEO는 노사 문제에는 경험이 없다는 이유로 외부의 전문가를 추천받아 노무 담당 임원으로 채용했고 전권을 맡겼다. 이전 회사에서도 강경 대응으로 물의를 빚기도 했던 사람이어서 강경 대치 분위기가 계속됐다.

반전은 의외의 곳에서 찾아왔다. 노사갈등이 지속되다 보니 '장기 분규 사업장'으로 지목되어 국정감사 참고인으로 소환된 것이다. 출두 경험은 CEO에게 큰 충격을 주었다. 질의에 몇 마디 응답도 못하고 주로 기다리기만 하다가 끝난 국정감사였지만 CEO에게는 우리 회사가 사람들에게 어떤 모습으로 비치는지 진지하게 고민하는 계기가 됐다.

CEO는 이후 강경파 노무 담당 임원을 용퇴시키고 직접 노사관계를 챙기기 시작했다. 노사가 함께 가자는 희망적인 메시지도 적극 전했다. 그러면서 평화가 찾아왔다. 노사 간에 켜켜이 쌓인 갈등을 한꺼번에 치유할 수는 없었지만 적어도 노사가 협력할 수 있는 토대가 마련된 것이다. 지리멸렬하게 반복되던 갈등과 비난을 끝내고 앞으로 나아갈 수 있는 출구를 스스로 만든 것이다.

6장 EXIT STRATEGY

위기의 종료와 회복

➡ 위기가 끝나갈 때 해야 할 일들

시작이 있으면 끝이 있다. 아무리 힘겨웠던 위기사건일지라도 언젠가는 종료 국면을 맞는다. 어떤 기업이든 위기사건을 겪으면 심리적으로 힘들고, 대응과정에서 많은 경영자원을 소모하게 된다. 고생한 만큼 보람을 거두려면 끝맺음을 잘하는 것이 좋다. 그래야 위기가 진짜 기회로 전환될 가능성도 높아진다.

위기의 수습 국면에 들어선 기업들의 과제는 크게 세 가지로 요약된다. 첫째는 '위기사건으로 흔들린 조직을 어떤 계기를 통해 일상으로 복귀시킬 것인가'로 위기상황의 종료 선언에 관련된 과제다.

두번째는 '위기사건을 겪으며 축적된 교훈을 어떻게 조직의 역량으로 내재화할 것인가'의 과제다. 비싼 대가를 치르며 배운 학습인 만큼 잘 소화하여 향후 유사한 위기사건이 터졌을 때는 보다 잘 대응할 수 있는 자양분을 만들어야 한다. 워크숍 등을 통해 잘한 점과 개선할 점 등을 토론하고 교훈을 위기관리 매뉴얼에 업데이트하는 것이 좋다.

세 번째는 '위기사건으로 훼손된 기업 이미지나 평판을 어떻게 회

(핵심과제)	위기상황 종료 선언	위기 대응 역량 점검 및 개선	훼손된 기업 이미지와 평판의 회복
(목표)	• 위기사건으로 흔들린 조직을 어떤 계기를 통해 일상으로 복귀시킬 것인가?	• 위기 대응의 교훈을 어떻게 내재화할 것인가? • 위기 발생에 대비해 전사적 위기 대응 • 역량을 어떻게 개발할 것인가?	• 위기사건으로 훼손된 평판과 기업 이미지를 어떻게 회복할 것인가?
(성공요인)	종료시점과 선언방식은?	대응 역량 향상의 핵심 성공요인은 무엇인가?	누구를 대상으로, 어떤 프로그램을 실행할 것인가?

복할 것인가'의 과제다. 위기사건은 특히 소비자 등 주요 이해관계자와의 관계에 심각한 문제가 생겼음을 의미한다. 적절한 프로그램을 통해 떨어진 매출을 회복하고 실추된 소비자 신뢰도 다시 일으켜 세워야 한다.

→ 끝나는 모양새도 중요하다

사실 대부분의 위기사건에는 시간이 약이다. 위기 대응을 잘했든 못했든 시간이 지나면서 어느 순간 위기사건은 끝이 난다. 온 세상을 떠들썩하게 만들었던 사건일지라도 일정 시간이 지나면 자연스럽게 사람들의 관심사에서 벗어난다. 언론사들도 뉴스로서의 상품성이 떨어진 사건에 더 이상 지면을 할애할 마음이 없어진다. 심지어는 해당 기업의 임직원들 사이에서도 위기에 대한 기억이 점점 희미해지기 마련이다. 그렇다면 이러한 망각의 연속선상에서 언제가 "끝났다"고 말할 수 있는 지점일까?

특정한 종료 지점을 지목하기에는 모호한 측면이 생각보다 많다. 소송 이슈라면 법원에서 무죄 선고를 받은 날, 노사분규 이슈라면 노사가 악수하며 단체협약을 체결한 날 등 날짜를 특정하기 쉬운 케이스도 있지만 끝났다고 말하기 애매한 경우가 대부분일 것이다.

사건에 대한 언론의 보도가 없거나, 네티즌의 관심이 줄어들거나, 아니면 사고복구나 피해자와의 협상에 끝이 보일쯤이면 조만간 끝나겠다고 짐작할 수는 있다. 하지만 여론의 포화가 줄어들고 비난이 줄어들더라도 자신 있게 끝났다고 말하기 어려운 경우가 일반적이다.

특히 표면적으로는 위기가 끝난 것처럼 보일지라도 수면 밑에서는 여전히 갈등이 부글부글 끓고 있는 경우도 많다. 위기의 원인 자체가 근본적인 치유가 되지 않은 채 현상만 미봉책으로 덮여 있다면 갈등은 언젠가 다시 수면 위로 떠오르게 된다.

지역주민과의 갈등처럼 장기간에 걸쳐 분쟁이 일어나는 경우는 더욱 어렵다. 잠잠해졌나 싶으면 우연찮은 계기를 통해 위기사건이 마그마처럼 표면으로 부활하기 쉽다.

그럼에도 불구하고 위기사건의 종료를 선언하는 일은 상당한 의미가 있다. 위기사건으로 지친 임직원을 일상으로 복귀시키고, 자원을 합리적으로 재분배하는 기점으로 활용되기 때문이다.

위기상황이 기업의 일상적 경영활동에 미치는 부정적인 영향은 상당하다. 기업조직에도 큰 타격을 주지만, 구성원들에게도 많은 상처를 남겨놓는다. 위기가 진행되는 동안 임직원들은 긴장과 스트레스로 높은 피로감을 느끼게 된다. 위기가 장기화될수록 일반 업무가 왜곡되는 부작용도 심하다. 평상시에는 아무렇지도 않게 진행하던 일들도 혹시나 여론을 자극할까봐 삼가게 되는 경우가 많다.

이 과정에서 기업이 보유한 중요한 자산들이 낭비되기도 한다. 인력과 자원들이 비즈니스에 투입되지 못하고 대기상태로 묶여 활용되지 못함으로써 기회비용이 상실되는 간접적 피해가 발생하기 마련이다.

그래서 위기 커뮤니케이션에서 '상황 종료'는 단순히 사건이 끝나는 것 이상의 특별한 의미가 있다. 조직이 위기사건에서 벗어나 일상활동을 재개하고, 상처 난 부위를 치유하여 건강한 기업으로 재도약하는 계기를 만들 수 있을지와 긴밀히 연결돼 있는 것이다.

"언제까지나 숨죽여 있을 수는 없고, 이제 재미있는 판촉행사도 하고 싶은데 소비자들이 용납할까?" "모니터링 횟수도 줄이는 등 위기사건 대응에 배정했던 인력과 자원을 이제는 다른 업무로 돌리고 싶은데 괜찮을까?" 등의 질문에 답하려면 먼저 "위기가 끝났는가?"에 대해 답해야 한다.

종료 선언이 필요한 이유

기업은 적절한 시점에 위기가 끝났다고 선언해야 한다. 자칫 소모전으로 늘어지기 쉬운 위기사건에 마침표를 찍고 봉인함으로써 임직원들을 일상 속으로 복귀시켜야 한다. "이제 위기는 종료됐고, 모두가 일상으로 돌아가 다시 열심히 일할 때"라고 말하는 계기를 만들어주는 것이다.

때로는 위기사건이 최종적으로 종료되지 않았더라도 적당한 시점에 상징적인 마침표를 찍어줄 필요도 있다. 소송이나 지역주민과의 갈등처럼 진행과정이 길거나, 중간에 이슈가 흐지부지되어 사안이 종료된 것인지 계속되는 것인지 불명확한 상황일지라도 적절한 고비마다 마침표를 찍으며 상황을 정리해 놓는 것이 필요하다.

다만 시점의 결정은 신중해야 한다. 너무 빠르거나 너무 늦어도 공감을 얻기 어렵다. 앞뒤 맥락 없이 갑작스럽게 종료 선언을 하기보다는 회사의 창립기념일이나 중요한 행사 등을 계기로 삼는 것도 한 방법이다. 새해, 기념식 등도 좋다. 사망자가 발생한 사건이라면 장례식이나 49재 등 상황을 마무리할 모멘텀이 분명히 있다.

과거 한 공공기관은 임직원들의 횡령 혐의로 곤욕을 치른 적이 있었다. 직원들이 야근을 하며 경비를 썼는데 통상적인 야근 식대의 범위를 넘어 술집에서 회식을 한 것에 대해 소관 부처의 엄중한 문책이 있었다. 비용을 부적절하게 집행한 것은 잘못이지만 이전에도 종종 비슷하게 회식을 한 적이 있던 터라 내부의 반발이 심했다. 내부에서는 정권이 바뀌자 이전 정부에서 임명됐던 기관장에 대한 견제라는 추측까지 나왔고 이를 시사하는 여러 증거도 있었다. 억울하니까 끝까지 싸우자는 내부 의견도 많았지만 기관장은 위기사건을 마무리 짓고 망가진 기관 이미지를 회복하는 리커버리 프로그램 단계로 넘어가자는 결단을 내렸다. 논란을 키우며 위기 국면을 계속 연장하기보다는 조직을 안정화하는 데 주력한 것이다. 해당 공공기관은 정권이 다시 바뀌며 어느 정도 명예회복을 할 수는 있었다. 국정감사 기간에 국회의원 한 명이 소관 부처의 장관에 대한 의원 질의를 통해 "당시 조사가 무리했다"라는 답변을 이끌어낸 것이다.

위기 종료 선언을 어떠한 방식으로 할 것인지도 중요하다. 물론 반드시 이렇게 해야 한다고 특별히 정해진 법칙은 없다. 내부적으로는 CEO가 조회사나 사내 서신 등을 통해 '그동안 고생한 것에 감사하고, 이제는 일상으로 돌아와 미래를 위해 힘차게 일하자'는 메시지를 전달하는 방식으로도 충분하다. 위기가 조직에 준 교훈, 앞으로의 각오 등 쟁점을 깔끔히 정리하기만 하면 된다. 중요한 것은 혼란을 마무리 짓는 것이다. 위기 종료 선언을 외부적으로 보여줄 필요도 있다. 임직원들이 대상인 것은 당연하지만 이외에 거래처나 협력사, 소비자 등 위기사건과 직간접적으로 관련 있는 이해관계자들에게도 종료 메시지를 보낼지 검토가 필요하다.

다만 내부적으로든 외부적으로든 위기 종료를 선언할 때는 관련 이해관계자의 공감을 얻는 것이 중요하다. 그러지 못하면 회사가 위기사건에 대한 충분한 반성 없이 서둘러 상황을 봉합하려 한다는 의심을 받기 쉽다.

중대재해사고가 일어나 근로자가 사망했던 성남건설(가칭)의 경우 사고 후 3개월 정도가 지났을 때 안전경영선포식을 실시함으로써 대내외적으로 위기 종료를 선언했다. 선포식의 중요 콘텐츠는 전 임직원이 모인 결의대회와 함께 향후 회사의 안전경영을 감시할 위원회의 발족 등 시스템의 개선을 발표하는 것이었다. 회사가 선포식에 상당한 공을 들였음에도 불구하고 뜨거운 호응을 받지는 못했다. 이전에도 회사에서 안전사고가 반복적으로 발생했던 터라 많은 이들이 경영진이 또다시 '눈 가리고 아웅' 식의 쇼를 한다고 받아들였다. 안전관리위원회가 외부의 명망가들로만 구성되어 실제로 현장을 잘 알고 개선할 수 있는 전문가가 부족하다는 것도 회사의 진정성을 의심하게 만들었다.

위기의 종료 선언 못지않게 위기사건이 마무리되는 모양새도 매우 중요하다. 위기사건이 발생하게 된 핵심적인 요인에 대한 치유 없이 단순히 종료 선언만으로 사건을 봉합할 경우 부작용이 남아 있다가 엉뚱한 곳에서 터지는 경우도 많기 때문이다. 특히 매년 반복되는 사업을 하는 기업의 경우 다음 해에 힘차고 깔끔한 사업 재개를 위해서는 전년도를 어떻게 끝냈는가가 중요하다.

시간이 멈춘 SNS

이벤트 전문회사인 전주기획(가칭)은 몇 년 전 대형 야외 콘서트를 열었다가 부실한 운영에 대한 참가자들의 항의로 홍역을 겪었다. 공연에 앞서 행사 준비과정에서부터 문제가 있었다. 쌀쌀한 늦가을에 열리는 데다 당일 비가 올 수 있다는 기상예보도 있어 공연이 예정대로 진행될지 참가자들의 궁금증이 컸다. 전주기획의 행사 진행을 위해 개설한 페이스북 계정에는 우천 시 공연 진행 여부와 환불방법을 묻는 예매자들의 문의가 빗발쳤다. 하지만 전주기획은 "당일 오전 기상에 따라 결정될 것"이라는 원론적인 대답만 드문드문 남길 뿐이었다. "제대로 답변을 남겨달라"는 불만글이 뒤따랐지만 회사의 대응은 크게 달라지지 않았다. 환불정책에 대한 의사결정을 명확히 하지 못한 데다 소수의 인력으로 행사를 준비하다 보니 골치 아픈 페이스북 대응은 뒷전으로 미뤄지기 일쑤였다.

공연 당일 아침 결국 비가 쏟아졌다. 강우량은 많지 않아 행사는 진행됐으나 이번에는 부대시설이 문제를 일으켰다. 참가자 수에 비해 너무 부족한 편의시설에 참가자들의 불만이 쏟아졌다. 당일 오후부터는 "비가 오니 당연히 취소될 것으로 예상했다"는 불참자들의 환불 요구가 몰아쳤다. 전주기획은 환불 대신 다음 해 참가권을 무료로 제공하기로 했다. 대신 모든 불참자가 아니라 적극적으로 항의를 표시한 예매자들에게만 개별 연락을 통해 보상을 해준다는 방침을 세웠다.

이런저런 소동이 일어났지만 공연은 끝이 났고, 시간이 지나면서 페이스북에는 더 이상의 불만글이 올라오지 않았다. 참가자들의 불만은 여전했지만 행사가 끝났으니 굳이 항의를 이어가지는 않았다. 적어도 겉으로는 전주기획의 위기가 끝난 것이다.

1년이 지나 다시 공연 시즌이 다가오자 전주기획 임직원들은 내심 불안해지기 시작했다. 참가자들이 작년 일을 기억하고 다시 불만을 제기할까봐 두려웠다. 하지만 "1년이나 지난 일인데 별일 있겠어"라며 불안감을 억지로 달랬다.

스폰서가 결정되고 공연 일정이 확정되자 전주기획은 페이스북에 당해년도 이벤트를 안내하는 공지글을 올렸다. 그러나 게시글이 올라가자마자 페이스북은 작년 참가자들의 불만글로 도배됐다. "작년 행사가 엉망이었는데 올해라고 제대로 하겠나", "작년에 환불 대신 올해 참가권을 주는지 몰랐으니 지금이라도 티켓을 내놓으라"는 불만에서부터 "모두 단결해서 공연 자체를 보이콧하자"는 주장까지 다양했다.

전년도 행사에 대한 불만은 없어진 것이 아니었다. 참가자들의 기억 속에서 잠들어 있다가 공지글로 인해 다시 수면 위로 떠오른 것이다. 현실의 시간은 1년이 지났지만 페이스북의 시간은 작년 행사 종료 시점에서 멈춰 있었던 셈이다.

만약 전주기획이 행사를 끝내며 그냥 페이스북을 닫아버리는 것이 아니라 참가자의 불평에 대한 사과의 메시지를 남겼다면 어땠을까? 사과까지는 아니더라도 행사 기간 중 불편에 대한 유감과 함께 "내년 행사를 더 잘 준비하겠으니 양해해 주시고 다시 만나자"는 말이라도 남겼다면 어땠을까.

그렇게 했다면 다음 해 준비를 훨씬 더 부담 없이 시작할 수 있었을 것이다. 참가자들과의 약속 때문에라도 더욱 준비에 박차를 가할 수 있으며, 비난 걱정을 하느라 에너지를 헛되이 쓰지 않아도 됐을 것이다. 설혹 불만이 다시 시작되더라도 대응도 쉽고, 대응의 방향성도 훨씬 잘 잡을 수 있는 가능성이 있었다.

그러나 마무리 없이 행사를 종료해 버리니 다음 행사를 힘차게 시작할 수 있는 교두보를 미처 못 만든 것이다. 위기사건이 발생했으면 이를 눈에 안 보이도록 덮기만 하는 게 아니라 차년도 사업에 대비해 보다 적극적인 마무리로 재진입의 교두보를 만들 필요가 있다.

혁신 없는 종료

다국적 유통 프랜차이즈 업체인 뮌헨유통(가칭)이 겪은 가맹점주와의 분쟁 사례 역시 핵심 문제의 해결 없이 위기사건을 종료할 경우 불씨는 언제고 다시 살아난다는 점을 보여주었다.

분쟁의 시발점은 새로 부임한 CEO가 전사적 경영혁신 운동을 시작하며 가맹점주에 대한 통제를 강화한 것이었다. 매출 향상을 위해 신상품을 내놓고, 새로운 서비스를 독려한 것까지는 괜찮았다. 하지만 가맹점에 대한 평가를 강화하고 본사의 규정 위반 시 벌점을 매기면서 수수료율까지 조정하겠다는 일방적인 방침에 점주들이 발끈했다.

그 와중에 재계약에 실패한 점주들은 평가방식이 부당하다며 본사 앞에서 시위를 벌이기 시작했다. 시위 도중 흥분한 점주 한 명이 자해를 하는 소동도 벌어졌다. 한 번 말문이 터지자, 본사와의 불공정 계약 조항, 가맹점주들을 상대하는 본사 관리직원들의 강압적 태도 등 그동안 수면 아래 잠자고 있던 온갖 이슈가 한꺼번에 불거져 나왔다.

가맹점주들은 본사가 직영하는 점포의 점장과는 달리 회사의 직원이 아닌 사업자들이다. 본사는 사실상 갑의 위치에 있었지만 한정 없이 점주들을 힘으로만 누를 수는 없는 노릇이었다.

뮌헨유통 CEO는 일단 점주들을 달래기로 했다. 사장이 직접 가맹점 대표들을 만나 의견을 청취한 것은 물론 1개월의 기간 동안 지역별 간담회를 열어 참여를 원하는 점주들과 허심탄회하게 이야기하는 기회도 갖기로 했다. 일선 점포의 애로사항을 듣기 위해 설문조사도 실시했다.

그 과정에서 CEO는 점주들의 이야기를 최대한 경청할 것이며, 현장에서 답할 수 있는 문제에 대해서는 즉답하되 시간이 필요한 것은 추후에 조사를 통해 대답하고, 종합적인 개선대책을 내놓겠다고 약속했다.

CEO의 이러한 노력으로 점주들의 동요는 서서히 가라앉았고, 회사는 일상의 모습을 되찾았다. 하지만 1개월에 걸친 리스닝 투어(listening tour)가 끝난 지 오랜 시간이 지나도록 약속된 개선대책은 발표되지 않았다.

모든 것은 옛날로 돌아갔다. 한 번 일상으로 돌아온 회사는 마치 아무 일도 없었던 것처럼 평온했다. 개선대책을 왜 발표하지 않느냐고 묻는 사람은 별로 없었다. 일부 점주들만 "애초에 기대하지도 않았지만 또 속았다"는 자괴감을 토로할 뿐이었다.

신임 CEO의 위세에 눌려 사그라들었던 점주들의 불만은 1년 후 여전한 매출 부진을 타개하려던 회사의 가맹점 혁신 운동을 계기로 다시 터져 나왔다.

기업은 거센 비난에서 벗어나 일상으로 복귀하기 위해 위기 탈출 전략이 필요하다. 위기 커뮤니케이션 측면에서 출구전략은 메시지의 설득력 강화, 상황에 대한 통제력 유지, 경쟁구도의 변화를 통한 경쟁 우위 확보 등 다양한 세부 목표로 실행된다. 그러나 위기 커뮤니케이션의 진정한 경쟁력은 실질적인 문제 해결을 위한 기업의 의지와 개선 노력에서 나온다.

어떠한 모습으로 위기가 종료되는가는 위기 대응의 진정한 성패를 가늠하는 리트머스 시험지 같은 역할을 한다. 이 점에서 출구전략은 위기 대응의 초기부터 미리 플랜에 포함돼야 하고, 위기 대응의 전 과정에서 지속적으로 유지돼야 한다.

위기에서 교훈을 얻으려면

위기사건에 대응하기 위해 기업은 엄청난 인적·재정적 자원을 투입하는 경우가 많다. 회사의 중요한 자산들을 사용한 만큼 위기 대응 과정을 통해 얻은 경험과 교훈을 조직 전체의 대응 역량으로 내재화할 필요가 있다. 향후 비슷한 위기의 재발을 방지하고, 위기가 다시 발생하더라도 더욱 대응을 잘할 수 있도록 조직 전체의 위기 대응 역량을 향상시키는 계기로 활용하는 것이다. 경험을 조직의 노하우로 전환시키기 위한 성찰과정은 위기 자체에 대한 평가와 대응과정에 대한 평가로 나누어볼 수 있다.

가장 먼저 위기사건 자체에 대한 엄정한 평가가 선행돼야 한다. 위기가 왜 발생했고, 사전에 예방하지 못한 이유는 무엇인지를 알아야 한다. 위기사건이 우발적으로 발생한 것인지, 구조적인 문제에 의한 것인지, 사전에 감지할 만한 조기경보 체계는 가동했는지, 위기의 예방을 위한 조직의 컴플라이언스 시스템은 제대로 작동했는지, 구성원의 윤리의식 등 위기 감수성에는 문제가 없었는지 등이 검토 대상

이다.

또한 위기 발생을 막을 수 있었는지, 막을 수 없었다면 사전에 발생 가능성을 낮추거나 피해를 완화시킬 수 있는 예방조치가 가능했는지도 평가돼야 한다. 이를 통해 향후 유사한 사건이 재발하지 않으려면 제도의 개선이 필요한 것인지, 구성원에 대한 교육이 시급한 것인지 등을 판단할 수 있다.

다음은 위기사건의 발생 후 이에 어떻게 대응했고 그 결과는 어떠했는지에 대한 냉정한 평가가 뒤따라야 한다. 사건관리와는 달리 커뮤니케이션 관리 측면에서는 상대적으로 인풋과 아웃풋의 정량화가 어렵고 양자 간의 상관관계도 변수가 많아 명확히 인과관계를 기술하기 어려울 수 있다. 커뮤니케이션의 결과는 상대방의 태도나 사회적 분위기에도 많은 영향을 받는다.

그럼에도 불구하고 위기사건에 대해 기본적으로 어떤 메시지와 전략을 썼는지, 의사결정에서는 어떤 점을 고려했는지 등을 가능한 한 명확하게 기술해서 기존의 위기관리 매뉴얼에 첨부하는 것이 좋다.

➡ 평판을 회복하는 방법

위기사건은 주요 이해관계자들과의 관계에 상처를 남긴다. 지금까지는 아무렇지도 않게 보아왔던 기업들이 위기사건을 통해 '용서할 수 없는 나쁜 기업'으로 변했고, 이러한 기업의 제품이나 서비스는 더 이상 사용하고 싶지 않게 된다.

위기관리의 마지막 단추는 이처럼 훼손된 관계를 복원하고 다시 튼튼하게 만드는 일이다. 이를 위해서 기업이 진행하는 것이 평판 회복(recovery) 프로그램이다. 위기사건으로 상처 입은 공중의 마음을 위로하고, 기업의 반성과 개선의지를 표현하는 것이 통상적인 주제다. "이번에는 잘못했지만 앞으로는 잘할 것이니 지켜봐달라", "위기사건에도 불구하고 기업을 믿고 다시 기회를 준 것에 감사드린다" 등의 메시지가 활용된다.

문제는 누구를 타깃으로 어떠한 내용의 프로그램을 진행할 것인가이다. 위기사건 이후에 진행되는 리커버리 프로그램은 일상적인 기업 이미지 제고 캠페인과는 다르다. 평판 회복 프로그램이 효과적이려면 ① 위기사건이 발생한 사실을 다시 일깨우지 않으면서도 ② 위기사건으로 인해 훼손된 이미지 요소를 정확하게 보강해 주는 것이 필요하다.

수년 전 항공기 추락사고로 수십여 명의 사망자를 발생시켰던 한 항공사는 사고가 발생한 지 채 석 달이 지나기도 전에 대규모 판촉행사를 열었다가 거센 역풍을 맞았다. 항공사의 판촉행사 의도는 명확했다. 추락사고로 급격히 탑승객이 감소하자 원가에 못 미치는 가격에라도 이용객 숫자를 늘리는 것이 급했던 것이다.

시장의 반응은 싸늘했다. 추락사고의 악몽을 잊지 못한 여행객들은 여전히 해당 항공사를 외면했다. 설상가상으로 판촉행사를 비꼬는 언론의 보도도 이어졌다. 거의 대부분의 기사는 "비행사고로 수십 명이 사망한~"으로 시작됐다. 소비자의 마음을 헤아리지 못한 섣부른 판촉행사는 의도했던 결과를 전혀 내지 못한 것은 물론 오히려 사고가 났던 사실을 상기시키면서 '문제기업'이라는 주홍글씨만 더 뚜렷해지게 만들었다.

이처럼 의외로 많은 기업들이 위기사건 후 대대적인 판촉행사를 벌인다. 명분은 '위기사건에 대한 죄송함과 참고 용서해 준 고객에 대한 보답'이다. 하지만 실상은 기업 이미지의 회복도 아니고 위기사건으로 떨어진 시장점유율 회복이 급하기 때문이다.

엄청난 물량 공세가 종종 효과를 발휘하기도 한다. 배기가스 배출량 조작으로 전 세계적인 논란을 샀던 외국의 자동차 회사는 국내에서 파격적인 할인판매로 만회작전에 나섰다. 소비자들은 처음엔 주저했지만 결국 할인판매의 유혹을 견디지는 못했고, 이 회사의 시장 점유율은 위기사건 이전 수준으로 돌아갈 수 있었다.

여기서 반문이 필요하다. 예의 자동차 회사는 기업 평판을 회복하기 위한 리커버리 프로그램을 실행한 것인가, 아니면 일상적인 판촉행사를 한 것인가. 시장점유율을 회복한 것은 분명하다. 하지만 신뢰를 얼마나 회복할 수 있었는지는 여전히 의문이다.

판촉행사 못지않게 자주 선택되는 것이 사회공헌활동이다. 사회공헌 프로그램은 그 자체로 의미가 있고 '무언가 잘못하여 사회에 폐를 끼쳤으니 이를 보상하는 활동을 하겠다'는 취지 자체도 리커버리 프로그램에 어울린다. 그러나 기부나 사회봉사활동이라고 해서 무조건 성공하는 것은 아니다. 프로그램의 콘셉트와 진행 형태가 의도된 목적에 부합하는지 항상 신중한 검토가 필요하다.

대규모 정리해고에 따른 노사분규로 수년간 고통을 받았던 포항기계(가칭)의 경험은 잘못 설계된 프로그램이 엉뚱한 부작용을 가져올 수 있다는 점을 보여준다.

포항기계는 지역에 강한 기반을 둔 기업이다. 직원들 대부분이 지역주민이다. 포항기계는 노사분규로 악화된 지역 여론을 호전시키기 위해 '지역경제 활성화 플랜'을 마련했다. 지역사회와 함께하는 다양한 프로그램을 만든 것은 물론 창업주가 지역발전기금으로 거액의 개인재산을 내놓겠다고도 했다.

좋은 의도로 기획된 것이지만 이 계획은 뜻밖의 역풍을 가져왔다. 우선 해고 노동자들로부터 "그 돈 있으면 나를 재고용해 달라"는 항의가 빗발쳤다. 시민사회의 시각도 "지역발전기금도 좋지만, 그 돈을 법인에 출연하여 대규모 해고 상황을 막는 것이 먼저가 아니겠느냐"는 것이었다.

프로그램의 콘셉트는 법적인 리스크도 갖고 있었다. 정리해고(경영상 해고)가 정당성을 인정받으려면 '최후 수단성'이 중요하다. 해고를 피하기 위해 여러 가지 대안을 먼저 실행해 보고 그래도 안 되면 맨 마지막에야 해고를 인정하겠다는 것이 우리 법의 취지이기 때문이다.

훼손된 이미지 보강에 집중하라

좋은 리커버리 프로그램의 핵심은 이슈의 원인을 제거하고 새롭게 개선되는 기업의 모습과 의지를 보여줌으로써 부정적 인식을 완화하는 것이다.

이를 위해서는 기업 이미지 전체를 막연히 향상시키려 하기보다는 기업 이미지를 구성하는 여러 요소 중 위기사건으로 가장 취약해진 부문을 집중적으로 보강하는 것이 효과적이다.

예를 들어 제품불량 사고가 있었다면 공정을 어떻게 개선했는지, 그 결과 품질을 어떻게 안정시킬 수 있었는지에 집중하는 것이 좋다. 소비자가 직접 눈으로 확인할 수 있도록 공장 투어 프로그램을 만들거나, 제품 검사 성적표 등을 정기적으로 공개한다든지 해서 '더 이상 불량 제품이 안 나오도록 만들었다'고 보여줘야 하는 것이다.

임직원이 횡령을 저지른 사건이라면 위기 이후 보다 강화된 검증

절차와 투명해진 기업문화를 어떻게 알릴 것인가에 집중하는 것이 효과적이다.

기업의 오너들이 사회적인 물의를 빚은 사고 이후에 스포츠 경기 응원을 하거나, 자녀와 다정한 시간을 보내는 등 인간적인 모습을 조명하는 뉴스를 내보내는 것도 비슷한 이유다. 인간적인 이미지를 강조함으로써 비인간적인 갑질 이미지를 상쇄하려는 것이다.

갑질사고 이후 오너의 인간적인 모습을 강조하는 기획에서는 타이밍이 중요하다. 공중의 반감이 아직 가시기도 전에 성급히 시도되는 '착한 일'은 의도를 의심받기 쉬워 진정성 없이 또 쇼를 하고 있다는 부정적 감정으로 이어질 수 있다.

위기사건은 종료됐더라도 '위기사건을 일으킨 사고기업'이라는 기록은 여전히 인터넷 아카이브 속에 남아 있다. 이 기록은 삭제되지 않고 보존되고 있다가 특별한 시기에 부활하게 된다. 연말의 한해 결산 기사에 '올해의 사건사고' 사례로 리뷰되거나, 사건 발생 100일 또는 1년 같은 특정 시점에 맞춰 다시 거론되기도 한다.

유사한 위기사건이 발생했을 때 "예전에도 이런 사례가 있었다"고 소개하는 선행 사례가 되어 부활하기도 한다. 대중의 뇌리에 강렬하게 각인된 사건일수록 다시 거론될 가능성이 높다.

소비자들에게 회사의 반성과 혁신 노력을 직접 전달하는 것도 중요하지만 기록 속에 박제된 주홍글씨에 대응하는 것도 필요하다. 비록 위기사건은 일어났지만 이후 회사가 많은 노력으로 이를 극복했다는 변화된 모습을 성공 사례로 남겨놓는 것이 좋다. 그래야 관련 사고 리스트에서 점차 빠질 수 있고, 임직원의 사기도 북돋을 수 있다.

성공 사례 스토리의 핵심은 사건의 발생 이후 기업이 얼마나 개선 노력을 기울였느냐이다. 공정혁신, 신제품 대체 개발 등 기존의 문제를 개선하려는 의지와 결실이 중요한 커뮤니케이션 포인트다. 확실한 개선 실적이 있다면 최상이다. 그러나 개선의 속도는 조금 더딜지라도 꾸준히 개선하는 모습을 보인다면 공감을 얻는 것이 가능하다.

사람들의 기억 속에 사건만 남아 있는 것이 아니라 잘 끝났다는 것, 비록 사고는 났지만 회사가 이를 복구하려고 최선을 다했다는 기억도 함께 남아 있는 것이 중요하다.

| 3부 |

위기 플레이어의
속성과 대응

1장 EXIT STRATEGY

언론, 여론의 재판관

"위기가 발생하면 24시간 안에 대응하라"는 유명한 말이 있다. 위기 사건이 발생하면 신속하게 대응하는 것이 중요하다는 뜻일 텐데, 한 가지 궁금함이 생긴다. 왜 12시간도 48시간도 아닌 24시간인가?

24시간은 뉴스가 생산되는 주기라는 의미가 있다. 이 세상에 언론 매체라고는 조간신문 하나만 있다고 가정하자. 오늘 오후에 세상 사람들이 깜짝 놀랄 만한 대형 사건이 벌어졌다고 해도, 현장에 있던 소수의 사람을 제외하면 내일 아침 신문을 받아보기 전까지는 알 수가 없다.

'24시간'은 사건의 발생을 세상에 알리는 것에서 나아가 사건이 어떻게 평가되는지에도 큰 영향을 미치는 시간이다. 뉴스에는 사건에 대한 사실 정보만 담는 게 아니라 통상 그 사건이 어떠한 의미를 갖고 있는지를 설명해 주는 논평도 곁들여지기 때문이다.

첫인상이 그 사람에 대한 평가에 중요한 영향을 미치듯이, 첫 번째 뉴스에서 위기사건이 어떻게 설명되느냐는 위기사건에 대한 독자나 시청자들의 평가에 큰 영향을 미친다. 특별한 이유가 없는 한 후속 보도들도 첫 뉴스에서 내려진 평가를 관성적으로 따라가기 쉽다.

결국 '24시간'은 사건이 세상에 알려지고, 이후 향방에 큰 영향을 주는 시간이다. 위기사건의 원인을 제공한 기업에게는 '골든타임'이기도 하다. 일반인이 뉴스를 보기 전에 무언가 대응할 것이 있다면, 바로 그 시간 안에 해야 하는 것이다.

TV나 인터넷이 발달하여 실시간으로 속보가 전달되는 요즘에는 물리적인 '24시간'의 의미는 사실상 없어졌다. 그러나 언론의 뉴스 생산 속성과 빠른 대응을 강조하는 '상징적인 마감시간'으로서의 의미는 여전히 살아있는 셈이다.

뉴스미디어는 보통 사건의 이모저모를 공정하게 전달하는 사회적 공기(公器)로 여겨진다. 위기사건과는 한 발 떨어진 제3자의 시각에서 불편부당하게 진실을 전달한다는 이미지를 갖고 있기에 신뢰도도 높다.

위기 커뮤니케이션의 관점에서 보면 이러한 생각은 조금 한가하다. 언론은 단순히 위기 관련 뉴스의 전달자를 넘어 위기사건의 전개에 깊숙이 관여하는 위기 플레이어의 하나로 등장한다.

뉴스를 매개로 직간접적인 개입을 통해 기업의 위기관리에 적극적인 영향력을 행사하면서 관전자가 아니라 직접 경기를 뛰는 선수가 되기도 한다. 이러한 개입은 기업에 대한 강한 압력으로 작용하여 향후 위기사건의 진행 방향을 변화시키기도 한다.

언론을 흔히 '여론의 재판관'이라고 부르는 것도 진짜 재판관처럼 법적인 구속력을 갖지는 않지만 사건에 대한 사회적 평가에 그만큼 막강한 영향력을 행사하기 때문이다.

언론이 위기사건에 개입하는 형태는 보도행위 자체에서 불가피하게 일어나는 간접적 개입 형태와 언론이 특정 의도를 갖고 사건의 주요 행위자로 등장하는 직접적 개입, 두 가지 형태로 나누어볼 수 있다.

보도를 통한 간접적 개입

위기사건에 대한 개입은 언론매체가 싫다고 피할 수 있는 것은 아니다. '뉴스 보도'라는 행위가 가진 속성이 언론을 필연적으로 위기사건에 개입하게 만든다.

우선, 위기사건은 뉴스 보도를 통해 세상에 알려진다. 특정 기업의 문제를 넘어 사회적 관심사가 되는 것이다. 동시에 논평과 해설을 통해 어떠한 사건인지 성격이 규정된다. 똑같은 인명사고라 해도 '자연재해로 인해 일어난 불가피한 해프닝'으로 설명하는지, 아니면 '자연재해가 원인이지만 관련 공무원들의 안일한 대처로 피해가 커진 인재'로 질타하는지에 따라 사건에 대한 독자들의 인식은 큰 영향을 받을 것이다.

독자와 시청자들은 '사건 자체'가 아니라 언론이 선택하고, 언론의 시각을 거쳐 재조합된 '사건 뉴스'를 보는 셈이다. 이처럼 매스미디어가 선택한 주제가 대중에게도 중요한 논의 주제가 되는 현상을 의제 설정(agenda setting) 기능이라고 한다. 의제 설정 기능은 위기 스토리 간의 경쟁구도에 중요한 영향을 미친다.

뉴스 보도를 통한 간접적 개입 형태를 보여주는 사례 중 하나가 미국의 뉴스 전문 채널인 CNN의 911 테러 보도다. 911 테러는 2001년 9월 11일 오사마 빈 라덴이 이끄는 알카에다 조직이 민간 비행기 4대를 납치한 후 뉴욕 세계무역센터 빌딩에 자살테러 공격을 감행하여 수많은 희생자가 나왔던 사건이다.

사고 당일 CNN의 첫 헤드라인은 'Plane Crashed into World Trade Center'였다. '세계무역센터에 비행기가 충돌했다'라는 속보로 위기사건을 알린 것이다. 잠시 후 헤드라인의 'plane'은 'planes'로 바뀐다. 첫 번째 비행기가 북쪽 건물에 충돌한 지 20여 분이 지난 뒤 두 번째 비행기가 남쪽 건물마저 강타했기에 정보를 수정한 것이다. 세 번째 비행기가 워싱턴의 국방부 건물에 부딪히고, 쌍둥이 빌딩이 붕괴되면서 CNN의 헤드라인은 'World Trade Center Disaster'로 바뀐다. 현재까지의 상황을 종합하여 '재난'으로 정의한 것이다.

이후 CNN의 헤드라인은 'America Under Attack'으로 바뀌며 이번 테러사건이 단순히 비행기가 건물에 충돌한 것이 아니라 미국 전체를 향한 공격이라고 의미를 부여한다. 마지막으로 CNN의 헤드라인은 'America at War'로 바뀌며 미국인들에게 조국을 구하는 성전에 동참하라는 메시지를 보낸다. 공격을 당했으니 전쟁으로 응징하는 것이 맞는다는 당시 부시 행정부의 메시지를 강력하게 지지한 것이다.

〈그림 3-1〉 CNN의 911 테러 보도를 통한 의제 설정

Plane Crashed into World Trade Cente (세계무역센터에 비행기가 충돌했다)	
↓	
Planes Crashed into World Trade Cente (세계무역센터에 비행기들이 충돌했다)	: 정보 수정
↓	
World Trade Center Disaster (세계무역센터 대재난)	: 종합화
↓	
America Under Attack (미국이 공격당하다)	: 의미 부여
↓	
America at War (전쟁 상황의 미국)	: 행동 촉구

CNN의 보도 방향은 당시 미국 사회의 여론 형성에 큰 영향을 미쳤다. 이 과정을 지켜본 아랍 국가들이 24시간 뉴스 채널의 위력을 절감하고 이후 CNN과 유사한 뉴스 채널 알자지라를 만드는 계기가 되기도 했다.

이외에도 언론이 보도행위를 통해 위기나 갈등 사건에 개입하는 사례는 쉽게 볼 수 있다. 광우병 사태, 후쿠시마 오염수 방류 등 정치적인 이슈는 물론 기업의 사건사고에 대한 평가까지 언론매체들은 자사의 관점을 반영한 뉴스를 쏟아내며 영향력을 높이기 위해 치열한 경쟁을 벌인다.

직접적 개입을 통한 영향력 행사

언론은 보도행위를 통해 훈수꾼 역할을 하는 것을 넘어 직접 선수가 되어 게임에 등판하기도 한다. 언론이 위기사건의 주요 이해당사자가 되어 사건의 전개에 물리적인 힘을 행사하려는 것이다.

의류 원자재를 생산하는 춘천소재(가칭)는 과거 A일보와 심각한 갈등을 겪은 적이 있다. 갈등은 춘천소재의 광고를 '과장광고'라고 지적하는 기사에서 시작됐다. 이어 "춘천소재의 품질이 실제로는 기준에 못 미친다", "춘천소재가 독점적 지위를 이용하여 협력사들에 갑질을 하고 있다" 등의 앵글로 공격이 계속됐다.

A일보는 시리즈 기사의 배경을 "시장질서를 바로 잡기 위해서"라고 설명했다. 그러나 춘천소재는 A일보가 화난 이유를 광고 배정 문제로 짐작했다. A일보가 평소 경쟁매체보다 광고 물량을 적게 받는다는 점을 계속 불평했었기 때문이다.

A일보의 마지막 공격은 춘천소재에 대한 공정거래위원회의 조사를 촉구하면서 정점을 찍었다. 공정거래위원장이 주최한 기자 간담회에서 A일보의 출입기자가 "최근 시장 지배적 지위를 남용한 춘천소재의 횡포가 극심한데 공정위 차원의 대책이 있느냐"고 물은 것이다. 영문을 모르는 위원장이 "조사해 보고 필요하면 적절한 조치를 취하겠다"는 지극히 원론적인 대답을 했지만 다음 날 아침 A일보의 머릿기사는 "공정거래위원회, 춘천소재 조사 착수 검토"였다.

충주무역(가칭)은 과거 공기업 민영화 과정에 참가하려고 준비 중이었다. 하지만 경쟁업체에 비해 자금이나 기업 이미지 등 여러 면에서 불리한 여건이 고민이었다. 유일한 희망은 정부의 위임을 받은 위원회가 여러 가지 매각방식 중에서 자사에게 유리한 방식을 선정해

주는 것이었다.

충주무역은 자사가 선호하는 매각방식이 채택되도록 갖은 노력을 다 했다. 그중 하나가 친한 언론매체의 지원을 받는 것이었다. 평소 충주무역과 친밀한 관계에 있던 B기자가 든든한 지원군으로 나섰다. B기자는 위원장의 브리핑이 있을 때마다 충주무역이 지지하는 매각방식을 검토하고 있는지 질문을 했다. 또한 질문을 할 때마다 해당 매각방식이 가진 장점을 굳이 곁들였다.

충주무역은 입찰에서 실패했으니 B기자의 부적절한 행동이 얼마나 효과가 있었는지는 알기 어렵다. 다만 주목할 점은 언론이 '보도를 위해서'라는 미명 아래 위기를 만들기도 하고, 사건의 진행과정에 선수로서 직접 개입할 수도 있다는 점이다.

→ 관심 끌기 비즈니스

뉴스는 언론이 생각하는 위기 스토리다. 위기사건을 보는 언론의 시각과 기업의 입장은 자주 엇갈리게 된다. 사건의 당사자인 기업과 달리 언론은 제3자인 일반 국민의 시각에서 사건을 바라봐야 한다는 입장을 갖고 있기 때문이다. 게다가 관련 뉴스가 많이 소비돼야 한다는 이해관계까지 얽혀 공세적인 태도를 취하기 쉽다.

언론은 뉴스라는 상품을 만들어 독자나 시청자에게 판매하는 비즈니스다. 뉴스는 사회적 공기 역할을 지향하지만 언론사도 기업인 만큼 주력 상품인 뉴스 콘텐츠를 잘 파는 것에 관심을 갖는다. 그래야 매체의 영향력이 커지고 광고나 부대사업도 원활해진다.

신문이나 잡지 같은 종이매체는 판매 부수나 열독률을, 방송매체는 시청률을, 온라인 매체는 클릭률을 높여야 한다. 이렇게 독자나 시청자들의 관심을 받기 위해 경쟁하다 보니 언론은 '관심 끌기 (attention) 비즈니스'라는 말까지 나온다.

뉴스가 잘 팔리려면 뉴스 가치(news value)가 높아야 한다. 더 정확히는 언론사가 자사의 독자나 시청자들이 좋아한다고 생각하는 뉴스여야 한다. 중소 IT회사보다는 삼성전자가, 주택가의 작은 화재보다는 대규모 산불이, 일반인보다는 연예인이나 정치인 같은 유명인 기사가 더 선호되는 것도 독자들의 주목을 더 끈다고 생각되기 때문이다. 반대로 특별한 계기가 없는 한 사건 발생 시간이 오래될수록 취재 관심이 줄어드는 것도 독자들에게 뉴스로서의 가치가 줄어든다고 느끼기 때문이다.

뉴스의 상품성에 대한 집착은 가끔 문제를 일으키기도 한다. 우선, 독자들의 눈길을 끄는 기사를 만들려다 보니 과장 보도의 유혹을 받게 된다. 같은 이야기라도 자극적이고 부정적인 측면을 강조하기 쉽다. 복잡한 뉴스는 독자들에게 외면받기 쉬우니 쟁점을 단순화하거나 누구는 나쁘고 누구는 착하다는 식의 이분법적 설명을 하기도 한다.

경쟁매체보다 빨리 새로운 소식을 전해야 상품으로서의 가치가 높아지니 속보경쟁 과정에서 오류가 생기기도 한다. 특히 위기사건의 경우는 사안에 대한 충분한 내용이 파악되지 않는 경우가 많아 오보 발생 가능성이 더욱 높아진다. 마감시간을 넘기지 않고 기사를 작성해야 하기에 물리적인 시간 부족에 쫓겨 의도하지 않은 오보가 발생하는 경우도 간혹 생긴다.

뉴스매체의 숫자가 늘어나 경쟁이 치열해지고, 네이버, 구글 등 포털과 온라인으로 뉴스를 소비하는 사람들이 늘어나면서 기업의 관점에서는 '불량 뉴스'의 출현 가능성이 더욱 높아지고 있다.

언론과 기업의 관점 차이

위기사건은 기업이 무언가 잘못했다고 비난받는 상황이니 애초부터 기업에 우호적인 기사가 나오기는 어려운 상황이다. 그러나 더더욱 언론과 기업의 위기 스토리 간에 간극이 생기는 것은 사건을 바라보는 관점의 차이가 크기 때문이다.

기업이 철저히 비즈니스적인 논리로 사건을 바라보려고 하는 반면, 언론은 '여론의 대변'을 표방하는 만큼 제3자의 시각에서 객관적인 평가를 강조하기에 서로 충돌이 일어나는 경우가 많다.

예를 들어 기업은 법적·제도적 기준을 충족했는지를 중시하지만, 언론은 그러한 행동이 사회적으로 타당한지도 따지려고 한다. 기업은 비밀유지를 중시하지만, 언론은 비밀이 있다면 무언가 수상한 구석이 있다고 의심한다. 기업은 규모의 경제를 중시하지만, 언론은 경제적 약자에 대한 보호도 병행돼야 한다고 강조한다. 기업이 가능한 한 긍정적인 측면에 초점을 맞출 때, 언론은 비판적·부정적 측면은 없는지 또 한 번 챙기는 식이다.

이러한 관점의 차이는 특히 사실관계가 확정되기 전이나, 다양한 가치가 충돌하여 사건의 성격을 규정하기 힘든 상황에서 기업과 언론의 갈등을 더욱 고조시킬 수 있다.

→ 부정적인 기사에 어떻게 대응할까

기업의 입장에서 언론발 위기는 부정적인 기사의 형태로 나타난다. 부정기사는 뉴스 소비자들에게 잘못된 정보를 전달하고, 기업의 이미지를 실추시킨다고 생각하기에 기업은 기사를 삭제하거나 수정하고 싶어 한다.

문제는 부정기사를 수정하려는 시도가 언론사와 불편한 갈등을 만든다는 점이다. 언론사로서는 나름 공들여 쓴 기사가 잘못됐다고 지적당하는 것이니 그리 유쾌하지 않은 일이다. 때로는 편집권을 침해한다고 생각하기도 한다. 기사 수정을 위해서는 인쇄 판형 교체나 재촬영 등 추가 제작비용이 들어갈 수도 있다.

그러니 언론사와의 좋은 관계 유지를 원할 수밖에 없는 기업으로서는 어떠한 방법과 어느 정도의 강도로 수정을 요청할 것인지 고민하게 된다. 결국은 부정기사를 수정해서 얻을 실익과 언론과의 관계 악화라는 손실을 비교해서 최적의 지점을 찾게 되는 것이다. 따라서 부정기사에 대응할 때는 체크리스트를 통해 상황을 정확히 파악한 후 적절한 대응 수위를 선택하는 것이 좋다.

정말로 부정기사인가

우선 해당 기사가 정말로 부정기사인지를 냉정하게 판명해야 한다. 부정기사는 흔히 '오보'라고 불리는데 내용이 틀린 기사라는 뜻이다. 그러나 잘못된 기사로 치부되는 상당수 기사들이 막상 틀리지 않은 경우가 흔하다. 틀린 부분이 있다고 해도 핵심적인 내용에 문제가 있다기보다는 지엽적인 오류일 때가 많다.

사실이 틀렸다기보다는 부정적인 내용의 위기사건을 기사화한 자체가 싫거나, 사건을 보도하는 관점이나 논조가 기업의 시각과 다르기 때문에 부담스럽다는 경우가 많다. 사실이 틀린 것과 의견이 다른 것은 전혀 다른 상황이다. 따라서 부정기사에 대응하려면 제일 먼저 무엇이 문제인지 정확히 정의돼야 한다.

부정기사가 왜 발생했는가

다음은 부정기사가 생겨난 원인이 무엇인가에 대한 분석이 있어야 한다. 기자의 단순한 실수나 잘못된 정보, 선입견 등에 의해 발생했을 수도 있고, 부정확한 커뮤니케이션이 오류의 원인이었을 수도 있다. 때로는 광고나 협찬을 얻기 위해 언론이 악의적으로 공격성 기사를 쓰는 경우도 있다.

〈그림 3-2〉 부정기사의 유형과 발생 원인

발생 원인	유형	현상
불명확한 커뮤니케이션 잘못된 정보 사용 선입견 판단 착오 부실한 취재 불유쾌한 경험 광고 등 청탁 의도	부주의 편견 루머 의도적 공격	틀린 숫자나 이름 사실에 대한 오해 상반된 해석 과장·편파 보도 일방적 보도 추측성 보도 폭로성 보도 악의적 표현과 편집

숫자나 이름의 오기 등 기자의 단순한 실수나 부실한 취재가 문제였다면 비교적 손쉽게 수정될 수도 있다. 전통 있는 언론사일수록 독자들을 위한 품질관리(quality control) 차원에서 오류 수정에 개방적이다. 반면 오류가 명백한데도 수정 요청을 굉장히 불쾌하게 생각하는 언론사들도 있다.

기자의 선입견이나 관점에 문제가 있다면 상황을 어떻게 납득시킬지 사전에 충분한 검토가 필요하다. 구체적인 증거나 합리적 설득 없이 무조건 수정을 요청한다고 들어주지는 않을 것이기 때문이다.

만약 부정기사가 광고 협찬 등을 요청하기 위한 악의적인 의도에서 나왔다면 전혀 다른 접근이 필요하다. 애초에 합리적이지 않은 출발인 만큼 합리적인 증거나 설득에도 귀를 열지 않을 가능성이 있다.

요구 수위의 결정

기사의 문제점과 배경이 이해됐다면 요구 수위를 결정해야 한다. 지면 또는 온라인 기사의 오류에 대한 수정 요청을 할 수도 있고, 지엽적인 문제라면 그냥 대응하지 않을 수도 있다.

기사의 수정 대신 사건의 내용이나 배경을 추가 설명하고 차후 관련 기사를 쓸 때는 정확한 보도를 해달라고 요청할 수도 있다. 어떤 경우에는 언론사에서 먼저 해당 기사의 수정 대신 추후 다른 기사에서 기업의 입장을 반영하면 어떻겠느냐는 대안을 제시하기도 한다.

경우에 따라서는 해당 언론사를 접촉하는 대신 다른 보도자료 등을 배포하여 네이버 같은 온라인 포털 검색에서 해당 기사의 노출 위

〈그림 3-3〉 부정기사 대응 선택지

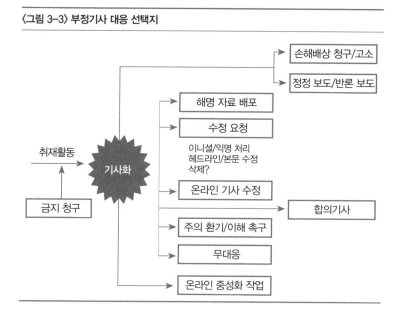

치를 아래로 밀어내는 '중성화 작업'을 선택하는 기업도 많다.

부정기사 대응에서 또 하나 중요한 점은 해당 언론사 대응에만 집중한 나머지 다른 매체가 부정기사를 쓰는 상황을 놓치는 것이다. 부정기사를 통해 사건이 공론화된 상황이라면 이제는 어느 매체라도 기사를 쓸 수 있으며, 소셜미디어를 통해 다양한 경로로 확산될 수 있음을 고려하여 대응전략을 짜야 한다.

수정 요청

부정기사에 적극 대응하기로 했다면 해당 언론사를 방문하거나 전화 등을 통해 수정 요청을 전달한다. 경우에 따라서는 내용증명 등의 방식으로 공문을 보내기도 한다. 당사자인 해당 기업과 언론사 간에 협의가 되지 않으면 언론중재위원회에 제소하거나 법원에서의 소송 등 제도화된 틀을 이용할 수도 있다.

일반적으로는 당사자 간 해결 → 언론중재위원회 → 법원의 과정을 거치는 것이 좋다. 물론 당사자 해결 과정을 거치지 않고 바로 법적인 해결을 시도할 수 있다. 그러나 굳이 차근차근 단계를 밟아가는 것이 좋은 이유는 언론사와의 관계를 생각했을 때 원만한 해결을 위해 최선을 다했다는 이미지를 선점할 수 있기 때문이다.

언론중재위원회나 법원 모두 잘못된 언론 기사로 인한 피해를 구제받는다는 목적은 같으나 성격은 많이 다르다. 법원의 경우 분쟁에 대해 최종적으로 판정하는 사법기관으로서 강한 구속력을 갖고 있으나 그만큼 언론사의 고의나 과실, 부정기사의 위법성을 입증해야 하는 등 요건이 까다롭고 최종 결정까지의 시간도 오래 걸리는 한계가 있다.

반면 부정기사의 폐해는 당장 나타나는 만큼 신속한 대처가 핵심이다. 독자들이 그러한 기사가 있었다는 것조차 잊어버릴 만큼 시간이 지난 뒤에야 '해당 기사는 잘못됐다'는 판정이 내려진다면 문제가 치유되기보다는 오히려 부정적인 사실만 환기시키는 꼴이 될 수도 있다.

그래서 신속 구제를 목적으로 만들어진 행정기관이 언론중재위원회다. 분쟁의 양 당사자인 기업과 언론사의 동의에 의한 중재나 기관의 조정 기능을 통해 부정기사의 문제를 빠르고 간편하게 결정할 수 있도록 돕자는 취지로 설립됐다.

언론중재위원회에서는 기사의 사실적 주장이 잘못됐다는 점만 입증되면 내용을 정정할 수 있는 정정보도청구권이나, 사실 여부와 관계없이 기업의 입장을 표명할 수 있는 반론보도청구권 등이 주요 판정 대상이다.

행정기관의 조치인 만큼 신청기간 등 간단한 요건만 맞추면 비교적 신속한 결정이 가능하나 최종적인 구속력이 없어 어느 한쪽이라도 불복하면 행정소송으로 넘어가 법적 소송을 다시 해야 한다는 한계가 있다.

2장

EXIT
STRATEGY

치열한 여론의 격전지,
소셜미디어

→ 위기 스토리가 유통되는 새로운 방식

소셜미디어는 사람들이 위기 스토리를 유통하고 소비하는 방식을 바꿔놓았다. 예전 같으면 기업에서 비난받을 만한 일을 저지르고(위기의 발생), 이에 대한 피해자들의 불만을 언론이 뉴스로 선택하면(이슈의 선택), 기업의 해명과 비난 여론의 증가 등 사건에 대한 다양한 논쟁이 벌어지는 것(위기 스토리의 경쟁)이 위기 커뮤니케이션의 전형적인 형태였다.

〈그림 3-4〉 위기 스토리 소비 방식의 변화

이슈의 소재	기업, 유명인 중심에서 일상의 개인까지
정보 콘텐츠	텍스트 중심에서 멀티미디어로
이슈 제기자	언론, 오피니언 리더 중심에서 누구나
확산 속도	뉴스 생산주기에서 실시간으로
확산 공간	오프라인에서 온-오프라인으로

소셜미디어가 발달하며 개개인이 모두 '1인 미디어'가 되어 콘텐츠를 소비하고 생산하며 교환하는 시대가 됐다. 이들이 위기 커뮤니케이션에 적극 참여하면서 주로 기업과 언론의 대결구도였던 전선이 다변화되고 스토리 경쟁도 치열해졌다. 이해관계자들도 소셜미디어를 활용하기에 소통 채널이 확장되고, 조직화된 행동도 쉬워지면서 영향력이 커졌다.

무엇보다 기업이 경험하는 위기사건의 종류가 다양해졌다. 예전의 위기는 기업의 고위 임원이나 특정 소비자, 경쟁사 등 소수의 이해관계자 중심으로 전개됐다면 이제는 평범한 임직원의 돌출행동 하나가 큰 파장을 일으키기도 한다. 심지어는 특별한 잘못이 없어도 이슈의 한중간에 서게 되는 경우도 종종 발생한다.

소셜미디어로 유통되는 기업의 위기 유형은 초창기 주목받던 ① 소셜미디어 채널 운영 사고와 ② 오프라인 기업 위기의 전이를 넘어 ③ SNS 특유의 기업 브랜드에 대한 공격 등으로 다양해졌다.

〈그림 3-5〉 소셜미디어 주요 위기 유형

채널 운영 사고	기업 위기의 전이	브랜드에 대한 공격
채널 운영상 실수 임직원의 SNS 해프닝 오너 리스크	잘못에 대한 비난 내부의 불만 표출 저격 콘텐츠	경영활동 희화화 챌린지, 패러디, 밈 혐오와 비방, 가짜 뉴스

삼일절에 일본여행이라니 – 채널 운영 사고

채널 운영 사고란 삼일절에 일본여행 프로모션 상품을 게재한다든지, 정치인이나 종교에 대한 욕설을 올리는 등 기업의 채널 운영 담당자가 실수를 저지르면서 위기가 발생하는 경우다. 최근에는 사진이나 음악 등 저작권이 없는 콘텐츠를 무단으로 이용하거나 자사가 소개된 기사를 무턱대고 전재했다가 문제가 되는 사례도 일어난다.

평택문화(가칭)의 경우 회사의 창립일 기념으로 SNS 퀴즈 이벤트를 진행했다가 거센 항의를 받았다. 불의의 사고로 사망한 아이돌 스타의 근황을 주제로 퀴즈를 냈다가 "죽음까지 상업적 의도로 이용해 먹는다"는 팬들의 거센 반발을 받은 것이다. 평택문화는 허겁지겁 이벤트 페이지를 내렸지만, 이를 캡처한 그림(속칭 '짤')은 두고두고 온라인 팬카페를 돌아다녔다.

자사 채널 이슈를 막으려면 운영팀이 콘텐츠를 올리거나 댓글에 반응할 때 주의를 기울이는 것이 최선이다. 사회적으로 민감한 부분에 대해서는 본능적으로 재검토를 하는 감각을 기르는 것도 필요하다. 사전에 운영 매뉴얼을 만들어놓는다든지, 여러 명이 교차검토를 한다든지 하는 시스템적인 대응 노력도 필요하다.

임직원이나 회사와 관련 있는 인물들이 소셜미디어 활동을 하거나 일상에서 일어난 사고가 회사의 문제로 비화되기도 한다. 종업원들이 지저분한 장난을 하며 피자를 만드는 과정을 유튜브에 올려 큰 파문을 일으켰던 사건처럼 소셜미디어 보급 초창기에 많았던 유형이다.

개인적으로 소셜미디어 활동을 하는 직장인이 늘어나면서 요즘도 심심찮게 사고가 일어난다. 개인의 SNS는 사적인 공간이지만 회사의 이슈로 비화하는 경우가 많다. 모 항공사 승무원이 아주머니 단체 승객들의 머리 모양을 희화화했던 사건처럼 결국은 회사가 사과문을 발표하며 끝나는 경우가 많다.

최근에는 기업의 오너나 CEO가 올린 SNS 콘텐츠가 이슈가 되는 사례가 잦아지고 있다. SNS에서 드러난 개인적인 취향이나 인간적인 면모가 높은 인기를 끌면서 개인적인 이미지(president identity)나 기업에 대한 호감이 생기는 경우도 많지만 거꾸로 특정 집단의 반발이나 거부감을 자극하는 일도 있기 때문이다.

우리 단톡방에 기자가? – 기업 위기의 전파

기업 위기의 전파란 기업의 잘못을 두고 일어난 비난이 소셜미디어에서 펼쳐지는 경우다. 실제 문제는 기업에 있으며 소셜미디어는 이를 공론의 장으로 이끌어내고 이슈화하는 역할이 크다.

페이스북이나 X, 유튜브, 인스타그램 등 다양한 SNS는 물론 블로그나 맘카페, 보배드림 같은 커뮤니티, 또는 관련 기사에 대한 댓글 등 경로도 다양하다. 콘텐츠에 대한 클레임이 생기면 네이버나 다음 같은 포털의 경우 긴급조치로 30일 정도 노출을 막아주는 서비스를 제공하지만 근원적인 처방책은 되기 어렵다.

기업이 운영하는 소셜미디어 채널이 이슈의 각축장이 되기도 한다. 삼척물산(가칭)의 경우 노사분규 도중 노동계로부터 집중적인 소셜미디어 공격을 받았다. 노조가 X를 통해 회사를 공격하는 콘텐츠를 올릴 때마다 진보 성향 정치인과 유명인들도 리트윗 등을 하며 문제 해결을 촉구했다. 회사 정문 앞은 늘 연대시위를 나온 타기업 노조원들과 시민들로 북적였다.

단체협약을 체결한 후에도 분규과정에서 폭행으로 해고된 노조원 한 명이 끝까지 발목을 잡고 늘어졌다. 그는 회사의 소셜미디어 콘텐츠마다 부정적인 댓글을 남기는가 하면 팔로워들에게 쪽지를 보내 억울함을 호소했다. 삼척물산은 그의 접근을 차단하는 것으로 대응했지만 다른 노조원들의 응원성 콘텐츠까지 막지는 못했다.

블라인드 같은 폐쇄형 커뮤니티나 카톡, 텔레그램 등 메신저를 통해 기업의 소식이 전파되고, 내부에서 축적된 불만이 외부로 알려지면서 사회적 이슈가 되는 패턴을 보이기도 한다. 전 세계의 관심을 끌었던 대한항공의 땅콩회항 사건도 블라인드를 통해 여러 직원들에게 알려지고, 제보를 받은 언론이 취재에 나서며 시작됐다.

콜센터업체인 순천통신(가칭)은 직원들의 카톡방 때문에 곤욕을 치른 적이 있다. 직원들이 단체 카톡방에 회사에 대한 불만과 함께 특정 임원의 승진에 대해 문제를 제기하고, 주요 고객사와의 갈등 배경 등 외부에 알려지면 곤란한 내용들을 여과 없이 올린 것이다.

무슨 영문인지 이 카톡방에는 주요 일간지 기자가 참여하고 있었고 모든 내용이 그에게 실시간으로 중계됐다. 기자에게 퇴장을 요청하는 사람은 없었고 순천통신은 계속되는 기자의 민감한 질문에 진땀을 흘려야 했다.

자사 제품을 처방하는 대가로 의사나 병원에 금품을 지급하는 리베이트는 불법이지만 매출을 높이고 싶은 제약회사가 종종 빠지는 유혹이다. 천안제약(가칭)의 경우 영업직원의 내부 고발 때문에 곤욕을 치렀다. 그가 재직 중에 은밀히 모아두었던 리베이트 증빙자료를 퇴사 후 공정거래위원회에 제출해 버렸기 때문이다. 기업에 대한 저격을 전문으로 표방하는 유튜브 채널에 출연하여 비리 사실을 고발하기도 했다.

이처럼 기업의 위기가 SNS로 전이한 경우 원인에 대한 근원적 치유 없이 부정여론을 넘어서기는 어렵다.

먹는 게 아닙니다 – 브랜드에 대한 공격

브랜드에 대한 공격은 기업이 특별히 관여돼 있지 않음에도 불구하고 온라인상의 유행이나 정치적·사회적 이슈에 휘말려 곤경을 겪는 경우다.

브랜드 안전성(brand safety) 이슈는 원래 온라인 광고를 자동으로 게재할 때 매칭 머신이 브랜드의 평판을 훼손하는 콘텐츠에 잘못 붙이는 경우를 뜻하나, 점차 기업의 온라인 평판을 해치는 전반적인 이슈라는 의미로 확장되고 있다.

온라인에서 유행하는 놀이에 기업이나 제품이 이용되며 의도치 않게 어려움을 겪는 경우도 있다. P&G는 2010년대 중반 '타이드팟'이라는 혁신적인 제품을 내놓았다. 세제와 섬유유연제를 구슬 모양으로 합쳐 사용의 편리함을 높인 신제품은 큰 인기를 끌었지만 의외의 복병을 만나게 됐다.

밝고 화사한 색상의 구슬 모양이다 보니 어린이나 고령자들이 사탕으로 오인하여 먹었다가 다치거나 사망하는 경우가 생긴 것이다. 설상가상으로 청소년들 사이에 이 제품을 입에 넣고 누가 거품을 더 많이 만드는지 겨루는 '타이드팟 챌린지(Tide Pod challenge)'라는 놀이가 유행하며 더욱 코너에 몰리게 됐다.

P&G는 2017년 제품 뚜껑을 열기 어렵도록 포장을 변경하고 경고 문구와 그림을 삽입했다. 유명 미식축구 선수인 롭 그론코프스키를 모델로 등장시켜 "타이드팟은 빨래를 하는 것이지 먹는 것이 아니다"라고 경고하는 광고도 시작했다. 언론과 소셜미디어를 통해 놀이의 위험성을 경고하고, 학부모들에게 자녀들을 말려달라고 호소하고, 유튜브나 페이스북에는 관련 동영상을 지워달라는 협조공문도 보냈지만 이 황당한 유행을 막기에는 한계가 있었다.

타이드팟 챌린지는 2018년 하반기를 기점으로 줄어들기 시작했는데 청소년들이 뜨거운 난로를 맨손으로 만지는 새로운 놀이(hot coil burn challenge)로 옮겨간 것이 큰 도움이 됐다.

귀마개 제품을 생산하는 동해제조(가칭)의 경우 고집이 세서 남의 말을 잘 안 듣는다고 소문난 유력 정치인을 비방하는 패러디에 자사 제품이 활용되어 곤욕을 치렀다. 누군가가 '말이 안 통하니 귀에 귀마개라도 한 모양'이라는 패러디를 만들어 유머 게시판에 올린 것이

SNS에서 인기를 얻으며 빠르게 퍼져나갔다. 해당 정치인의 지지자들이 동해제조의 대응 의도를 문제 삼으며 상황은 더욱 악화됐다.

심지어 패러디의 출처가 동해제조라는 의혹도 제기됐다. 기업이 굳이 특정 정치인을 비난할 이유가 없고, 패러디는 패러디일 뿐이라며 회사가 아무리 해명해도 온라인에서는 출처가 동해제조라는 의심이 한동안 계속됐다.

이처럼 기업이 정치적·사회적 논란이나 차별 이슈에 휘말려서 곤경에 처하는 경우는 계속 늘어나고 있다. 혐오와 비방, 가짜 뉴스 등의 문제도 특히 소셜미디어 공간에서 자주 일어난다.

→ 커지는 경쟁 공간, 약화되는 통제력

위기사건에서 소셜미디어의 역할이 커지면서 반대로 기업의 위기 커뮤니케이션에 대한 통제력은 점점 약화되는 현상이 나타나고 있다. 소셜미디어 시대에 기업은 뉴스룸 등 자신의 SNS 채널을 운영하게 되면서 위기 커뮤니케이션에서도 중요한 대응 수단을 갖게 됐다. 그러나 전체적으로는 위기의 발생 가능성을 예측하여 준비하고, 위기 플레이어들에게 적극적으로 기업의 입장을 설득하여 공감을 이끌어내는 것들이 더 어려워지면서 위기시간에 대한 통제력이 약해졌다.

우선, 위기 스토리가 언론보도를 중심으로 확산되던 시대와 달리 언제 어떤 형태로 비난이 터져 나올지를 기업이 예측하기가 많이 어려워졌다. 언론의 경우 뉴스 선택에 대한 기준이 있고, 사전에 기업에 확인 취재를 거치기도 하니 어떤 이슈를 문제 삼는 것인지 힌트를 얻을 수 있다. 이해관계자들 역시 문제가 생기면 직접 부딪히게 되니 다음 수순을 예측하기 쉽다.

그러나 누구나 1인 미디어가 될 수 있는 소셜미디어 세상에서는 누가 언제 어떤 이슈를 돌출시킬지 예측하기가 쉽지 않다. 그나마 블라인드나 기업과 연관성이 있는 커뮤니티를 모니터링하면서 대비하기는 하나 한계는 분명하다.

이슈가 되는 소재가 다양해지면서 예측의 범위를 넘어서는 경우도 많아졌다. 소셜미디어 이용자들은 언론기사를 퍼 나르면서 이슈를 확산시키기도 하지만, 자체적으로 새로운 문제를 제기하며 이슈를 주도하기도 한다. 그 과정에서 기업이나 제도권 언론이 주목하지 못하던 사건이나 쟁점이 큰 위기로 비화되기도 한다. 밈, 패러디, 챌린지 등 놀이문화나 페미니즘 같은 정치사회적 갈등이 끼어들며 엉뚱한 해프닝도 자주 일어난다.

과거의 콘텐츠나 기록들이 현재로 소환되어 다시 이슈가 되는 일도 종종 있다. 한 사회봉사단체의 경우도 3년 전 행사 사진이 보배드림 사이트에 올라가며 남혐 이슈로 곤욕을 치렀다. 소셜미디어 자체가 거대한 타임캡슐이 되어 있다가 이용자들의 선택에 따라 과거를 현재로 부활시키는 것이다.

앞에서 알아본 것처럼 기업이 잘못하지 않아도 문제가 되거나, 임직원의 사생활이 기업의 위기로 전이되는 등 위기사건의 요인 자체가 너무 많아진 것도 예측 가능성을 낮춘다.

이처럼 비조직화된 스토리 주체, 예측하기 어려운 쟁점의 출현, 빠른 확산 속도 등으로 인해 소셜미디어상의 위기사건에 대한 예측 가능성이 낮아졌다는 것은 기업의 입장에서 그만큼 미리 대비하고 준비하기가 어려워졌다는 의미다.

소셜미디어 이슈의 특징

흔히 소셜미디어 이슈는 전파되는 속도가 엄청나게 빠르다. 확산 속도가 빠르니 기업으로서는 그만큼 대응할 수 있는 시간적 여유가 부족해졌다. 빠른 확산 속도만큼이나 빠르게 소멸되기도 한다. 많은 콘텐츠들이 경쟁적으로 쏟아지니 한눈에 주목받지 못한 콘텐츠는 아래쪽으로 밀려나 이슈로 픽업되기 힘들어진다.

반면 처음엔 약할지라도 여러 명이 '좋아요'를 누르고 공유하기 시작하면 순식간에 강력한 여론으로 커지기도 한다. 어느 정도 주목도가 오르면 언론매체나 다른 유튜버, 블로거들이 이슈로 픽업하며 콘텐츠를 더하기 시작한다. 이러한 유명 채널에 실린 콘텐츠가 다시 온라인에 공유되며 이슈는 점점 확산된다.

또한 기존의 위기 커뮤니케이션은 '기업 대 언론', '기업 대 이해관계자' 등 비교적 스토리텔러들이 명확했다. 언론의 경우 자사의 해명을 받아들일 것이냐와는 별개로 어느 정도는 기업이 관리할 수 있었다. 출입기자의 경우 기업에 대한 이해가 있기에 직접 만나 설명하면 공감이 가능했고 인간적인 호소나 부탁이 통할 때도 있다.

그러나 소셜미디어는 기업이 불특정 다수의 1인 미디어들을 상대해야 하니 스토리텔러 관리에 어려움이 더 많다. 게다가 상당수가 기업의 진지한 해명을 원하기보다는 이슈 콘텐츠 자체를 재생산하거나, 자신의 의견과 감정을 표출하는 것에 더 관심을 갖는 것처럼 보인다. 따라서 메시지 자체보다는 이슈가 소비되는 맥락과 환경에 신경

써야 하는 경우가 많다.

특히 소셜미디어상의 대응은 대부분 공식적이고 텍스트 위주의 커뮤니케이션이다 보니 공감의 형성에 한계가 있다. 부정 콘텐츠를 양산하는 이용자와 전화나 다이렉트 메시지(DM) 등을 이용하여 1대1로 대화를 하고 싶어도 이러한 시도 자체가 캡처되어 또 다른 부정 콘텐츠로 만들어질 가능성을 염두에 두어야 하니 비공식적인 행동은 조심스럽다. 상호 이해의 맥락이 만들어질 기회가 없기 때문에 커뮤니케이션이 더욱 딱딱해지기 쉬운 것이다.

온라인 조직화도 특징이다. 기업에게 불만을 토할 수 있는 창구가 활짝 넓어지고, 불만을 가진 사람끼리 느슨하지만 쉽고 광범위하게 연대하여 안티 캠페인을 할 수 있는 플랫폼이 있기 때문이다. 예전엔 소비자들이 제품에 불만이 있으면 콜센터에 전화를 하거나 기업의 게시판을 통해 신고했다. 제한된 공간에서 소비자와 1대1로 조용하게 진행되던 불만처리가 지금은 SNS라는 공개된 장소로 옮겨졌다. 불만이 있는 소비자들은 자신의 계정이나 회사의 소셜미디어 채널을 찾아 컴플레인을 남겨놓는다.

페이스북이나 X를 통한 번개모임처럼 항의시위의 구성도 간편해졌다. SNS를 통해 생각을 같이하는 사람들이 쉽게 결집하고 또 흩어진다. 과거처럼 굳이 단체가 결성될 필요도 없다. 소셜미디어를 통한 가상의 연결만으로도 충분하다. 물리적인 시위가 아니더라도 좋아요(like), 리트윗(RT), 해시태그(#) 등을 이용하여 콘텐츠와 생각을 공유하고 집단적 여론의 위력을 보여주는 온라인 캠페인도 자리를 잡았다.

경제적 불평등을 규탄했던 미국의 Occupy Wallstreet 운동, 노동자 문제를 제기했던 희망버스 운동 등 최근의 정치·사회 운동들은 소셜미디어가 가진 조직화의 위력을 보여줬다. 소셜미디어는 그동안 주류 언론에서 소홀했던 시민들이나 시민운동단체에게 대안 미디어이자 강력한 캠페인 조직화 도구가 된 것이다.

기업의 입장에서는 장단점이 동시에 생겼다. 시민사회의 동향을 경찰 정보과 등 외부기관에 의존하던 과거와 달리 상당 부분 직접 모니터링이 가능해진 반면, 훨씬 다양해진 형태와 속도로 전개되는 반기업 캠페인의 부담을 안게 됐다.

대응의 열쇠는 균형감각

소셜미디어로 이뤄지는 위기 스토리 경쟁에 대한 통제력이 약한 만큼 기업으로서는 위기 커뮤니케이션의 원칙을 지키는 것이 더욱 중요해졌다. 기업 내에 소셜미디어 운영 가이드라인이 확산되면서 채널 운영 사고의 경우 그나마 통제가 되는 편이지만, 기업 위기의 전파나 브랜드에 대한 공격에서는 보다 적극적인 대책이 필요하다.

애초에 논란이 생기지 않도록 경영활동 자체에 대한 자기검증이 많아야 하는 것은 물론, 임직원의 소셜미디어 활동이나 채널 운영에도 신중을 기해야 한다. 이슈 발생에 대비해 지속적인 모니터링, 여론 경청과 메시지 구성, 톤앤매너와 완급 조절 등도 중요해졌다.

기업의 채널 운영이나 임직원들의 소셜미디어 활동에서 발생하는 해프닝들을 줄이기 위해서는 콘텐츠의 제작과 업로드에서 지켜야 할 원칙들을 지키는 것이 중요하다. 이러한 유형의 위기를 사전에 예방하기 위해 임직원용 가이드라인을 만들어 교육하는 기업이 늘어나고 있다. 핵심은 두 가지다. 첫째는 개인의 사적 공간에서 하는 소수와의

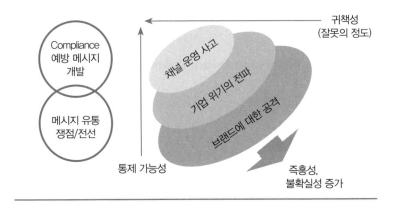

대화처럼 보이지만 실제로는 많은 사람들에게 노출되어 있기에 공적 공간에서 하는 대화라는 점을 명심해야 한다. 둘째는 특정 회사에서 일하는 직장인의 신분인 만큼 자신의 언행이 회사의 평판과 연결될 수 있다는 점을 자각하는 것이다.

기업에 대한 신뢰를 향상시키는 것은 소셜미디어에서도 중요하다. 실수를 완전하게 막을 수는 없다. 머리로는 알고 있어도 순간적인 부주의나 판단 착오로 일어나는 해프닝까지 막기는 어렵기 때문이다. 기업에 대한 신뢰는 이러한 실수가 주는 충격을 완화해 주는 안전판 같은 역할을 한다.

공식 채널 운영으로 SOV 유지

소셜미디어에서 충분한 배경 설명 없이 조각 난 정보들이 유통되다 보면 위기사건을 왜곡하여 설명하는 스토리가 '정설'인 것처럼 여겨지는 경우가 흔하다. 기업은 적절한 계기마다 사건과 관련된 추가 정보와 다양한 시각을 제공함으로써 균형을 잡아줄 필요가 있다. 특정한 스토리를 배제하거나 없애려는 것이 아니라 스토리를 듣는 사람들이 충분한 정보를 갖고 종합적인 판단을 내릴 수 있도록 다양한 목소리의 조화와 균형(share of voice, SOV)을 추구하는 것이다. 또한 입장들 간에 힘의 균형이 있어야 특정한 스토리가 대세감을 얻고 독주하는 사태도 막을 수 있다.

이를 위해서는 기업이 공식 입장을 밝힐 수 있는 채널을 갖고 있는 것이 좋다. 공식 채널을 통해 권위를 갖는 스토리들을 제공함으로써 추측과 루머의 발생을 억제하는 것이다. 신뢰 높은 언론매체 등을 통해 기사를 제공하거나 영향력을 가진 제3의 오피니언 리더나 인플루언서의 지원을 받아 새로운 정보를 제공하는 것도 부정적 스토리의 흐름에 변화를 가져올 수 있다.

다행히 소셜미디어 시대는 기업에게도 강력한 방어 수단을 하나 만들어주었다. 과거에는 대응 메시지를 언론을 통해서 발표해야 했지만 이제는 자체적으로 운영하는 뉴스룸이나 소셜미디어 채널을 활용할 수 있게 된 것이다. 물론 과거에도 자사 홈페이지 한 귀퉁이에 입장문을 올리는 경우는 종종 있었다. 이제는 그 수준을 넘어 자사 채널이 가진 영향력을 바탕으로 본격적인 위기 스토리 경쟁을 벌일 수 있게 됐다. 삼성, 현대, 엘지 등 대기업이 운영하는 뉴스룸이나 소셜미디어의 팔로워 숫자가 이미 어지간한 신문매체의 구독자 수를 넘어섰을 정도다.

다만, 위기 커뮤니케이션의 특성상 한계는 남아 있다. 본질적으로 위기는 기업이 무언가 잘못했다고 비난을 받는 상황이기에 커뮤니케이션 양이 많아질수록 기업에 부담으로 돌아오는 특성이 있다. 많은 설명보다는 절제된 메시지와 상황 연출로 자사 위기 스토리에 공감대가 커지도록 만드는 것이 중요하다.

감정 배출 창구의 일원화

소셜미디어상의 포스트나 댓글은 종종 사실의 전달보다는 개인적인 감정 배출의 통로로 활용되곤 한다. 이러한 부정적 콘텐츠들이 무작위로 여러 채널을 돌아다니게 하기보다는 한군데로 모을 공간을 마련하는 것도 검토할 만하다.

화가 난 사람들을 한곳으로 모으는 것은 기업으로서는 부담스러운 의사결정이다. 그러나 한곳으로 모으면 비난이 크더라도 곳곳으로 흩어지지 않는 장점이 있다. 화난 사람들이 모여 있다 보면 그 속에서 자연스럽게 여론을 조율하는 중재자들도 생기기 마련이다. 무엇보다 화난 사람들은 어느 정도 분노를 배출하고 난 뒤 상대방의 이야기를 들을 마음이 생기는 법이기에 감정 배출 이후에는 설득 가능성이 보다 높아진다. 이들의 의견을 쉽게 모니터링할 수 있는 경청의 기회도 생긴다.

기업이 부담을 느끼는 이유는 비난이 집중되어서가 아니라 이에 대응할 정확한 메시지와 Q&A가 준비되지 않았기 때문인 경우가 많다.

온-오프 통합 대응

소셜미디어라고 해서 무조건 소셜미디어로만 대응하는 것은 아니다. 온라인 대응에 때로는 오프라인 대응을 병행함으로써 위기 스토리의 동력을 줄여가는 노력을 곁들여야 할 때가 있다.

고가의 전자장비를 만드는 도쿄전자(가칭)는 대형 커뮤니티 포털인 디시인사이드의 회원들로부터 집중 공격을 받은 적이 있다. 특정 제품의 사양이 광고에서 제시한 내용과 다르다는 의혹이 있었기 때문이다. 카페를 주도하는 파워 유저들이 연이어 자신들의 테스트 결과를 포스팅하며 사태는 점점 커졌다. 일부에서는 도쿄전자를 허위광고 혐의로 공정거래위원회에 제소하거나 불매운동에 나서자는 주장도 나왔다.

문제의 핵심은 일본 본사와 한국의 시험 기준과 표기 방식이 살짝 다른 데 있었다. 국내 소비자를 충분히 배려하지 않고 무심코 본사 표기를 따른 한국 지사의 잘못이 있었지만 그렇다고 완전히 부정직한 행위라고 말하기도 힘든 회색 영역의 사건이었다.

디시인사이드의 해당 카페는 도쿄전자의 소비자들에게 큰 영향력을 갖는 곳이었다. 여기서 이뤄진 제품 평가가 온라인 여론을 좌우할 정도였다. 도쿄전자는 처음엔 쏟아지는 공격에 당황하여 일절 대응하지 못했다. 그러나 이번 사건을 카페 회원들과의 관계를 개선하는 계기로 활용한다는 목표를 세우고 적극적인 대응을 시작했다.

카페 운영진의 협조로 대표자 10여 명을 추천받은 후 일본 본사의 수석 엔지니어가 내한하여 설명회를 가졌다. 제품 사양 표기에서 오해는 왜 발생했고 어떻게 수정해 나갈 것인지 핵심 사안은 물론 도쿄전자가 어떤 비전을 갖고 있으며 현재 집중하는 기술개발은 무엇인지까지 진지한 대화가 이어졌다. 설명회는 카페 회원들에게 긍정적인 반응을 이끌어냈고, 도쿄전자도 표기를 수정하면서 위기사건은 성공적으로 마무리됐다.

소셜미디어는 위기 커뮤니케이션 과정에서의 투명함을 어느 때보다도 강하게 요구한다. 세상 사람들이 예전보다 더욱 세밀하게 기업 경영과 위기 커뮤니케이션 과정을 들여다보고 있다는 인식 아래, 정도경영으로 위기 발생 요인에 대한 통제력을 높이는 것이 중요하다.

3장 EXIT STRATEGY

가장 파괴력 강한 이해관계자

이해관계라는 강력한 힘

직접적 이해관계자는 말 그대로 위기사건과 구체적 이해관계가 걸려 있는 사람들이다. 불량식품을 먹고 배탈이 난 소비자, 공장 건설로 환경오염을 걱정하는 마을 주민 등 위기사건의 직접 당사자이기도 하다. 이들은 언론이나 소셜미디어 같은 관전자가 아니다. 특정 쟁점에 관심을 갖는 집단이라는 의미의 '공중'과도 다르다. 외부에서 위기사건을 평가하고 스토리를 만들어내는 집단은 사건에 대한 관심이 줄어들면 대개는 다른 관심사를 찾아 떠나고 만다. 그러나 이해관계자들은 금전이든 명예든 자신의 이해관계가 충족될 때까지 끊임없이 이슈를 제기하며, 다른 집단과 연대를 추진하고, 때로는 물리적인 힘까지 행사한다는 점에서 위기 스토리 경쟁에서 가장 강력하고 끈질긴 플레이어라고 할 수 있다. 사회적으로 큰 파장을 일으켰던 위기사건도 시간이 흐르거나 뉴스성이 소진되면 대중의 관심에서 멀어지며 소수 관련자들만의 이슈로 축소된다. 그러나 이해관계자들은 보통 사건을 계속 수면 위로 끌어올려 이슈화하려고 한다. 대중의 관심이 커질수록 기업이 압박감을 느끼게 돼 협상에 유리하다고 생각하기 때문이다. 대기업과의 특허소송에서 패소한 후에도 끝까지 갑질에 희생당했다고 주장하는 중소기업이나, 폭력시위로 해고당했지만 부당해고라고 호소하며 1인 시위를 계속하는 노조원이나, 본사의 유통망 정비 정책에 따라 계약조건이 바뀌자 협의체를 만들고 언론 플레이에 나서는 대리점 등 주로 수세에 몰린 이해관계자들은 계속 쟁점을 만들고 전선을 확대하려고 한다. 더 이상 잃을 게 없다고 생각하기에 어떻게든 현재의 질서를 흔들어서 변화의 단초를 만들어내려는 것이다.

이해관계자들이 위기사건의 전개에 미치는 영향은 이처럼 매우 크다. 그만큼 그들이 누구이고, 어떤 이해관계가 있으며, 그 결과 위기 과정에서 어떠한 주장과 행동을 할 것인지는 위기 커뮤니케이션 전략 수립에 필수적이다. 이를 위해 위기 커뮤니케이터들은 네 가지 질문을 던져보는 것이 좋다.

질문 1: 어떠한 이해관계자들이 참여하고 있는가

상대방이 누구인지에 대한 질문이다. 동시에 어떠한 이해관계가 쟁점인지에 대한 질문이기도 하다. 이들이 해당 이슈에 얼마나 관심이 큰지, 정보를 어디에서 얻는지, 어떠한 해결책을 원하고, 실제로 그러한 해결책이 얼마나 달성될 수 있다고 생각하는지 등도 중요한 정보다.

질문 2: 이들을 움직이는 동인은 무엇인가

이해관계가 있다고 모두 위기사건으로 비화되는 것은 아니다. 불만이 있어도 속으로 삭이며 침묵하는 사람들도 많다. 불만을 표출하게 된 계기는 무엇이고, 사건의 어떠한 측면이 이들을 자극하고 행동을 부추기는지 이해해야 한다.

기업이 이익을 추구하듯이 사람들은 실리를 따라 움직인다. 사건의 피해자들은 당연히 원상복구나 물질적 보상을 바랄 것이다. 그러나 금전적 이익만이 절대적 요소는 아니다. 때로는 대의명분이나 신념 등 추상적인 가치도 강력한 동인이 될 수 있다. 현실적으로 명분과 실리를 어떻게 조화시킬지가 중요한 고비가 되는 경우가 많다.

질문 3: 어느 정도로 조직화됐는가

혼자와 집단은 다르다. 집단일 때는 군중심리가 작용하여 더 과격해지거나 비합리적 의사결정이 이뤄지기도 한다. 하나의 집단이라도 내부에서는 여러 목소리가 갑론을박 다투고 있는 경우도 있다. 이해관계자들이 어떻게 조직화돼 있는지, 응집력은 어느 정도인지, 집단적 힘을 이루는 강한 연결고리는 무엇이고 약한 연결고리는 무엇인지 살펴볼 필요가 있다.

질문 4: 잠재적 아군과 적군은 누구인가

위기사건을 중심으로 전선에 대치하고 있는 기업과 이해관계자는 자신의 입지를 강화하기 위해 우군과 연대하려고 한다. 누가 우리를 도와줄 잠재적 아군이고, 누가 적군인지 그리고 그들은 어떤 이유로 전선에 참여할 것인지 지형을 파악해 놓는 것이 중요하다.

이해관계자를 분석하라

건축자재를 생산하는 강원산업(가칭)은 산업폐기물을 원료로 활용하여 생산비용을 낮출 수 있는 새로운 기술을 개발했다. 환경오염을 일으키는 폐기물을 줄이고, 원가까지 절감하는 일석이조의 신기술로 기대가 컸다. 다만, 생산과정에서 유해물질이 나올 수 있다는 논란이 완전히 해소되지 않은 게 불안요소였다.

강원산업은 신기술을 강원도에 건립하는 새 공장부터 적용키로 하고 시범운영을 시작했다. 공장 인근 주민들의 반대가 예상되기는 했지만 그런 일을 한두 번 겪은 것도 아니고, 관련 정부부처에서 사용승인까지 받아났으니 별 문제가 없겠다 싶었다. 그러나 주민들의 반발은 예상보다 훨씬 컸다. 악취와 두통에 시달린다는 민원과 함께 농작물에 피해가 생겼다는 항의가 이어졌다. 마을에는 외지에서 활동하던 환경운동가가 들어와 상주하며 주민들의 항의시위를 이끌었다.

주민들은 환경단체와 공동으로 관련 부처 장관과 공무원을 직무유기로 고소하기도 했다. 장관이 국민과 주민의 건강을 위해 규제정책을 펴야 하는데 수수방관하고 있다는 이유에서다.

주민들의 반대활동은 처음엔 지역신문과 진보적 인터넷 매체가 주로 다루는 지역적 이슈였지만 이후 공중파 TV가 고발 프로그램을 방영하는 등 전국적인 관심사로 커졌다. 찬반 논란은 국회로도 옮겨갔다. 국정감사 기간 동안 환경부 장관에 대한 의원 질의가 잇달았고, 의원실 자체적으로 실시한 역학조사 결과가 발표되기도 했다. 한발 물러서 있던 경제단체들은 기업에 대한 과도한 공격이라며 강원산업을 지원하기 시작했다. 강원산업은 새로운 공장이 지역경제의 발전에 기여할 것이고, 공법상 취약점도 계속 보완하겠다고 호소했지만 공장의 준공은 계속 늦춰져만 갔다.

강원산업의 공장 건설 사례는 이해관계자와의 갈등에서 벌어지는 전형적인 위기사건 형태다. 새 공법이 가져올 편익과 인체에 유해할 가능성이 갖는 비용을 비교하여 합리적 결론을 내리면 될 것 같지만 현실에서의 문제 풀이에는 훨씬 복잡한 변수들이 개입한다.

기업은 위기 스토리의 치열한 경쟁에 대비하여 이해관계자들의 상황을 보다 심층적으로 분석할 필요가 있다. 대표적인 분석 기법 두 가지를 소개한다.

이해관계자 지형도(Stakeholder Radar)

이슈에 대한 관여도(Y축)와 해당 이슈에 대한 찬반 태도(X축)를 잣대로 삼아 다양한 이해관계자들이 어떻게 포진해 있는지 살펴보는 방

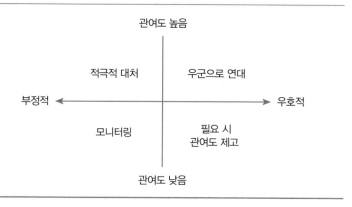

〈그림 3-7〉 이해관계자 지형도

법이다. 각 집단의 입장을 지나치게 단순화할 위험이 있으나 이슈를 둘러싼 전체 지형을 한눈에 파악하기에 좋다. 향후 이슈에 참여할 가능성이 있는 잠재 집단을 보여주는 장점도 있다.

지형도의 각 분면은 소속 이해관계자에 대한 개략적인 대응 방향을 보여준다. 관여도가 높고 적대적인 집단은 현재 가장 적극적으로 대처해야 할 대상이다. 반면 적대적이지만 관여도가 낮은 집단은 면밀히 모니터링하며 이슈가 활성화되지 않도록 통제할 대상이다. 관여도가 높고 우호적인 집단은 우군으로서 적극적으로 연대하고 활용해야 할 대상이다. 우호적이지만 관여도가 낮다면 당장 움직일 필요는 적다. 위기의 전개 양상에 따라 필요시 아군으로 적극 관여할 수 있도록 관여도를 상승시킬 수 있는 대안은 마련해 놓아야 한다.

지형도에는 추가 정보를 더할 수도 있다. 각 집단의 영향력을 원의 크기로 표시하거나, 이들의 태도 변화 방향을 화살표로 나타내어 시

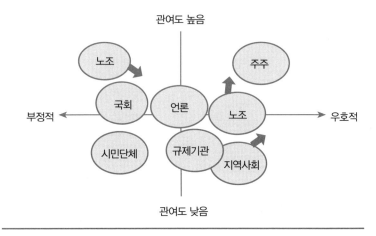

각화할 수도 있다(〈그림 3-8〉). 기업은 각 집단이 움직이는 방향이 가능한 한 좌하 쪽으로 향하도록 노력한다. 위기는 비난을 받는 상황이기에 기업에게 우호적으로 변하거나 최소한 관심이 적어지는 것, 즉 관여도를 줄이기를 바라기 때문이다.

PIN 분석(Position – Interest Analysis)

이해관계자 지형도가 이슈를 둘러싼 세력의 분포를 보여준다면, PIN 분석은 이해관계자들의 내면을 살펴보는 기법이다. PIN에서 P(Position)는 겉으로 드러난 입장, I(Interest)은 속으로 중시하는 이익, N(Needs)는 그 결과 드러난 요구사항을 말한다.

〈표 3-1〉은 강원산업 사례에서 이해관계자들의 입장과 이익을 예

이해관계자	지역주민	환경운동단체	정부당국	기업/업계
입장 (Position)	공장 건설 중단	공장 건설 중단	선진형 관리기준 도입	자율규제로 해결
기대이익 (Interest)	보상금 증액	성공 사례 수립	폐기물 관리 정책에 활로 마련, 정책 실패 부담	새 공법 도입으로 경쟁력 확보

시로 들어본 것이다. 겉으로 드러난 입장과 속으로 원하는 기대이익이 일치한다면 커뮤니케이션에는 큰 문제가 없다. 말과 속마음이 같기에 상대방의 요구사항을 들어줄 수 있느냐의 결정만 남을 뿐이다.

그러나 새 공법 도입을 놓고 이해관계자들의 주장과 속마음에 차이가 난다면 대응전략이 복잡해진다. 예를 들어 보상금 규모가 상대방의 실제 관심사인데, 환경오염 방지시설 투자에 초점을 맞춰 대응한다면 좀처럼 합의점을 찾기 어려울 것이다.

이해관계자들의 입장과 기대이익은 변할 수도 있다. 갈등 국면은 서로에게 피곤한 상황이기 때문에 적당한 지점에서 타협점을 찾으려한다. 그 지점에 효율적·효과적으로 빨리 다가가기 위해서라도 이해관계자들의 PIN은 정확히 이해돼야 한다.

→ 이해관계자 분석 시 유의할 점

이해관계자를 분석할 때 그들이 화가 난 동력을 이해하지 못하고 외형적인 주장이나 고정관념대로만 판단해 버리면 오류가 생길 수 있다. 다음은 이해관계자 분석 시 대표적으로 유의해야 할 점들이다.

적과 아군은 상황에 따라 달라진다

2010년 미국 멕시코만에서 사상 최대의 원유 유출 사고를 일으켰던 BP는 이후 사고 수습과정에서도 여러 구설수에 올랐다. 그중 하나가 BP와 폭발방지기를 만든 캐머론, 시추선 제작사인 핼리버튼, 시추선 운영사인 트랜스오션 등 협력사들이 청문회에서 사고의 책임소재를 놓고 서로를 비난하는 공방전을 벌인 것이다. 이들은 원유 유출이라는 관점에서는 서로 협력하여 하루빨리 사고를 수습해야 할 공동 운명체였다. 그러나 손해배상의 책임이 누구에게 있는가에 대해서는 조금도 양보할 수 없는 경쟁 상대였던 셈이다.

위기사건에서 이처럼 협력과 경쟁이 복합적으로 교차하는 사례가 흔하다. 서버 해킹으로 고객정보를 유출당한 은행과 서버 운영 회사, 위험물질을 운송하다 유출사고를 낸 화학회사(화주)와 트럭회사(배송업체) 등도 협력과 경쟁이 엇갈리는 경우다.

정부의 규제에 대한 대응과정에서도 적과 아군이 뒤바뀌는 경우가 생긴다. 처음엔 규제에 대해 공동대응 보조를 맞추나 이후 세부사항 조율과정에서 자사에 이익이 되는 조항을 지키기 위해 다른 기업을 저버리는 경우도 생긴다. 공정거래법 위반 조사를 받을 때 자진신고자에게는 과징금을 감면해 주는 제도(리니언시) 역시 면책을 미끼로 조사 대상자들의 균열을 만드는 방식이라고 할 수 있다.

기업과 시민단체는 항상 적대적일 것이라는 생각도 선입견일 뿐이다. 시민단체가 설정한 주력사업과 기업의 비즈니스 목적이 맞는다면 협력의 동반자가 되는 경우도 흔하다. 복수노조 도입 이후 노조의 입장에 따라 사측은 협력 또는 투쟁 대상으로 바뀐다.

이해관계는 이처럼 다층적이고 상대적인 모습을 띠고 있다. 위기관리자는 다양한 이해관계의 모습 속에서 협력할지, 경쟁할지 아니면 제3의 길을 택할 것인지 신중히 노선을 결정해야 한다.

같은 집단도 이해관계에 따라 세분화된다

겉으로는 동질적으로 보이는 집단이라도 이해관계에 따라 세분화된 소집단으로 분화할 수 있다. 집단소송의 경우 참가자들은 배상금을 받겠다는 하나의 목적을 갖고 있다. 그러나 소송에 얼마나 강한 참여 의지를 갖고 있느냐에 따라 다양한 소집단으로 분류할 수 있다.

집단소송은 변호사들이 운영하는 커뮤니티를 중심으로 추진되는 경우가 많다. 〈그림 3-9〉는 인천테크 개인정보 유출사건에서 집단소송 카페에 참가한 회원들의 성향을 분석한 것이다. 변호사로서는 투입시간 외에는 손해 볼 것 없는 게임이며 승소하면 유명세가 남는다고 생각할 수 있다. 카페의 핵심은 참가비를 내는 납부회원이다. 일반 회원들은 사건의 추이에 관심을 갖는 정도다.

승소 가능성에 대한 회의나 참가비가 아깝다는 생각은 주동 변호사와 납부회원의 연대감을 약화시킬 수 있는 메시지다. 카페의 단결력을 훼손하는 약한 연결고리다. 기업은 약한 고리를 만드는 메시지를 구사하게 된다.

〈그림 3-9〉 집단소송 카페 회원들의 성향 분석

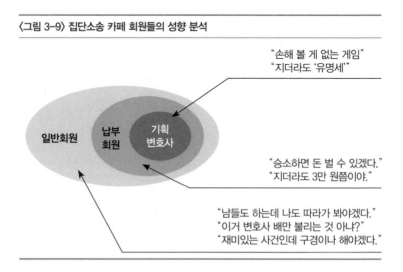

회사 임직원들은 모두 같은 입장일 것 같지만 이슈의 성격에 따라 다양한 이합집산이 일어난다. 노사갈등이 있을 때는 사측, 노측, 중립 등 태도별로 사건에 대한 인식과 타결 방안이 달라질 것이다. 그래서 노사분규에서는 기업의 입장을 정확히 알리는 사내 커뮤니케이션이 핵심이 된다.

명분은 이익 못지않은 강력한 동력

갈등에 대응할 때 빠지기 쉬운 오류가 금전적 이익이 상대의 최종 목표라고 단정 짓는 것이다. 그러나 사람의 행동은 이익 못지않게 명분에도 많은 영향을 받는다. 변화를 원한다면 계기와 명분을 제공하는 일을 게을리 해서는 안 된다. 명분이 있어야 사태가 해결된 후에도 후유증이 최소화된다.

→ 집단 갈등에서 커뮤니케이션의 역할

이해관계자와의 갈등을 끝내려면 기업은 이해관계를 정리하는 협상을 하게 된다. 이를 위해 서로 간에 이익을 교환하는 로그 롤링(log rolling), 차선의 대안을 제시하는 BATNA(Best Alternative To a Negotiated Agreement) 등 다양한 협상기법이 동원된다. 그 과정에서 위기 커뮤니케이션은 협상의 효율성을 높이고, 기업의 경쟁력을 강화하는 역할을 담당한다. 이해관계자들과의 소통 채널을 유지하고, 기업에게 유리한 쟁점을 발굴하거나 명분을 축적하는 메시징 등으로 기업의 리더십을 강화하는 것이다.

소통 채널을 유지하고 정보를 제공한다

아무리 갈등이 격화되더라도 소통 채널을 끊이지 않게 유지하는 것이 중요하다. 겉으로는 으르렁거리며 싸우더라도 물밑에서는 서로의 입장을 전하며 대화를 계속할 수 있는 통로가 있어야 한다. 갈등은 싸우기 위한 것이 아니라 결국은 해소를 통해 새로운 질서를 만들기 위한 것이기 때문이다. 특히 집단적 갈등의 경우 회사 측의 소통 채널이 막히면 상대 집단 구성원들이 그들의 지도부나 강경파가 전하는 편향된 정보를 듣게 되는 경우가 생긴다. 다양한 정보를 접하는 경로를 열어줌으로써 중립적인 판단을 할 수 있도록 도와주면 좋다.

논산기업(가칭)의 경우 노사분규 와중에도 정기적으로《함께 가는 길》이라는 사내 소식지를 계속 발간했다. 노조원 대다수가 현장에서 3교대 근무를 하기에 유인물을 이용하는 것이 효과적일 것으로 판단했기 때문이다. 소식지는 임단협 협상과정에서 제기된 쟁점 하나를 골랐고, 회사의 일방적 의견을 제시하기보다는 쟁점이 가진 법적인 근거와 배경, 회사의 입장, 제3자의 시각 등을 고루 담아 노조원들이 다양한 시각의 정보를 습득할 수 있도록 도왔다.

명분의 우위를 차지한다

명분이나 체면은 물질적 이해 못지않게 사람들의 행동에 큰 영향을 미치는 요소다. 때로는 이익을 포기하면서까지 명분을 선택할 수도 있는 것이 사람이다. 치열한 이익 다툼을 벌이면서도 공익적·대의적 명분을 내세운 메시지를 강조하거나, 절차적 정당성을 확보하기 위해 노력하는 것은 궁극적으로 명분상의 우위를 차지하기 위한 것이다.

설혹 갈등을 완전히 해결할 수는 없더라도 사태 해결에 최선을 다했다는 명분을 남기는 것은 중요하다. 그래야 상대방의 마음이 닫히지 않고, 위기 이후의 상황을 이끌어가기 편하다. 또한 명분은 우군들이 목적지까지 함께 타고 가는 버스의 역할을 한다. 특히 정부기관이나 상급 단체들은 기업을 돕고 싶은 마음이 들어도 명분이 약하다고 생각하면 동참하지 않는다. 명분은 이들이 편안하게 회사와 진로를 함께하도록 만들어준다.

오송물산(가칭)은 제품의 공급마진율을 놓고 유통업체들과 큰 갈등을 겪었다. 집행부가 교체된 유통단체가 오송물산이 고압적인 영업 정책으로 저마진을 강요한다며 '생존권 싸움'을 선언한 것이다. 유통업체들은 제품 취급 거부와 반품 운동, 오송물산 본사 앞 1인 시위 릴레이 등을 벌였다.

오송물산은 자사의 마진율이 업계의 평균 수준인데도 유통단체의 타깃이 된 것은 이들이 향후 마진율 인상 요청을 제조업계 전체로 확대하기 전에 유통망이 취약한 자사를 굴복시켜 선례를 만들려는 의도로 보았다. 게다가 회원 지지 기반이 약했던 신임 집행부가 강경 정책으로 리더십을 키우려는 목적도 있다고 판단했다. 오송물산의 위기 커뮤니케이션 전략 역시 쟁점과 전선이라는 두 가지 측면에서 개발됐다. 먼저, 회사가 갑질을 하는 '못된 기업'이 아니라 '부당한 공격의 희생양'이라고 프레임을 바꾸는 것이 목표였다.

오송물산의 마진율은 업계 평균 수준이며, 유통업체의 주장처럼 문제가 있다면 그것은 특정 회사가 아니라 업계의 유통구조를 개선해야 하는 문제라는 점을 설명했다. 유통업체들의 행동양식에도 문제를 제기했다. 대화보다 집단행동에 먼저 돌입한 것은 문제 해결 대신 특정 회사 괴롭히기이자 소비자를 볼모로 한 비윤리적인 행동이며, 지도부의 무리수는 선의의 유통업체들을 범법자로 만드는 결과를 가져올 것이라고 경고했다. 그러면서 대화를 통한 해결과 상생을 끊임없이 강조함으로써 명분을 유지했다.

경쟁의 구조, 즉 전선의 측면에서는 두 가지 전략이 추진됐다. 우선, 유통단체 내부에서도 다양한 목소리가 있다는 점에 주목했다. 신임 지도부의 강성 정책에 불만을 가진 중도적 목소리가 힘을 얻을 수 있도록 지원했다. 반대로 불필요한 행동이나 추가 이슈를 발생시켜 단체의 내부 결속력이 강해질 수 있는 상황은 극히 조심했다.

상대방이 집단인 만큼 회사도 협상력을 키우기 위해서는 우군이 필요했다. 정부 당국이나 제조업계 단체 등에 지원과 함께 유통단체와의 사이에서 중재자 역할을 맡아줄 것을 요청했다. 제조사들은 처음엔 유통단체의 타깃이 될까봐 개입을 꺼렸으나, 유통단체의 칼날이 궁극적으로 자신들을 향하게 될 것이라는 점을 깨달으며 태도가 바뀌었다.

속초기업(가칭)의 경우 회사의 비밀정보 유출로 여러 직원을 한꺼번에 징계해야 하는 상황이 생겼다. 혐의가 확정되기 전이어서 조사는 비밀리에 개별적으로 이뤄졌지만, 조사가 길어지면서 임직원들은 동요했다. 회사는 CEO가 직접 타운홀 미팅을 열어 ① 징계조사의 목적은 회사와 임직원 전체의 이익을 보호하기 위한 것이며 ② 조사과정은 개인의 소명을 충분히 반영하는 공정한 절차를 통해 이뤄질 것이고 ③ 징계양정 역시 치우침 없이 이뤄질 것임을 분명히 밝혔다. 특정인에 대한 징계에 '전체의 이익'이라는 상위명제를 제시함으로써 공감폭을 확대한 것이다.

추가 이슈가 발생하지 않도록 유의한다

공장 증설 문제로 지역주민과 갈등을 겪던 청주환경(가칭)은 반대운동의 주동자를 고소하는 것을 고민하고 있었다. 주민들은 환경오염은 물론 사전에 공고되지 않은 범위이며, 증설과정에서 폭우로 토사가 유출돼 농사에 피해가 발생했다는 등 끊임없이 이슈를 제기해 사사건건 부딪혔다. 주민들의 잇단 언론 플레이와 민원 제기로 공사에 차질이 생기는데, 주동자를 업무방해로 고소하여 혼을 내면 주민들도 기가 꺾이지 않겠냐는 생각이었다.

그러나 반대 의견도 만만치 않았다. 업무방해로는 강하게 처벌하기 힘들 뿐더러, 설혹 처벌을 하더라도 주민들이 마을을 위해 고난을

〈표 3-2〉 주민들의 결속력 증대-감소 요인

증대 요인	감소 요인
• 동조자의 증가: 특히 외부 세력의 개입 • 주변의 관심 증대: 우발적 사건사고 발생, 기업의 비리 등 약점 증대 • 기대이익의 증대 기회 • 벼랑 끝 전술: 더 이상 잃은 것이 없다는 피해의식	• 반대(중립) 목소리의 확산 • 지도부의 리더십 약화 또는 분열 • 기대이익의 감소: 힘들여 싸워본다고 더 이상 나올 것이 없다 • 투쟁 명분의 감소: (예) 계속 관계를 맺을 기업인데 망하면 우리도 손해 아닌가?

겪은 주동자에게 마음의 빚이 생길 경우 오히려 그의 리더십만 강화되는 결과가 될 것이라는 지적이었다.

청주환경 실무진은 주민들의 결속력이 강해지지 않도록 가능한 한 추가 이슈를 만들지 않는 것이 장기적으로는 최선이라는 결론을 내렸다. 그러고는 주민들의 결속력이 강화되는 경우와 약화되는 경우를 가이드라인으로 만들어 커뮤니케이션 전략에 반영키로 했다.

주민들의 결속력은 ① 동조자가 늘어날수록 ② 주변의 관심이 커질수록 ③ 우발적 폭행사고나 기업의 비리 등 약점이 생길수록 ④ 반대 투쟁으로 인해 얻을 수 있는 이익에 대한 기대가 높아질수록 ⑤ 피해의식이 커질수록 높아질 것이라는 결론이었다.

반대로 ① 투쟁에 반대하는 목소리가 확산될수록 ② 지도부의 리더십이 약하거나 분열될수록 ③ 싸워봤자 더 이상 나올 것이 없다는 등 기대이익이 감소할수록 ④ 투쟁의 명분이 약해질수록 결속력은 약해질 것으로 분석됐다.

위기에 강한
기업을 향하여

1장 EXIT STRATEGY

위기, 조직의 역량이 드러나는 시험대

위기의 진행 단계별 대응 역량

'위기에 강하다'는 의미는 위기를 극복할 역량이 조직 내부에 튼튼하게 쌓여 있다는 뜻이다. 대응 역량이 뛰어난 기업은 위기가 닥쳤을 때 비난을 잘 극복하지만, 역량이 부족한 기업은 혹독한 시련을 겪곤 한다. 기업을 튼튼하게 만드는 위기 대응 역량의 구체적 내용은 두 가지 관점에서 살펴볼 수 있다. 첫 번째 위기사건 발생 이전과 발생 후의 대응, 이후의 수습과정까지 위기의 진행 단계별로 필요한 의사결정과 해결 역량이 무엇인지 규명돼야 한다. 두 번째, 위기사건에 대응하는 주체로서 개별 구성원과 기업 시스템 등 조직의 구성요소별로 어떠한 역량이 축적돼야 할지 고민해야 한다.

먼저, 위기가 발생하기 전에는 미리 예방조치를 잘 취해 부정적 사건이 생기지 않도록 억제하는 역량(예방 능력)이 필요하다. 위기사건이 발생하더라도 부정적 충격이 약해지도록 완충장치를 만들어놓는 역량(완화 능력)도 중요하다. 다음은 불가피하게 위기가 발생하더라도 정확한 대응으로 피해를 최소화할 수 있는 역량(대응 능력)이 필요하다.

〈그림 4-1〉 위기 단계별 대응 역량

예방 · 완화 능력
(사전)

대응 능력
(발생)

회복 능력
(사후)

마지막으로 위기사건의 종료 이후에는 피해를 원상태로 복구하고, 빠르게 일상으로 복귀하여 정상적인 경영활동을 재개할 수 있는 역량(회복 능력)이 있어야 한다.

우리는 건강할수록 외부 병균에 강한 대응력을 갖고, 빨리 회복한다. 조직도 위기 대응에 필요한 역량을 골고루 갖추었다면 위기에 강한 기업이라고 자신할 수 있을 것이다. 기업이 위기에 강해진다는 것은 각 단계별 역량을 키울 수 있도록 기술과 시스템을 보강하는 등 체질을 개선한다는 의미다.

사전 예방 능력

기업의 입장에서는 위기사건이 아예 일어나지 않는 것이 최선이지만 현실적으로 위기 발생을 완전히 봉쇄하는 것은 불가능하다. 오히려 현대 경영에서는 크고 작은 위기가 발생할 가능성이 더 높아졌다고 보고 있다. 기업의 규모가 커지고, 사업 범위가 국내를 넘어 세계로 뻗어나가며, 분업과 협업이 늘어나면서 파트너들도 많아지고 있기 때문이다. 기업이 통제해야 하는 범위가 넓어진 만큼 경영의 불확

<表 4-1> 현대 경영에서 위기요인의 증가

요인	흐름	새로운 위기 유형
기업경영	• 기업의 규모 확대 및 세계화 등 경영 환경의 불확실성 증가	
이해관계자	• 소비자, 지역주민, 정부, 협력업체 등 이익집단의 행동주의 • 기업에 대해 엄격해진 잣대(윤리의식, 다양성)	• ESG 리스크 • 가짜 뉴스, 챌린지 등 비정형 위기 요소
커뮤니케이션 환경	• 위기 확산 속도의 증가 • 위기 스토리 전파 경로의 다변화	

실성이 커지고, 각종 사건사고가 발생할 확률도 높아진 것이다.

최근 ESG 경영에 대한 관심이 높아진 것은 위기관리 관점에서는 기업활동에 대한 규제와 감시가 강화됐다는 것으로 해석할 수 있다. ESG 경영은 환경(Environment)과 사회(Social), 지배구조(Governance) 측면에서 전향적인 경영을 하겠다는 의지이지만, 그만큼 목표를 충족하지 못하거나, 어긋난 방향으로 가는 기업에게는 비난과 제재가 가해지게 된다. 게다가 ESG 경영을 통한 기업의 사회적 기여가 환경 영역에서 사회 영역으로 점차 옮겨가고 있다는 것은 새로운 위기요인(risk)의 출현을 예고한다. 환경 영역의 경우 지구와 자연을 보호하겠다는 목표 자체에는 이견이 있을 수 없다. 환경보호에 특별한 효과가 없으면서도 친환경적인 제품이라고 소비자를 속이는 그린 워싱 정도가 조심해야 할 위험요인이다.

그러나 노동, 인권, 차별 등의 주제를 다루는 사회 영역에서는 기업의 의도와는 다르게 엉뚱한 논란과 위기가 발생할 수 있다. 사회 영역에서 중요시되는 공정이나 정의 등의 가치는 관점에 따라 다른 의미를 가질 수 있는 데다, 진영 간의 대결을 촉발할 수도 있기 때문이다. 우리나라에서도 여러 기업과 사회단체들이 엉뚱한 페미니즘 논쟁에 휘말려 홍역을 치렀던 것이 그 예다. 사회 영역에서 브랜드 액티비즘(brand activism)을 표방하는 기업이 늘어나는 만큼 새로운 형태의 ESG 리스크에 대한 대비도 더 필요해지고 있다.

언론매체가 폭발적으로 늘어나고 소셜미디어가 활성화된 커뮤니케이션 환경 역시 기업에 대한 감시망이 촘촘해진 것으로 볼 수 있다. 조금이라도 잘못하면 비난을 받을 소지가 더 많아진 것이다. 소비자의 의식 등 사회적 환경 변화도 녹록치 않다. '주주행동주의', '소비자 권리장전'이라는 용어처럼 이해관계자들의 행동이 적극적으로 변하고 기업을 바라보는 국민들의 잣대도 엄격해졌다.

소셜미디어의 확산과 함께 다양한 챌린지가 늘어나는 것도 유의해야 한다. 기성세대의 관념으로는 이해하기 힘든 각종 놀이와 밈 문화가 뜻밖의 위기가 되어 기업에 직간접적인 피해를 가져오는 경우가 종종 생기기 때문이다.

이처럼 기업경영에 위험요인이 많아지는 만큼 사전 대응의 중요성도 커지고 있다. 사전 대응은 잠재적 위기요인들을 미리 개선하여 가능한 한 위기 발생을 줄이는 예방대책(prevention)과 불가피하게 위기가 발생하더라도 피해규모를 낮출 수 있는 완화대책(mitigation)으로 나누어볼 수 있다.

기업이 정도경영, 원칙경영으로 처음부터 시빗거리를 없애고, 불합리한 시스템을 개선하고, 준법감시(compliance) 시스템 강화 등 제도적인 측면은 물론 구성원들에 대한 교육과 위기 감수성 함양으로 인적 실패 요인(human error)을 줄이는 것들은 위기 예방과 관련된 주요 주제들이다.

특히 많은 위기사건이 기업 구성원의 잘못된 행동이나 의사결정에서 비롯된다는 점을 감안하면 '회색 영역'에 대한 보다 적극적인 대책도 필요하다. 회색 영역이란 '해도 된다' 또는 '하면 안 된다'는 등 행동 기준이 명확한 영역과는 달리 해도 될지, 안 해야 될지 가치 판단이 모호하거나, 윤리적 이슈가 숨어 있는데도 적극적으로 의식하지 못하는 영역이다. 그렇기에 회색 영역에서는 휴먼 에러에 의한 위기사건이 자주 일어날 수 있다. 가부가 명확한 영역에서는 휴먼 에러가 적다. 할 수 있는 영역은 해도 문제가 없고, 하면 안 되는 영역은 안 하거나 의식적으로 조심하기 때문이다.

대표적인 사례가 우리 사회에서 성인지 감수성이 높아지던 초기에 중년 남성들 사이에 논란이 일었던 '의도치 않은 성희롱'이다. "명백한 성범죄와는 달리 성적 의도가 없는 친근감의 표시다", "옛날에는 문제가 없었는데 왜 갑자기 범죄자로 몰아가느냐" 등의 반감이 있었던 것이다. 지속적인 직장 내 성희롱 방지 교육으로 최근엔 논란 자체는 줄어들었다. 교육을 통해 판단 기준과 구체적인 가이드라인이 제공되면서 이제는 누구나 하면 안 되는 행동이라고 알게 된 것이다.

사회적 가치와 윤리적 기준은 시대에 따라 조금씩 변해간다. 시대적 흐름과 조직 및 구성원들의 가치 기준을 섬세하게 조율하여 휴먼 에러를 줄여야 할 필요가 있다. 기업이 항상 내외부의 변화에 주목해야 하는 이유 중 한 가지다.

사전 완화 능력

위기사건의 사전 완화 측면에서는 신뢰자산의 가치에 주목할 필요가 있다. 기업이 재난사고 등에 대비하여 보험을 들어놓으면 유사시 피해보상이나 복구비용 마련이 수월해지듯이 사전에 쌓아놓은 신뢰자산은 완충재 역할을 한다. 위기사건이 발생하더라도 좋은 이미지나 평판, 신뢰감 등이 쌓여 있으면 부정적 감정과 비난을 약화하는 데 많은 도움이 된다. "그럴 회사가 아닌데", "무언가 사정이 있었을 것"이라며 과도한 비난을 자제하고, 설혹 문제가 불거져도 "앞으로는 잘하겠지"라며 용서와 재도전 기회를 주는 동력이 된다.

〈그림 4-2〉 신뢰자산의 효과

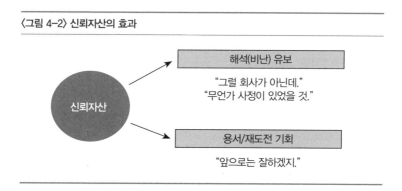

위기 대응 능력

위기가 발생했을 때 잘 대응함으로써 사건의 임팩트를 최소화할 수 있는 역량이다. 대응 역량에서의 핵심은 커뮤니케이션이다. 유형적·실질적 측면의 사건관리도 중요하지만 위기사건으로 인한 기업의 피해 총액에서 무형적·관계적 손실에 대한 비중이 점점 중요해지고 있기 때문이다.

지사나 영업장이 많은 기업의 경우 현장에서 근무하는 직원들이 각종 사고에 얼마나 초기 대응을 잘하느냐가 중요하다. 위기를 현장의 문제로 한정시키고 전사적 범위로 키우지 않는 것이 관건이기 때문이다. 이를 위해서는 적절한 권한이양(empowerment)과 함께 현장 대응 매뉴얼을 구비하고 교육하는 것이 필요하다. 그러나 커뮤니케이션 대응의 상당 부분은 전사적 차원의 의사결정 문제다. 사건에 대한 기업의 공식 입장을 수립하고 소통하는 방식으로 이뤄지기 때문이다. 통상의 위기관리 매뉴얼도 중요하지만 CEO, 홍보부서 등 소수의 개인 역량 향상이 훨씬 더 의미를 갖는 것도 이러한 이유에서다.

위기 회복 능력

위기사건을 마무리 지으며 빠르게 일상적인 경영활동으로 복귀하는 능력, 즉 회복탄력성(resilience)을 어떻게 높일 수 있는가가 관건이다. 더 나아가 사건을 계기로 위기 이전보다 좋은 상태로 기업을 발전시킬 수 있다면 바랄 나위가 없다.

위기사건을 겪으며 습득한 노하우를 조직 내부에 암묵지로 축적하고, 개선할 수 있는 학습 능력이 충분한지도 중요한 잣대다. 그러나 많은 기업에게 위기는 기회가 아니라 그저 위기에 그친다. 이들에게 위기란 회사에 금전적 손해와 평판의 하락을 가져오고, 임직원의 사기가 땅에 떨어졌다가 시간이 지나면 잊어버리는 재수 없는 경험에 불과할 뿐이다.

위기를 정말로 기회로 바꾸려면 위기사건으로 얻은 경험과 교훈을 바탕으로 고통스러운 혁신을 시작해야 하는데 이것이 쉽지 않기 때문이다. 반발하는 직원들을 동참시키고, 확고한 리더십으로 방향을 제시하고, 실질적인 변화를 유도하고, 때로는 과감한 투자가 병행돼야 하는데 추진동력을 유지하기가 어렵다. 그래서 많은 기업이 위기가 터지면 대증요법적인 대응에 급급하다, 슬며시 똑같은 일을 반복하고, 다시 위기를 맞는 악순환에 빠진다.

유명 프랜차이즈 회사인 포천유통(가칭)이 그런 케이스다. 근로자가 사망하는 중대재해가 일어나 엄청난 비난을 받은 후 거창한 안전경영선포식까지 가지며 혁신을 다짐했다. 그러나 이후에도 회사의 자원은 안전시설의 개선보다는 비난 여론과 함께 뚝 떨어진 매출 회복에 집중됐고 6개월도 지나지 않아 또다시 대형 안전사고가 발생하는 등 수렁에서 빠져나오지 못했다.

구성요소별 대응 역량

기업의 위기 커뮤니케이션 역량을 구성요소별로 나누면 크게 ① 구성원 개개인이 보유한 인적 역량 ② 조직적인 차원에서 준비하고 훈련된 시스템적 역량 ③ 기업이 오랫동안 축적해 온 선한 이미지나 평판 등 기업문화적 역량이 있다.

〈그림 4-3〉 위기 대응 역량의 구조

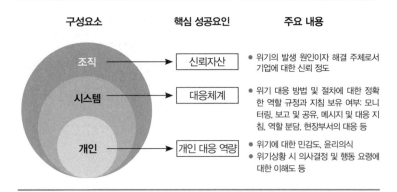

구성요소	핵심 성공요인	주요 내용
조직	신뢰자산	• 위기의 발생 원인이자 해결 주체로서 기업에 대한 신뢰 정도
시스템	대응체계	• 위기 대응 방법 및 절차에 대한 정확한 역할 규정과 지침 보유 여부: 모니터링, 보고 및 공유, 메시지 및 대응 지침, 역할 분담, 현장부서의 대응 등
개인	개인 대응 역량	• 위기에 대한 민감도, 윤리의식 • 위기상황 시 의사결정 및 행동 요령에 대한 이해도 등

구성원 개인의 역량

CEO를 비롯한 임직원 개개인이 모두 준법의식 및 윤리의식, 위기 감수성이 높고 위기가 발생했을 경우 자신의 역할이 무엇인지 분명히 인식하는 것이 중요하다. 위기관리 관점에서 구성원의 역할별로 그룹을 지어보면 CEO를 포함한 의사결정자, 대내외적인 소통을 수행하는 커뮤니케이션 담당자(커뮤니케이션 관리), 위기사건을 수습하는 해당 부서 담당자(사건관리), 기타 임직원 등 네 개 그룹으로 나뉠 것이다.

각 그룹별로 위기와 관련된 필요 역량은 무엇인지 파악하고, 역량을 구성하는 태도와 스킬을 정의하여 교육할 필요가 있다. 특히 현대 기업 위기 대응의 핵심은 커뮤니케이션이므로 이와 관련된 트레이닝을 실시하면 좋다. 실무적으로는 미디어 트레이닝을 적극 추천한다. 이 교육은 원래 언론과의 인터뷰를 앞두고 있는 임원들을 대상으로 회사의 키 메시지를 재점검하고, 까다로운 질문에 잘 답변할 수 있는 방법들을 연습하는 것이 목적이다.

그러나 굳이 언론과의 인터뷰가 아니더라도 기업경영에 잠재된 여러 이슈들을 재점검하고, 합리적인 대응 방향을 검토하는 기회가 된다는 점에서 다양한 형태로 응용된다. 국정감사나 국회 청문회 등에 CEO가 출석한다든지, 쟁점이 많은 주주총회를 주재하거나 외부 평가기관의 질문에 응답해야 하는 상황 등에 대비하기 좋은 방안으로 여겨진다.

장기간의 노사분규에 시달리다가 극적으로 변화의 계기를 찾은 베이징물산의 경우(2부 5장 참조)도 CEO가 국정감사의 증인으로 출두하기 전 대응 트레이닝을 통해 기업의 현실을 자각한 것이었다.

시스템적 역량

기업의 위기사건은 개인적인 사건과는 달리 여러 구성원들이 팀워크를 이뤄 집단적으로 대응하게 되므로 조직 전체가 위기 발생 시 효과적이고 효율적으로 대응할 수 있도록 체계를 잡고 훈련돼 있어야 한다. 〈그림 4-4〉에서 보듯이 사전에는 위기요인을 모니터링하고, 관련된 요소를 개선하는 예방활동을 펼치고, 발생 시 대응하며, 종료 후 피해를 복구하고 위기사건에서 얻은 교훈을 적용해 시스템을 보강하는 순환활동이 원활히 이뤄지는 것이 바람직하다.

이 중에서도 사전 대응 시스템 구축이 역량 강화의 핵심이다. 사전 대응 시스템의 구축은 기업의 위기환경과 잠재적 위기요인을 조사하여 위기지형도를 만드는 것에서 시작된다. 보통은 잠재적 위기요인을 선별하고, 각 요인별로 피해 정도와 발생 가능성 등을 평가하여 핵심적인 위기요인을 선정하는 것이다.

이렇게 선정된 주요 위기요인에 대해 예상되는 시나리오를 만들고, 시나리오별로 잠정적인 대응 방향과 메시지, 주요 고려요소 등을 덧붙여 위기관리 매뉴얼을 만든다. 이후 주요 임직원을 대상으로 가상의 위기상황을 상정하고 발생부터 전개, 종료까지 전 과정을 따라가며 대응을 연습해 보는 트레이닝까지 진행한다.

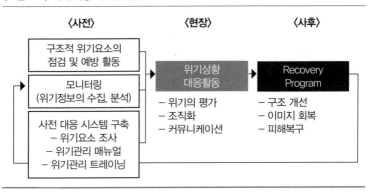

〈그림 4-4〉 위기 대응 시스템의 순환

사전 대응 시스템은 기업이 잠재적 위기요인을 미리 점검하여 개선하는 기회를 주고, 위기 발생 시 대응을 준비하는 시간을 대폭 단축시켜 준다는 장점이 있다. 다만, 실제 위기 커뮤니케이션 과정은 매뉴얼에 담기 어려운 다양한 변수들이 개입하는 경우가 많다는 점을 감안해야 한다. 따라서 매뉴얼을 그대로 따라 하기보다는, 매뉴얼에 담긴 원리와 지향점을 제대로 응용하는 것이 중요하다.

조직적 역량

기업의 평판이나 신뢰자산이 위기 시 큰 도움을 준다는 것은 두말할 필요도 없다. 최근에는 기업 자체의 신뢰자산이 아니라 기업과 협력 관계를 이루고 있는 네트워크 전체의 위기 대응 역량과 신뢰자산이 문제가 되고 있다. 위기요인의 출처가 기업 내부를 넘어 다양한 협력사까지 확대되고 있기 때문이다.

프랜차이즈 사업을 보면 자명하다. 오너 리스크가 전체 사업에 부정적 영향을 주지만, 반대로 개별 점포의 이슈가 전체 사업의 리스크로 확산되기도 한다. 중국 폭스콘 공장에서 일어난 사고가 지구 반대편에 있는 애플의 기업 이미지에 큰 타격을 줄 수도 있는 시대가 된 것이다.

산업재해에서 원청회사가 하도급 회사의 역량 강화를 챙기듯이, 이제는 위기관리에서도 자사만이 아니라 비즈니스 밸류 체인의 전 과정에 있는 파트너들의 역량 제고에도 힘써야 한다. 다국적 기업의 경우 최근 외부 협력사까지 함께 참여하여 위기 대응 원칙과 사회적 책임의식을 공유하는 사회적 책임 훈련(social accountability training)을 하는 사례가 늘어나고 있다. 사업 범위의 확대에 따라 기업의 자아개념도 확장되고 있는 것이다.

→ 위기에 빛나야 할 CEO의 리더십

경영의 모든 분야에서 그렇듯이 위기 커뮤니케이션에서도 CEO의 영향력과 리더십은 매우 중요하다. CEO는 커뮤니케이션 전략의 최종 결정자이자 때로는 기업의 얼굴로서 위기사건으로 상실된 공중과의 관계를 회복하는 통로이기도 하다.

위기 시의 CEO에게는 관리자의 수준(managing)을 넘어 조직이 가야 할 방향을 제시하는 리더로서의 역할(leading)이 특히 요구된다. 위기상황에서 CEO는 태풍을 만난 배의 선장과 같다. 위기사건으로 흔들리는 조직을 안정화시키고, 불충분한 정보만 갖고도 어느 방향으로 가야 할지 결단을 내려야 한다. 그의 결정에 따라 선원들은 태풍 뒤의 밝은 태양을 볼 수도 있고, 난파를 당해 절망할 수도 있다.

CEO는 기업 자체로 인식되기도 한다. 많은 사람들이 CEO의 말과 행동을 기업 전체의 모습으로 받아들인다. CEO 자체가 위기상황에서 대내외 공중에게 조직의 메시지를 전달하는 미디어로 기능하는 셈이다.

CEO의 위기 리더십에서는 특히 조직 커뮤니케이션 기술과 사회적 공감 능력이 중요하다. 개별적인 대화나 인터뷰, 연설을 잘하는 능력도 중요하지만 위기 시 다양한 선택지 중에서 기업의 최적 입장을 결정하기 위한 메시지의 선택, 소통의 방향과 범위의 결정, 필요한 자원의 투입 등 전사적 차원의 위기 커뮤니케이션을 진행할 때 최종 결정자는 CEO일 수밖에 없기 때문이다.

위기 커뮤니케이션을 지휘하는 리더로서 CEO에게는 사회적 공감 능력이 필수적이다. 성공적인 위기 커뮤니케이션은 잘못에 대한 기업의 성찰에서부터 출발한다. 기업이 원인을 제공한 위기사건이 어떤 파장을 일으켰고, 무엇을 잘못했으며, 문제 해결을 위한 책임 있는 행동이 무엇인지를 올바르게 결정하려면 때로는 혹독한 자기비판을 감내해야 한다. CEO가 이에 대해 부정적인 생각과 태도를 갖고 있으면 조직 전체가 CEO의 눈치를 보며 변명과 꼼수를 찾기에 바빠지기 쉽다.

결국 위기 커뮤니케이션은 '문제 상황에 대한 공감'과 '해결에 대한 책임의식'을 통해 '위기사건으로 인해 손상된 신뢰관계를 회복'하는 활동이다. 그 최일선에 CEO가 있다.

2장 EXIT STRATEGY

위기 커뮤니케이션 실전

→ 뭉치면 곤란하다─역할 분담

위기 커뮤니케이션의 목적은 위기사건 때문에 화가 나 있는 이해관계자들에게 기업의 입장을 납득시키거나 용서를 받아내는 것이다. 이를 위해서는 메시지 자체의 설득력을 높이는 게 핵심이다. 그러나 동일한 메시지라도 어떻게 전달되느냐에 따라 이해관계자들이 받아들이는 정도는 달라질 것이다. 특히 위기상황에서는 예측치 못한 쟁점들이 다양한 경로를 통해 제기되어 혼란이 커질 수 있으므로 누가, 어떠한 방식으로 소통할지 사전에 정해놓는 것이 좋다.

기업이 위기를 맞으면 흔히 "임직원이 하나로 뭉쳐 위기를 극복하자"는 구호가 나온다. 모두가 한마음이 되어 회사를 지키자는 뜻이지만, 마음만 뭉쳐야지 행동도 뭉쳐서는 안 된다. 각자의 위치에서 맡은 역할에 충실한 것이 위기 해결에 더 도움이 되기 때문이다. 누군가는 사태수습에 나서고, 누군가는 경영진이 올바른 의사결정을 내리도록 냉철한 비판자 역할을 맡고, 누군가는 일상적인 경영활동을 유지하는 데 힘쓰는 것이 좋다.

위기 커뮤니케이션은 특히 절제가 필요하다. 중구난방으로 나오는 말이나, 정제되지 않은 메시지는 혼란을 가중시킬 뿐이다. 이 영역에서 임직원은 크게 세 개 그룹으로 나뉘는데, 그룹별로 소통해야 할 대상과 말할 수 있는 권한이 달라진다.

〈그림 4-5〉를 보자. 전략적 커뮤니케이션 그룹은 위기 커뮤니케이션에서 가장 핵심적인 역할을 하는 그룹으로 보통 위기관리팀의 업무다. 위기 대응 전략과 메시지를 결정하며, 회사의 공식 입장을 직접 대변하고, 다른 임직원들에게도 커뮤니케이션 가이드라인을 제시한다. 이 그룹에는 최종 의사결정을 내리는 CEO나 고위 임원을 중심으로 대내외 커뮤니케이션 담당 부서와 위기사건이 발생한 주무부서가 포함된다. 소송전이 발생하면 법무부서가, 대리점과 갈등이 있다면 영업부서가, 노사분규가 일어나면 인사노무부서가, 제품에 기술적 결함이 발생하면 관련된 기술부서가 참여하는 식이다.

〈그림 4-5〉 위기 시 커뮤니케이션의 역할 분담

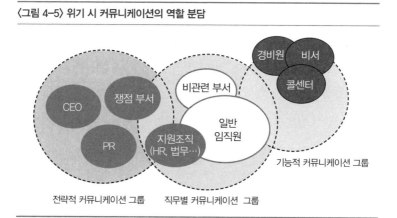

4부 | 위기에 강한 기업을 향하여 | **325**

이 그룹 구성원들은 언론 등으로부터 공식 인터뷰 요청을 받으면 답변자로, 대변인으로 나서게 될 가능성이 높으므로 위기 대응 전략을 정확히 이해하고 있어야 하며, 평소에 미디어 트레이닝이나 위기관리 교육을 받아놓는 것이 좋다.

기능적 커뮤니케이션 그룹은 외부와의 접점 역할을 하고 있어 사전에 정해진 범위 내에서만 커뮤니케이션을 할 수 있다. CEO에게 걸려온 취재 전화를 받는 비서, 항의 방문자나 시위대를 상대하게 되는 경비원, 쏟아지는 불평 전화를 처리해야 하는 콜센터 직원 등이 여기에 속한다. 위기사건에 대한 항의나 개별 문의에 대해 이들이 자의적으로 답변하거나 무조건 회피하는 것은 바람직하지 않다. 따라서 상황별 대응 가이드라인과 예상 질문에 대한 답변 요령을 제공한 뒤 정해진 Q&A를 잘 수행할 수 있도록 스크립트 트레이닝을 해주어야 한다.

직무별 커뮤니케이션 그룹은 일반 부서다. 일반 부서 임직원들이 위기사건에 대해 이야기해야 하는 상황은 크게 두 가지다. 우선, 모르는 외부인에게 갑작스럽게 사건에 대한 질문을 받게 되는 경우다. 이들은 질문에 답변할 권한이 없으므로 원칙은 자의적으로 대답하지 않는 것이다. 대부분의 경우 "제가 답변할 수 있는 위치에 있지 않으니, 성함과 소속기관, 연락처, 문의 내용을 알려주시면 담당자가 다시 연락드릴 수 있도록 하겠습니다"라는 응답이 최선이다. 이후 질문자의 성격에 맞춰 담당자, 예를 들어 기자라면 홍보부서에서 다시 대응하면 된다.

다소 복잡해 보이지만 이러한 절차가 주는 이점이 많다. 특정인의 즉흥적 반응이 아닌 회사의 공식적인 응답을 통해 메시지의 통일성을 유지한다는 원칙에 충실하다. 또한 질문자의 신원 파악이 가능하고, 까다로운 질문일지라도 답변을 준비할 시간을 확보할 수 있다.

두 번째는 거래처 등 평소 관계가 있던 외부인들로부터 질문을 받는 상황이다. 이때도 자신의 생각이 아니라 회사가 공유한 공식 입장문(position statement)을 중심으로 답변하는 것이 요령이다. 거래처별로 추가 쟁점이 생길 수 있으므로 사전에 이에 대한 예상 Q&A를 만들어놓는 것이 좋다. 그룹별로 커뮤니케이션 역할이 다르므로 각 그룹에 맞는 대응 준비와 교육도 필요하다. 〈표 4-2〉는 그룹별 주요 업무와 역량 강화 방안을 정리한 것이다.

〈표 4-2〉 역할별 주요 업무와 역량 강화 방안

그룹	구성원	주요 업무	역량 강화 방안
전략적 커뮤니케이션 (위기관리팀)	CEO 등 의사결정자	• 전략적 의사결정 • 조직 안정 및 통합	미디어 트레이닝 (위기 커뮤니케이션 트레이닝)
	대변인(PR)	• 언론 등 대내외 커뮤니케이션 전략 및 대응 자료 개발	
	사고 유관 부서	• 문제 상황 해결 • 관련 이해관계자 관리	
	지원부서	• 인사, 자금, 총무 등 • 지원 가능 • 법무, 기술, 대관, 피해자 • 대응 등 위기 관련 필요 업무	
기능적 커뮤니케이션	비서, 경비, 콜센터 등 외부 접점 대응 부서	• 대외 문의 대응 • 경비 및 보안	시나리오별 스크립트 트레이닝
직무별 커뮤니케이션	일반부서 임직원	• 회사 대응 방침에 따른 업무 수행	임직원 행동 요령 숙지

원 보이스의 진정한 의미

위기 커뮤니케이션에서는 조직이 하나의 목소리로 말하는 것, 즉 원 보이스(one-voice)가 매우 중요하다고 이야기한다. 그리고 사람들은 원 보이스가 지정된 대변인만이 모든 문제에 답변하게 만드는 것이라고 생각한다. 그러나 이는 원 보이스의 의미를 지나치게 좁게 해석한 것이다. 진정한 원 보이스는 조직 구성원 중 누가 대답하더라도 같은 메시지를 전할 수 있는 형태를 만드는 것이다. 홍보팀에서 기자에게 답변한 내용, 대관 담당자가 규제당국의 공무원에게 설명한 내용, 영업부서원이 협력업체 파트너를 설득한 당부, 연휴 때 고향에 내려간 막내 직원이 부모님에게 "너희 회사에 무슨 일이 생겼다며?"라는 걱정을 들었을 때 안심하시라며 대답한 내용이 모두 같은 방향을 가리키고 있어야 한다는 것이다.

원 보이스 상태는 회사가 위기사건에 대한 정확한 입장을 수립한 뒤, 임직원들에게 입장문과 관련된 행동요령을 배포함으로써 가능해진다. 그래야 임직원들은 회사의 공식 입장을 이해하고 외부 문의 등에 대해서는 어떻게 대응할지 가이드라인을 얻을 수 있다.

기업에 위기사건이 발생하면 임직원들은 질문 공세를 당할 가능성이 높다. 이들의 대답 한 마디가 사건에 대한 기업의 입장을 대변하고 회사의 이미지를 결정할 가능성이 높다. 그런데도 입장문이 공유되지 않는다면, 자신의 추측과 생각을 섞어 자기만의 목소리로 사건을 설명하게 된다. 공유가 돼야 구성원들의 커뮤니케이션에 일관성이 생기고, 회사에 대한 신뢰도 만들어질 수 있다.

입장문 공유는 사내 커뮤니케이션 측면에서도 큰 의미가 있다. 위기 시 임직원들은 많은 스트레스와 불안감에 시달리기 마련이다. 이들은 회사의 구성원으로서 위기정보에도 매우 민감하다. 회사의 입장을 외부에서 듣기 전에 자사의 경영진에게 들어야 임직원들은 회사에 대한 신뢰와 소속감이 높아진다.

→ 공감을 이끄는 화법

대변인은 회사의 입장을 대표해서 말하는 사람이다. 위기사건에 대한 회사의 입장을 대내외 공중에게 알리고, 특히 언론과 소통하는 공식적인 창구 역할이 대변인의 기본 업무이다. 대변인 역할은 보통 홍보부서에서 맡는다는 것이 통념이다. 실제로 홍보부서의 리더가 위기 시 대변인 역할을 맡는 경우가 많다. 그러나 CEO나 다른 고위 임원, 소송의 경우 변호사 등 외부의 전문가가 대변인으로 나서기도 한다.

다국적 기업에서는 대변인으로 CEO를 선호하는 경우가 제법 있는 것과는 달리, 국내 기업에서는 CEO가 전면에 잘 나서지 않는다. 사과문 발표나 중요한 간담회 등 결정적 자리에는 참석하지만 아무래도 전면에 잘 나서지 않는다. 이를 개인적 성향이나 외국 기업과의 문화적 차이만으로 치부하는 것은 적절하지 않다.

CEO는 기업의 최종 의사결정자로서 정보가 많고, 실행력도 높기에 메시지의 효과를 극대화할 수 있는 좋은 대변인 후보다. 특히 위기 시에 CEO가 직접 소통 일선에 나선다면 위기사건에 대한 기업의 엄중한 인식과 책임 있는 해결 자세를 보여줄 수 있다는 점에서 장점이 많다. 그만큼 대중의 신뢰도 높아질 것이다.

반면 "CEO의 말은 항상 마지막 말(last word)이어야 한다"는 격언이 있다. 혹시 말실수라도 하게 되면, 이를 만회할 기회가 극도로 적어진다. 특히 위기상황처럼 공격적인 질문이 쏟아지고, 말과 행동에 대한 민감도가 높아지는 상황에서 CEO가 완충지대도 없이 전면에 나서는 것은 위험하기도 하다.

누가 대변인으로 최적인지는 기업의 위기 커뮤니케이션 전략에 따르는 것이 좋다. 지금이 CEO에 대한 기대와 신뢰를 바탕으로 정면돌파를 해야 할 상황인지, 아니면 상황을 모니터링하며 안정감 있게 메시지 관리를 해야 할 때인지가 중요한 판단기준이 될 것이다.

손흥민처럼 말 잘하는 법

인터뷰는 원래도 어려운 일이지만 위기상황에서의 인터뷰는 특히 힘들다. 위기 자체가 잘못을 저질러 비난을 받는 상황이어서 일방적으로 수세에 몰리기 쉽기 때문이다. 특히 언론 기자들은 평소 날카로운 질문을 하도록 훈련받은 전문가들이기도 하다. 상대방의 대답이 가진 허점을 날카롭게 파고들면서 대변인을 곤경에 빠뜨리기를 잘한다.

그렇다고 대변인이 수세에 몰려 방어만 하는 사람이어서는 곤란하다. 대변인의 영문 표현 자체가 '말하는 사람(spokesperson)'으로 질문에 대답만 하는 사람(answer-person)이 아님을 분명히 하고 있다. 외부의 거센 비난 속에서도 조직의 입장과 키 메시지를 적극적으로 말하는 것이 대변인의 본질적인 업무라는 뜻이다.

대변인의 역할을 잘 수행하는 비결은 사전에 준비를 철저히 하는데 있다. 누가 대변인으로 나서건 그 전에 미디어 트레이닝이 돼 있어야 한다. 위기사건에 대한 회사의 입장이 무엇인지, 현재 내외부에서 제기되는 쟁점은 무엇인지를 정확히 파악하고 있어야 한다. 미디어 등의 공격적인 질문도 어떻게 회사의 키 메시지로 연결시킬지 등을 연습해 놓아야 한다.

언변이 뛰어나고 유머감각이 있어 사람을 편하게 만드는 개인적인 성향도 좋은 자질이지만 대변인에게 더 중요한 것은 말이 전략적이어야 한다는 점이다. 사전에 준비된 메시지를 중심으로 말하고, 예측 못한 공격적 질문에도 대처할 수 있으며, 적극적인 경청을 통해 주제에서 벗어나지 않는 화법이 중요하다.

그다음 순서가 인터뷰 기술이다. 보통 ① 답변자 자신이 아닌 회사의 입장을 이야기하라 ② 상대방의 질문에 끌려 다니지 말고 미리 준비한 키 메시지에 집중하라 ③ 공개적으로 말할 수 있는 것과 말할 수 없는 것을 구별하라 ④ 질문을 평가하거나 논쟁하지 말라 ⑤ 거짓말이나 추측, 다른 집단을 비방해서 불필요한 추가 이슈를 만들지 말라 등이 주요한 인터뷰 요령으로 꼽힌다.

공식적인 인터뷰를 잘하는 사람이 많지만 축구선수 손흥민도 말을 잘하는 사람으로 꼽힌다. 경기를 이겼을 때는 물론 패배하여 팬들의 원성이 높을 때도 손흥민의 인터뷰 실력은 다들 인정하는 분위기다. 손흥민 선수가 인터뷰 기법을 전문적으로 배웠는지는 모르겠다. 하지만 그의 인터뷰를 지켜보면 어려운 질문을 받을 때도 인터뷰를 잘하는 핵심 기술 세 가지가 자연스럽게 녹아 있다. 바로 스티커 메시징, 브리징, 앵커링이다.

스티커 메시징(Sticker Messaging)

스티커 메시지는 쉽게 이해되면서도 강렬한 인상을 남기는 메시지를 말한다. 책상 위에 붙이는 포스트잇에 메모할 정도로 간결한 게 보통이다. 기사나 콘텐츠를 만들기 위해 질문을 하는 상대방의 관점에서 본다면 제목(headline)으로 뽑고 싶은 느낌이 드는 주제 메시지다. 방송 인터뷰 용어 '사운드 바이트(sound-bite)'와 같은 의미다.

손흥민 선수의 답변을 들으면 인터뷰가 어떤 상황에서 이뤄지는지 이해하고 팬들과 질문자가 어떤 이야기를 듣고 싶어 하는지 아는 것처럼 보인다. 많은 경기를 치르며 인터뷰를 해왔기에 풍부한 경험이 도움이 된 것으로 생각된다.

브리징(Bridging)

브리징은 까다로운 답변에 대처하는 여러 기법 중 대표적으로 쓰이는 방법이다. 브리지(bridge)는 영어로 다리라는 뜻이다. 공격적인 질문을 받아도 원래 준비한 키 메시지로 넘어갈 수 있도록 자연스럽게 이어주는 '연결'의 의미로 쓰인다. "그것도 중요하지만 현재는 이러저러한 점이 쟁점이다"라는 식으로 질문에 답변을 한 후 이어서 말하

고 싶은 키 메시지를 연결하는 방식이다. 손흥민 선수 인터뷰에서 특히 잘 드러나는 기법으로, 경기 패배 후에도 침울해하지 않고 "다음 경기의 승리를 위해 계속 노력하겠다", "패배로 많은 것을 배웠으니 다음번에는 더 성장해 있을 것이다" 같은 멋진 메시지로 연결시킨다.

질문을 받았으면 성급하게 바로 대답하려 하지 말고, 먼저 한 호흡 쉬며(pause) 중심을 잡은 뒤 차분히 질문에 대한 답변(Answer), 연결 구절(Bridging), 이후 결론(Conclusion)으로 연결시키는 것이 좋다. 각 머리글자를 따서 pABC 기법이라고 부른다.

앵커링(Anchoring)

인터뷰에서 미처 예상하지 못한 질문을 받았거나 준비한 메시지를 잊어버리면 머리가 아득해진다. 이런 경우에도 돌파구는 있다. 언제 어디서 무슨 질문이 닥쳐도 대답이 가능한 메시지로 답변하는 것이다. 그러한 메시지의 예가 "나 개인보다는 우리 전체를 위하겠다", "현재에 안주하지 않고 미래를 위해 노력하겠다" 등 긍정적인 방향을 보여주는 키워드를 중심으로 대답하는 것이다.

앵커는 배의 닻을 의미한다. 닻을 내린 배는 엉뚱한 파도에 떠밀려가지 않듯이 답변의 범위가 아예 긍정적인 영역에서 벗어나지 않는 방법이다. 질문과 관련성이 다소 떨어질 수 있는 게 흠이지만 반드시 답변해야 하는 상황에서 딱히 메시지가 부재할 때 유용하다.

손흥민 선수의 답변 상당수가 "나보다 팀이 중요하다", "계속 노력하니 더욱 발전할 수 있을 것이다", "선수들의 마음자세는 최선을 다하는 것이다" 등 긍정적인 영역에 머무르고 있음을 주목할 만하다.

위기 커뮤니케이션은 메시지(스토리)의 예술이기도 하다. 기업의 입장을 전략적으로 잘 반영하면서도 설득력 높은 메시지를 개발하고, 그 메시지가 타깃 공중에게 효과적으로 전달될 수 있도록 스토리의 유통구조를 설계하고, 메시지가 전달되는 접점에서 진정성 있게 소통하여 비난을 벗어나는 출구를 찾는 작업이다.

기업의 위기를 기회로 반전시키는 커뮤니케이션 전략

여론 전쟁, 출구는 있다

제1판 1쇄 인쇄 | 2024년 2월 23일
제1판 1쇄 발행 | 2024년 2월 29일

지은이 | 이영훈
펴낸이 | 김수언
펴낸곳 | 한국경제신문 한경BP
책임편집 | 윤효진
교정교열 | 김문숙
저작권 | 백상아
홍 보 | 서은실·이여진·박도현
마케팅 | 김규형·정우연
디자인 | 권석중
본문디자인 | 디자인 현

주 소 | 서울특별시 중구 청파로 463
기획출판팀 | 02-3604-590, 584
영업마케팅팀 | 02-3604-595, 562   FAX | 02-3604-599
H | http://bp.hankyung.com   E | bp@hankyung.com
F | www.facebook.com/hankyungbp
등 록 | 제 2-315(1967. 5. 15)

ISBN 978-89-475-4943-1 03320